Otto Fock

Rügen'schpommersche Geschichten aus sieben Jahrhunderten

Otto Fock

Rügen'schpommersche Geschichten aus sieben Jahrhunderten

ISBN/EAN: 9783743652774

Hergestellt in Europa, USA, Kanada, Australien, Japan

Cover: Foto ©ninafisch / pixelio.de

Weitere Bücher finden Sie auf **www.hansebooks.com**

Rügen'sch-Pommersche Geschichten.

Rügen'sch-Pommersche Geschichten

aus

sieben Jahrhunderten.

I.

Rügen 1168.

Mit einer Karte des alten Rügen und einem Grundriss von Arkona.

Von

Otto Fock.

Leipzig
Verlag von Veit & Comp.
1861.

Dem Andenken

des Herrn

Prof. Dr. H. G. L. Kosegarten

und seiner Verdienste

um heimische Sprache, Literatur und Geschichte

in dankbarer Erinnerung

gewidmet.

Vorwort.

Die Entstehungsgeschichte der vorliegenden Schrift ist bald erzählt. Während einer Periode jahrelangen Siechthums, wo in den freieren Zeiten das Lesen die einzige mir mögliche Thätigkeit bildete, fand ich die Muße für eine eingehendere Beschäftigung mit der Geschichte meiner speciellen Heimath, der Insel Rügen, wofür es mir früher während meiner akademischen und politischen Wirksamkeit in Schleswig-Holstein weniger an Neigung als an Zeit gefehlt hatte. Dabei drängte sich mir die Bemerkung auf, daß die genauere Kenntniß unserer heimathlichen Geschichte ungleich weniger verbreitet ist, als sie es bei dem Interesse und der Wichtigkeit des Gegenstandes sein könnte und sein müßte.

Zum Theil wenigstens glaubte ich den Grund dieser Erscheinung in dem Mangel an Darstellungen finden zu müssen, die einen wirklich wissenschaftlichen Gehalt mit einer leicht ansprechenden Form vereinigten. Die urkundlichen Werke von Fabricius und Kosegarten — um von den älteren zu schweigen — so unschätzbar sie auch als grundlegende für den wissenschaftlichen Forscher sind, können doch ihrer Natur nach nicht geeignet sein, in größere Kreise zu dringen. Eigentliche Geschichtswerke aber, wie Bartholds zu sehr mißachtete Geschichte von Rügen und Pommern oder Giesebrechts verdienstvolle Wendische Geschichten, behandeln die Geschichte Rügens nur als Theil eines größeren Ganzen, daher sich das speciell auf Rügen Bezügliche unter der Masse anderen Stoffes zersplittert. Zudem ist es nicht Jedermanns Sache, Werke von drei oder vier Bänden durchzulesen, in denen die geschlossene über einen längeren Zeitraum und über größere Ländermassen sich verbreitende Darstellung es nothwendig mit sich bringt, daß neben den interessanteren Partien auch viel trockener historischer Stoff gebracht werden muß.

Unter diesen Erwägungen entstand in mir die Idee einer Darstellung, welche der Geschichte Rügens ein allgemeineres Interesse gewinnen könnte, als es bisher geschehen ist. Ich beschloß, aus dem geschichtlichen Gesammtverlauf der Ereignisse, einzelne besonders interessante und hervorragende Partien heraus zu heben und sie im Zusammenhange der ganzen Zeit, der sie angehören, in einer für einen größeren Leserkreis zugänglichen Form zur Darstellung zu bringen. Jedes Jahrhundert seit dem Beginn unserer heimathlichen Geschichte sollte durch eine oder zwei solcher Darstellungen repräsentirt werden, deren jede übrigens ein in sich abgeschlossenes Ganzes zu bilden hätte. Tiefer eingehende Detailuntersuchungen sollten, wo sie nothwendig erschienen, in die Form von Anhängen gebracht werden, um die Continuität der Erzählung nicht zu unterbrechen.

Sobald mein Befinden ein größeres Maaß von Anstrengung gestattete, ging ich an die Ausführung jener Idee, und der erste Versuch dieser Ausführung ist es, den ich hiermit einem größeren Publikum vorlege. Von der Theilnahme, die er findet, sowie von dem ferneren Stande meiner Gesundheit wird es abhängen, ob und wann weitere Darstellungen dieser Art folgen werden.

Den allgemeinen Titel Rügensch-Pommersche Geschichten habe ich gewählt, weil es meine Absicht ist, in die Reihe meiner Darstellungen außer der Insel Rügen auch die angrenzenden Theile von Pommern hineinzuziehen, deren Geschicke von jeher zu eng mit denen Rügens verknüpft gewesen sind, um sie von einander trennen zu können.

Schließlich habe ich noch die angenehme Pflicht zu erfüllen, Allen, die mich durch die Mittheilung von Büchern oder auf sonstige Weise unterstützt haben, namentlich dem Hrn. Prof. Dr. Zober, dem Hrn. Pastor Dr. Tamms, Dr. Stromeyer und Prof. Dr. v. Gruber in Stralsund, sowie meinem Freunde dem Herrn Prof. Dr. Müllenhoff in Berlin meinen verbindlichsten Dank auszusprechen.

Zu ganz besonderem Dank endlich bin ich dem königl. Bauführer Herrn Knoche verpflichtet, der mit der zuvorkommendsten Bereitwilligkeit während seiner Anwesenheit auf dem Leuchtthurm von Arkona die von mir gewünschten Messungen vornahm und den dieser Schrift beigegebenen Grundriß des alten Burgwalles anfertigte.

Die kleine Karte des alten Rügen habe ich zur Orientirung derjenigen Leser beigegeben, denen die Hagenow'schen Karten, oder die, welche Fabricius seinem Urkundenwerk angehängt hat, nicht zur Hand sein sollten. Nur die in der Darstellung vorkommenden alten Namen sind aufgenommen; die eingeklammerten Namen sind neueren Datums.

Schwarbe bei Altenkirchen auf Rügen,
im April 1861.

D. B.

Inhalt.

	Seite
Einleitung	1
Die Wenden an der Ostsee	2
Berührungen mit Deutschland seit Karl d. Gr.	3
Mit Dänemark und Polen	5
Allgemeiner Charakter des Kampfs	5
Das Wendenthum um die Mitte des XII. Jahrhunderts. Christenthum im Osten in Pommern, im Westen im Holsteinschen und Ratzeburgschen	7
Meklenburg und Neu-Vor-Pommern und der Kreuzzug von 1147	8
Die Insel Rügen als Centrum Wendischer Macht	9
Die Bewohner, ihre Nationalität und Volkscharakter	11
Culturzustände; Ackerbau, Viehzucht, Jagd, Fischfang	13
Strandrecht, Seeraub und Kriegszüge	15
Sitten und Gewohnheiten	17
Bevölkerungsanzahl, Ortschaften und Burgen	18
Volk, Adel und Königthum	20
Religion. Perun und andere Götter der Wenden	23
Der Swantewit auf Arkona und sein Cultus	26
Der Hohepriester des Swantewit, der Rival der Könige	33
Die Götter von Karenz: Rugiewit, Borwit, Porenut	35
Feindseligkeit der Rügianer gegen das Christenthum	37
Der Zug Erich Emun's gegen Arkona 1136	38
Letzte Zeiten Rügen'schen Glanzes	39
Aenderung der politischen Constellation. Kaiser Friedrich Barbarossa und Heinrich der Löwe. König Waldemar und Absalon von Rothschild	39
Waldemars vereitelter Wendenzug 1158	41
Zwei glücklichere Dänische Züge 1159. Die Rügianer geschlagen	42
Dombor, der Rügen'sche Diplomat, vergeblich in Dänemark	47
Offensiv-Bündniß zwischen Waldemar und Heinrich dem Löwen	48
Coalitions-Feldzug von 1160 gegen Meklenburg und Rügen	48
Friede von Schaprode	51
Kaiser Friedrich und König Waldemar zu St. Jean de Launes	52
Rügen'sches Hülfscorps mit Waldemar gegen Wolgast 1162	53
Die Rügianer zwischen zwei Feuern	55

	Seite
Erschütterung und Erneuerung der Entente cordiale zwischen Waldemar und Heinrich. Coalitions-Feldzug von 1164 gegen Mellenburg und Pommern	55
Die Rügen'sche Flotte stößt zu der Dänischen in Folge der Verhandlungen Absalons mit den Rügianern	57
Friedensschluß und geringfügige Resultate	59
Frühjahrs- und Herbst-Razzia der Dänen auf Rügen 1165	61
Friede von Strela	65
Absalons Fastenzug gegen Tribsees	65
Zerwürfniß Waldemars und Heinrichs des Löwen. Aussöhnung auf Kosten der Wenden	66
Heinrich der Löwe restituirt Pribiszlaw in Mellenburg. Mellenburg christlich	68
Rügen allein noch unabhängig und heidnisch	68
Coalition gegen Rügen. Vergeblicher Versuch der Rügianer, den Sturm zu beschwören	69
Landung der Verbündeten auf Rügen. Pfingsten 1168	70
Belagerung von Arkona begonnen	70
Die Oertlichkeit, wie sie ist und wie sie war	71
Cernirung von Arkona	75
Wallbrand, Kampf und Capitulation am 14. Juni	77
Uebergabe der Festung, Vernichtung des Swantewit und Bekehrung Wittows zum Christenthum 15. Juni	82
Expedition gegen Karenz, Capitulation und Unterwerfungsvertrag der Fürsten von Rügen. Zerstörung des Götzendienstes und Begründung des Christenthums	86
Zerwürfniß der Dänen mit Pommern und Mellenburgern	89
Auslieferung der Tempelschätze an König Waldemar und Heimkehr der Dänischen Expedition	90
Schluß. Die Folgen der Katastrophe für Rügen. Christianisirung und Germanisirung unter politisch-kirchlicher Abhängigkeit von Dänemark	91
Anhang	99
1. Sanct Veit von Korvei und die Insel Rügen	101
2. Wenden oder Deutsch-Wenden?	112
3. Die Zahl der Bevölkerung Rügens im 12. Jahrhundert	124
4. Ueber die Zuverlässigkeit der Knytlinga-Saga in Rügensch-Pommerschen Dingen	126
5. Ein Zug nach „Analöng". Der Hafen Por. Parez und Garb	137
6. Das Jahr der Eroberung Rügens	141

Die Zeit, in welche ich meine Leser versetze, liegt siebenhundert Jahre hinter uns.

Die Stürme der Völkerwanderung haben ausgetobt; die Völker des Abendlandes sind nach Jahrhunderte langem Wanderleben leiblich zur Ruhe gekommen; selbst die Ungarn und Normannen sind seßhaft geworden, und haben sich einen festen Heerd gegründet.

Die Universalmonarchie, welche nach Römischem Muster der mächtige Genius Karls des Großen aus den zerfahrenen Trümmern einer alten und den naturwüchsigen Lebensmächten einer neuen Welt gebildet hat, ist mit ihrem Schöpfer wieder zerfallen. Das Princip der Abendländisch-Europäischen Völkerentwicklung, das Princip einer neben einander geordneten, nach geographischen und ethnographischen Grundlagen gesonderten Staatenbildung tritt in immer bestimmteren Zügen hervor. Zwar finden die Ueberlieferungen der alle Völker- und Staatenunterschiede mißachtenden Universalmonarchie noch einen Halt an dem Römischen Kaiserthum Teutscher Nation, und hier und da weiß ihm ein kräftiger Träger der Kaiserkrone auch praktische Bedeutung zu geben: aber das Resultat ist nur, daß nach jedem stärkeren Anlauf, den die von Deutschen Kaisern getragene Idee der Universalmonarchie zur Verwirklichung nimmt, der Individualisirungs- und Selbständigkeitstrieb der Abendländischen Völker um so entschiedener zur Geltung gelangt und eben damit die Grundlagen der gesammten modernen Europäischen Staaten- und Völkerentwicklung sicher stellt.

Aber die Bedingung aller individualisirenden, auf eine Nebeneinander-Ordnung gleichberechtigter Staaten gerichteten Entwicklung, in welcher die Völker selbständig und nur nach den Gesetzen wechselseitiger Gravitation auf der Bahn der Cultur fortschreiten — die unerläßliche Bedingung für diesen individualisirenden Völkerentwicklungsproceß in Europa — ist das Christenthum. Erst das Christenthum hat mit der tiefen religiösen Idee der Kindschaft Gottes und ihrer Ausdehnung auf das gesammte Menschengeschlecht, die Grundlage gewonnen für eine freie, selbständige Entwicklung der Einzelnen wie der Völker, für Menschenwürde und Völkerrecht. Die

Sklaverei der einzelnen Individuen wie ganzer Völker, an welcher das naive Rechtsbewußtsein des Alterthums keinen Anstoß nimmt, wird durch das Christenthum und die von ihm bedingte Vertiefung des sittlichen Bewußtseins in ihrem tiefsten Grunde zerstört, und wenn sie auch äußerlich zunächst noch in der christlichen Welt fortbesteht, so verliert sie doch im Jahrhunderte dauernden Kampf ein Bollwerk nach dem andern an die weltbefreiende Allmacht der christlichen Idee.

Doch — zu Anfang des zwölften Jahrhunderts fehlt noch viel selbst an dem äußerlichen Siege des Christenthums in Europa. Im äußersten Südwesten ringen die christlichen Gothisch-Spanischen Monarchien noch mit wechselndem Erfolg gegen die Maurisch-Mahomedanischen Chalifate. Im Südosten vermag das altersschwache Griechische Kaiserreich dem unwiderstehlichen Andrang des Islam nicht ferner die Spitze zu bieten, und wenn auch der Halbmond in Europa noch nicht festen Fuß gefaßt hat, so ist doch das heilige Grab zu Jerusalem bereits verloren gewesen, und nur kurz vor dem Beginn des Jahrhunderts durch die vereinigten Kräfte des Abendlandes den Ungläubigen im ersten Kreuzzuge wieder entrissen.

Noch schlimmer stand es im Nord-Osten Europas. Der Mahomedanismus bot doch durch sein monotheistisches Grundprincip einen wenn auch nur schwachen Berührungspunkt mit dem Christenthum, und ließ sogar einen relativ hohen Culturgrad in sich zu: aber in den Gegenden, zu denen wir uns jetzt wenden, herrschte zu jener Zeit noch das Heidenthum, und zwar in einer so rohen, culturfeindlichen Gestalt, daß sein Untergang die erste Bedingung für den Eintritt seiner Bekenner in die große gemeinsame Arena Abendländischer Cultur-Entwicklung werden mußte.

Im Westen und Nord-Westen des großen Ostsee-Beckens, in Dänemark, Schweden und Norwegen war ungefähr seit dem Jahre 1000 das Christenthum dauernd heimisch geworden; aber die ganze Süd-West-, Süd-Ost- und Nord-Ost-Küste der Ostsee war hundert Jahre später noch heidnisch. Vom östlichen Holstein bis zur Weichsel saßen die Wenden, jenseits der Weichsel die Preußen, dann Kuren, Liven und schließlich um den Finnischen Meerbusen im Süden und Norden Estnisch-Finnische Stämme. Alle steckten, je mehr nach Osten um so fester, noch tief im Heidenthum.

Die Wenden, mit denen wir es hier zu thun haben, gehörten der großen Slavischen Völkerfamilie an, welche zu jener Zeit von den östlichen Grenzen Europas bis zur Elbe, ja selbst bis über die Elbe, und von der Ostsee bis zum Schwarzen und Adriatischen Meere sich ausdehnte. Ihre südlichen Stammesgenossen, die Böhmen, Mähren, Schlesier, Polen und Russen waren bereits seit dem zehnten und eilften Jahrhundert christlich.

Auch die westlichen Völkerschaften der Wenden waren, wie es bei der Berührung mit der großen Deutschen Nation nicht anders sein konnte, in vielfache allerdings meist feindliche Berührung mit dem Christenthum gekommen.

Die Wenden — so nannten die Deutschen sie, nicht sie selbst — zerfielen am Süd-Ufer der Ostsee in eine Menge einzelner kleinerer Völkerschaften: im östlichen Holstein die Wagrier, an der südwestlichen Ecke der Ostsee bei Ratzeburg die Polaber, dann östlich die Obotriten im heutigen Mecklenburg, zwischen Oder und Rekenitz die Wilzen oder Liutizen, diese wieder in die kleineren Stämme der Rhedarier und Tolenser südlich und der Circipaner und Kizziner nördlich der Peene sich scheidend, mit den Hevellern und Uckern als südlichen und den Rügianern als nördlichen Nachbarn, dann endlich östlich von der Oder bis zur Weichsel die Pommern im engeren Verstande.

Seit den Zeiten Karls des Großen waren die westlichen und südwestlichen der genannten Völkerschaften bereits mehr als einmal in unsanfte Berührung mit Germanischer Kraft und Cultur gekommen. Unsanft mußte die Berührung sein: dort Christenthum, hier Heidenthum; dort ein großes für jene Zeit schon geordnet zu nennendes Staatswesen, hier Zersplitterung in kleine, unabhängige, naturwüchsige Völkerschaften; dort der Ehrgeiz und Ausdehnungstrieb, welcher stets dem Bewußtsein der Macht und Ueberlegenheit entspringt, hier die ungebändigte Wildheit und Raublust eines kräftigen von der Schule der Cultur noch unberührten Volkscharakters.

Karl der Große hatte durch die Wucht seines Schwertes nicht minder als durch die Kunst seiner Diplomatie, welche die Uneinigkeit und den Stammeshaß der Wendischen Völkerschaften gegen einander ausbeutete, bis zur Oder, und wenn seinem Lebensbeschreiber Einhard zu glauben ist, sogar bis zur Weichsel die Wendenfürsten zu einem Verhältniß tributairer Abhängigkeit gebracht. Es war die Folge seines im Jahre 789 unternommenen Kriegszuges an die Peene in das Land der Wilzen, gegen die ihm Obotriten siegen halfen. Aber die Abhängigkeit war nur sehr locker, nur durch den Schrecken seines Namens aufrecht erhalten. Seine Nachfolger mußten bereits vielfach gegen Wenden-Aufstände kämpfen, und wenn es auch anfangs, namentlich unter dem energischen Ludwig dem Deutschen (nach 843) noch mit Erfolg geschehen war — er schlug mit kräftigem Arm einen Aufstand der Obotriten unter ihrem Fürsten Gozomusl oder Gestimusl zu Boden — so fiel doch gegen das Ende des Jahrhunderts überall wie auch hier die Karolingische Macht in Trümmern, und Wenden wetteiferten mit Normannen in verwüstenden Einfällen in das Deutsche Reich.

Unter dem Sächsischen Kaiserhause im zehnten Jahrhundert nahm die Unterwerfung und Bekehrung der Wendischen Völker anfangs einen neuen Aufschwung. Heinrich und Otto der Erste machten die Mittelelbe zu ihrer Operationsbasis, unterwarfen die dortigen Stämme der Dalemincier, Sorben und Milzener; Brandenburg ward erobert, in Havelberg ein Bischofssitz gegründet mit der Peene als nördlicher Grenze, und dem gesammten Gebiet der Ostmark in dem ebenso streitbaren als treulosen Markgrafen Gero ein kräftiger Wächter bestellt. Wie Karl der Große verstand es Otto, die Wendenvölker gegen einander zu benutzen: in der Schlacht an der Raxa 955 (wahrscheinlich die Recknitz auf der Grenze Mecklenburgs und Pommerns), durch welche der Kaiser den Abfall der nördlichen Wenden züchtigte, dienen Rügianer im kaiserlichen Heer gegen ihre Stammesgenossen. In dem Maaße aber, als das Sächsische Kaiserhaus seine Blicke nach dem Süden wendet, wird der Norden vernachlässigt, und schon unter Otto III., der seine zu krankhafter Höhe geschraubten Ideen von Kaiserhoheit nur in Italien realisiren zu können glaubte, ging das Deutschchristliche Colonisationswerk auf dem rechten Elbufer größtentheils wieder zu Grunde.

Im folgenden elften Jahrhundert bezeichnet die Regierung des christlichen Obotriten-Fürsten Gottschalk einen neuen Ansatz zur Christianisirung und Civilisirung der nordwestlichen und nördlichen Wendenstämme, und das bereits von den Karolingern gegründete Erzbisthum Hamburg entfaltete hier eine große und tiefgreifende Wirksamkeit. Aber mit Gottschalks Tode (1066) stürzte noch einmal Alles über den Haufen. Unter seinem Nachfolger, dem heidnischen Cruto *), den eine spätere Tradition ohne sichern Grund zum Rügianer gemacht hat, erging eine blutige Verfolgung gegen das Christenthum und die Deutsche Colonisation, und die Salischen Kaiser, namentlich Heinrich IV., hatten zuviel mit der päbstlichen Macht und innerem Zwist zu thun, um gegen die Wenden etwas Anderes als gelegentliche Streifzüge zu unternehmen, die bei dem Charakter des Volkes, gegen welches man kämpfte, ohne dauernde Frucht bleiben mußten.

Hatte sich das Wendenthum bis zum Anfang des 12. Jahrhunderts gegen Deutschland und das Christenthum trotz aller zeitweisen Niederlagen doch schließlich siegreich behauptet, so war eben dies — im Allgemeinen wenigstens — auch gegen die von zwei andern Seiten kommenden Angriffe geschehen.

---

*) So liest die nach Lappenberg's revidirtem Text von Laurent angefertigte Uebersetzung Helmolds; der alte Bangert'sche Text hat Cruco. Helm. I. cp. 25 u. öfter.

Uralte Fehde bestand zwischen den Wenden=Völkern an der Ostsee und den Nordischen, gleichfalls dem Germanischen Stamme angehörenden Nationen. Namentlich mit den Dänen rang das Wendenthum in blutigen Kämpfen, und die Erbitterung steigerte sich, als sich seit der Christianisirung Dänemarks um das Jahr 1000 zu der Racenfeindschaft noch der religiöse Haß des Heiden gegen den Christen gesellte. Freilich gegen die mächtigen Könige, welche bis in die zweite Hälfte des 11. Jahrhunderts das Scepter Dänemarks führten, einen Swen, Kanut, Magnus hatte das in vielfache Stammesfehden zersplitterte Wendenthum nicht auszuhalten vermocht, und die Schonung des Siegers durch Tribut erkaufen müssen. Aber schwächere Regenten auf dem Dänischen Thron mußten oft genug die Rache der Wenden erfahren, die im Seeraub und verwüstenden Landungen in Dänemark ihrem Schaden nachkamen. Ermannten sich dann die Dänischen Könige wieder, so ward eine blutige Vergeltung über die widerspenstigen Wenden verhängt: so hatte Erich Eiegod um 1100 die Jomsburg an der Mündung der Oder gebrochen, und die trotzigen Rügianer mußten sich bequemen, den Dänen Zins zu zahlen; aber das Christenthum hatte man sich noch nicht aufdringen lassen.

Neben dem Kampf mit Deutschen und Dänen hatte das Wendenthum auch noch im Süd=Ost gegen das stammesverwandte Volk der Polen Front zu machen, von den wilden Preußen jenseits der Weichsel ganz zu schweigen. Hinter= und Mittelpommern finden wir ebenso unaufhörlich in verwüstende Kriege mit den benachbarten Polen verwickelt, namentlich seit hier im 10. Jahrhundert das Christenthum den Sieg erlangt hatte, als Wagrien, Mecklenburg und West=Pommern mit den Reichen Deutschland und Dänemark.

Diese Kämpfe, welche seit Jahrhunderten wütheten, trugen ganz den furchtbaren Charakter des Racen= und Religionskampfs, geführt auf beiden Seiten mit aller der blutgierigen Unmenschlichkeit und all der greuelvollen Verwüstung, die ein solcher Kampf in einer ohnehin barbarischen Zeit annehmen mußte. Deutsche, Dänen, Polen, Wenden, Christen und Heiden haben sich, was die wilde Grausamkeit der Kriegführung anbetrifft, nichts vorzuwerfen. Von den Wenden wußte man, daß sie christliche Gefangene an den Altären ihrer Götter opferten, daß sie christliche Priester steinigten, ihnen ein Kreuz auf den Kopf skalpirten und sie so durch das Land schleppten, ihnen Arme und Beine abhackten, um sie so verstümmelt liegen zu lassen; ja man erzählte sich, daß sie Gefangene gekreuzigt, lebendig geschunden oder sie bis an den Hals in die Erde gegraben, um sie so jämmerlich verschmachten zu lassen. Aber die Deutschen rächten ihrerseits das Verbrechen der Verstümmelung lebloser Crucifixe an den Wenden durch eine gleiche Verstümmelung an lebenden Gefangenen, denen sie die Augen ausstachen und Arme und Beine abhacken ließen. Die Dänen erfanden für Wendische Seeräuber, die ihnen bei der Belagerung der Jomsburg in die Hände fielen, die raffinirte Marter, den mit den Händen an einen Pfahl gebundenen Gefangenen den Bauch aufzuschlitzen und ihnen die Eingeweide langsam aus dem Leibe zu winden; — eine unmenschliche Grausamkeit, die, wie uns der Dänische Geschichtschreiber Saxo wohlgefällig berichtet, einen sehr guten abschreckenden Eindruck gemacht habe. Wie aber die Polen bei ihren Einfällen mit Mord, Brand und allen Greueln der Verwüstung gehaust hatten, davon sah der Pommern-Apostel Otto von Bamberg auf der ersten Bekehrungsreise nach Pommern noch die schauderhaften Spuren. Die Bevölkerung wurde auf diesen Raub-, Mord- und Brandzügen von beiden Seiten heerdenweise in die Sklaverei geschleppt, die Vornehmen, um von ihnen durch harte Gefangenschaft ein hohes Lösegeld zu erpressen, die große Masse niederen Volks, um es in der Weise modernen Negerhandels auf den Sklavenmärkten zu verkaufen.

Kurz, es war ein wildes entsetzliches Ringen, welches nur mit dem Untergang der einen Race und ihrer Religion enden konnte. Die Race konnte nur die Wendische, die Religion nur das Heidenthum sein.

Wohl kämpfte das Wendenthum für Unabhängigkeit und Freiheit: — aber es war die Unabhängigkeit und Freiheit des Räubers, der kein Bedenken trägt, Andere zu berauben, zu morden, in die Sklaverei zu schleppen. Zudem war das Wendenthum politisch in sich zerfallen; in den einzelnen Staaten — wenn von solchen überall die Rede sein kann — wurden mörderische Kämpfe um die Thronfolge geführt: so fielen durch Mord die Fürsten der westlichen Wenden Gottschall, Cruto, Heinrich und dessen Nachkommenschaft. Die verschiedenen Wendischen Völkerschaften befanden sich meist in tödtlicher Fehde gegen einander: die Obotriten mit den Liutizen, die Rügianer mit beiden, sowie mit Wagriern und Pommern; selbst die kleinen Liutizischen Stämme der Rhedarier und Tollenser kämpften mit den Circipanern und Kizzinern um religiöse und politische Oberherrschaft und riefen Fremde, Sachsen und Dänen zu Hülfe. Wie wenig Gemeingefühl es unter diesen Völkerschaften gab, davon lieferten sie einen charakteristischen Beleg, als große Massen von Obotriten, durch Einfälle Deutscher Heere von Haus und Hof vertrieben, zu ihnen geflüchtet waren: sie trugen kein Bedenken, die Schutz- und Hülfesuchenden als Sklaven zu verkaufen. Dazu war der Glaube der Vorväter, für den das Wendenthum kämpfte, in seinem innersten Grunde erschüttert: man hatte längst fremden Nordischen, Germanischen und Finnischen Religionselementen den Zutritt verstattet: ein religiöser Eklekticismus bezeichnet den Charakter des Cultus der westlichen Wendischen Völkerschaften. Dazu war die Herrschsucht des Priesterthums nicht selten der Grund zu blutiger Empörung. Endlich hatte die Predigt des Christenthums, in den Zeiten, wo das Wendenthum auf Schlachtfeldern unterlegen, zeitweilig das Joch christlicher Nationen getragen hatte, trotz aller zerstörenden Reactionen lebenskräftige Keime hinterlassen. Die Ahnung ging durch die Wendischen Völker, daß der Christengott der mächtigere sei.

Während noch zu Anfang des zwölften Jahrhunderts das heidnische Wendenthum an der Ostsee den Anschein der Unbezwinglichkeit darbot, sehen wir um die Mitte desselben Jahrhunderts die Stellung desselben bereits auf beiden Flügeln durchbrochen.

Zuerst war von Süd-Osten Bresche gelegt. Der streitbare König Boleslaw III. von Polen hatte endlich durch eine systematisch fortgesetzte Reihe verwüstender Raubzüge die Pommern, die auf vielen Schlachtfeldern unterlegen waren, mürbe gemacht. Die Bedingungen des Friedens waren Anerkennung der Polnischen Lehns-Oberhoheit und Annahme des Christenthums. Aber das Letztere kam den Pommern von Deutschland, wenn auch unter dem Schutze des Polnischen Schwertes. Der Pole vermochte es wohl, den Waffentrotz der heidnischen Pommern zu brechen; zum Hohenpriester der Religion, Sitte und Cultur war er nicht der Mann. Ein günstiges Geschick, bedeutungsvoll für die spätere Germanisirung des Pommerschen Volkes, führte zu jener Mission den Bischof Otto von Bamberg ins Land. Auf seinen beiden großen Missionsreisen 1124 und 1128 legte er mit sicherer Hand die Grundlagen der neuen Schöpfung, zu denen die Pommerschen Fürsten, in dem richtigen Gefühl, daß es die beste Politik sei, das Unabweisliche mit freier Selbstthätigkeit zu ergreifen, und daß sich ihnen hier eine neue glänzendere Zukunft eröffne, bereitwillig die Hand boten. Es fiel der uralte Triglaw-Cultus in Stettin, es fielen die Tempel in Julin und die Säule mit der heiligen Lanze, es fielen die Tempel des Herowit und Borwit zu Wolgast, und auf beiden Seiten der Oder erhob sich auf den Trümmern der alten Tempelstätten allmälig das Kreuz zu siegreicher Herrschaft.

Wie auf dem rechten Flügel in Pommern war um die Mitte des zwölften Jahrhunderts das heidnische Wendenthum auch auf dem äußersten linken Flügel im östlichen Holstein und im Ratzeburg'schen unterlegen. Hatte sich in Pommern wenigstens das einheimische Fürstengeschlecht noch behauptet, so war hier nicht einmal soviel gerettet. Seit Cruto's Nachfolger, Heinrich, der das Christenthum begünstigend, über Obotriten, Polaber und Wagrier geherrscht hatte, im J. 1126 seinerseits ermordet war, zeigt die Geschichte dieser Völker eine fortlaufende Kette von Mord und

Bürgerkrieg. Doch gewann bei den inneren Wirren das Christenthum, unter dem mächtigen Schutz des Hamburger Erzbisthums immer festeren Fuß.

Um das Jahr 1142 erwarb endlich der Graf Adolf von Holstein unter Beseitigung des letzten einheimischen Fürstensprößlings das Land Wagrien im östlichen Holstein, und das Land der Polaber — das Ratzeburg'sche — erhielt an Heinrich von Badwide einen eigenen Herrn. Bald aber fiel es an die aufstrebende Herrschaft Heinrichs des Löwen, der auch das neben der alten Wendenstadt neubegründete Lübeck dem Herzog von Holstein bald genug abzujagen wußte.

Mecklenburg, das alte Obotriten-Land, war zwar noch heidnisch und selbständig; dort herrschte Niklot, einem vornehmen eingeborenen Geschlecht entsprossen; aber die Macht des Obotriten-Volkes war auch bereits durch langdauernde blutige Kämpfe mit Sachsen und Dänen erschüttert, und um das Jahr 1157 konnte in der Person des Cistercienser-Mönches Berno vom Pabst ein Heiden-Bischof für Schwerin ernannt werden — ein Wahrzeichen, daß man auch hier bereits die letzte Stunde des Heidenthums gekommen glaubte.

Die Liutizen, im heutigen Neu-Vor-Pommern, von der Peene nordwärts bis zur Rügen'schen Meerenge, waren gleichfalls größtentheils noch unabhängig und heidnisch; aber ihre Stellung war gleichfalls wesentlich erschüttert. Von Süden herauf drängte mit rastloser Energie der mächtige Brandenburgische Markgraf Albrecht der Bär, und im Osten hatten sie an den nunmehr christlichen Fürsten von Pommern nicht minder gefährliche Feinde. Wie weit das Christenthum hier auf dem linken Oder-Ufer zu dieser Zeit bereits vorgedrungen war, läßt sich nicht mit Genauigkeit bestimmen. Wolgast war christlich, Gützkow auch, aber Demmin scheint, wie wir sogleich sehen werden, noch längere Zeit im Heidenthum beharrt zu sein.

Auch für das heidnische Wendenthum in Mecklenburg und Neu-Vor-Pommern schien die letzte Stunde gekommen, als im J. 1147 ein mächtiges Kreuzheer sich gegen diese Länder in Bewegung setzte.

Es war das Jahrhundert der Kreuzzüge. Die christliche Welt des Abendlandes, um sich für alle Zeit die Bahn der Entwicklung frei zu machen, faßte alle ihre Kräfte zu einer gewaltigen Anstrengung zusammen. Wenn auch im Einzelnen die Kreuzzüge ihr vorgestecktes Ziel nur selten oder gar nicht erreichten, so haben sie doch im Großen und Ganzen eine ungeheure Wirkung auf die Entwicklung des Abendlandes gehabt. Das Kreuz, unter dessen Banner damals Hunderttausende fochten, siegten und verbluteten, war das Symbol der jungen Abendländischen Cultur und

Gesittung im Gegensatz zu Orientalisch-Mahomedanischer Weltanschauung und Abendländisch-heidnischer Barbarei.

Nach dem Reichstage zu Frankfurt a. M., wo der berühmte Abt Bernhard von Clairvaux mit Feuerworten das Kreuz gegen die Ungläubigen geprediget hatte, zogen von der Mitte Europas drei große Massen aus. Die Eine, vom Niederrhein, Flandern und Holland aus, auch Engländer schlossen sich an, — zog den Christen in Portugal zu Hülfe: es war die einzige, welche Erfolg hatte, denn es gelang, den Mauren Lissabon zu entreißen. Die zweite, die Hauptmasse, zog unter Führung des Deutschen Königs Konrad zu Lande nach Palästina; der Zug scheiterte fast vollständig. Die dritte Masse wälzte sich von Norddeutschland aus unter Mitwirkung von Polen und Dänemark gegen die heidnischen Wenden an der Ostsee. Der heilige Bernhard hatte Ausrottung des Volkes, oder wenn das nicht gelänge, wenigstens Ausrottung des Götzendienstes verlangt.

Diese Masse hatte sich wieder in zwei große Hauptheere getheilt; das Eine zog gegen das Land der Liutizen, das Andere von einer Dänischen Flotte zur See unterstützt, gegen das der Obotriten. Aber beide hatten nicht mehr Erfolg, als der Zug nach dem Morgenlande. Die damals sehr feste Burg Demmin setzte dem gegen die Liutizen herangerückten Heer ein unüberwindliches Hinderniß entgegen, und gegen das Andere vertheidigte sich der Obotritenfürst Niklot mit gleichem Erfolg in seiner Feste Dobin — am Nord-Ost-Ende des Schweriner Sees. Uneinigkeit und schlechte Führung auf Seiten der Angreifer, ausdauernder Muth auf Seiten der Angegriffenen hatten das Resultat, daß die großen Heere, unter denen Hunger und Krankheit zu wüthen begannen, gegen den Herbst unverrichteter Sache wieder heimkehren mußten. Nochmals also war das Wendenthum dem drohenden Verderben entgangen.

In dieser Krisis hatten die unabhängigen heidnischen Wendenvölker von dem Bewußtsein der gemeinsamen Gefahr durchdrungen, endlich einmal zusammengestanden. Eine Flotte der Rügianer war den Obotriten zu Hülfe geeilt; die Dänische Flotte, welche den Angriff auf Dobin von der Seeseite zu unterstützen bestimmt war, hatte sich überfallen lassen und war unter schweren Verlusten nur mit genauer Noth dem Verderben entgangen.

Das Land der Rügianer, auf das wir jetzt den Blick wenden müssen, bildete zu jener Zeit recht eigentlich den Schlüssel und das Centrum der Wendischen Macht an der Ostsee. Da sich hier nunmehr der letzte Akt des Unterganges Wendischer Selbständigkeit zu entwickeln beginnt, so haben wir den Schauplatz desselben etwas näher ins Auge zu fassen.

Die Insel Rügen ist von der Natur bestimmt, der schützende Sturmbock und Wellenbrecher des Norddeutschen Tieflandes gegen das große nordöstlich bis an den Finnischen und Bothnischen Meerbusen sich erstreckende Becken der Ostsee und seines Wogenandrangs zu sein. Demgemäß macht die ganze Insel, die mit allen ihren kleinern Neben-Inseln und Halbinseln, mit ihren tiefen Buchten und Meereseinschnitten ein lebendiges Bild des beständigen Ringens mit dem Meere darbietet, durch ihre natürliche Formation gegen Nord-Ost Front: sie hebt sich im Allgemeinen von Süd-West gegen Nord-Ost zu immer größerer Höhe und immer soliderer geologischer Construction. Dies gilt nicht nur von dem größeren Körper der Insel, Rügen im engeren Sinne genannt, wo der eigentliche Schwerpunkt der geologischen Masse im Nord-Osten in dem bergigen Striche, etwa von Neuenkirchen und Ralswiek über Bergen bis in die Granitz liegt, sondern auch von der Insel Hiddensee und den Halbinseln Wittow und Jasmund, die wieder gleichsam als schützende Außenwerke vor die eigentliche Hauptfestung gelegt sind. Sie alle steigen gegen Norden und Nord-Ost an. Die Nordost-Spitze Hiddensee's, beim Dornbusch, erreicht eine Höhe von über zweihundert Fuß; dann folgt Wittow mit dem berühmten gegen Nord-Ost in das Meer hinausragenden Vorgebirge Arkona, beinahe anderthalbhundert Fuß hoch*), endlich die Halbinsel Jasmund, an sich schon aus festem bergigen Gefüge und schließlich gegen Nord-Ost zu dem stolzen Kreidevorgebirge Stubbenkammer aufsteigend, welches seinen weißen Scheitel kühn mehr als vierhundert Fuß über die Meeresfläche emporhebt.

Daß die Insel im Laufe der Jahrhunderte manche Unbill durch Stürme und Fluthen erfuhr, ist schon ihrer Lage nach wahrscheinlich und für die historische Zeit durch mehr als ein Zeugniß beglaubigt. Doch scheint ihre Gestalt seit den letzten siebenhundert Jahren — und höher hinauf reicht sichere historische Kunde für unsere Gegenden nicht — im Großen und Ganzen dieselbe geblieben zu sein. Die wesentlichste Veränderung scheint noch die Süd-Ost-Küste erfahren zu haben; hier soll im Anfange des 14. Jahrhunderts — die Angaben schwanken über das Jahr — bei einem gewaltigen Sturm durch den Anbrang der Wogen die jetzt unter dem Namen des Neuen-Tiefs zwischen Mönchgut und der Insel Ruden vorhandene Durchfahrt gerissen sein, während früher das hier allerdings schon bestehende Fahrwasser weit schmaler und flacher war. Eine allmälige Verringerung hat außerdem im Laufe der

---

*) Genau 143 Fuß, welche Angabe die Höhe des am höchsten gelegenen Ufervorsprungs bezeichnet. An der Stelle, wo der Leuchtthurm steht, ist das Ufer 122 F. hoch; die Spitze des Thurms liegt 197, das Leuchtfeuer 173 Fuß, der höchste Punkt des alten Burgwalles 165 Fuß über der Meeresfläche. — (Vergl hinten den Grundriß.) Der höchste Punkt von Hiddensee liegt (nach Hagenow) 232 Fuß, von Stubbenkammer 409 Fuß über dem Meeresspiegel.

Jahrhunderte gewiß an den nordwestlichen, nördlichen und nordöstlichen Ufern der Insel Statt gefunden, wie sie dort noch in unseren Zeiten zu beobachten ist. Der Andrang der See spült von den untern Partien des Ufers allmälig soviel fort, daß die obern keinen hinreichenden Halt mehr haben, und bald in kleineren bald in größeren Stücken von oben herabrutschen. Ist das Ufer von festerem Gefüge, wie z. B. von Kreide bei Stubbenkammer und Arkona, so hat man die Erscheinung, daß nach dem Schwinden der untern Partien, die oberen festeren weit überhängen, bis sie dann endlich zu stark unterminirt losbrechen und nach unten herabstürzen. So erinnert sich der Verfasser aus dem Anfang der dreißiger Jahre dieses Jahrhunderts, daß bei Arkona einmal eine solche Loslösung einer größeren Kreidemasse erfolgte, welche früher in einem schroffen Winkel übergehangen hatte. Die gewaltige Masse — es mochten gegen 8—10,000 Kubikfuß sein, — war nachher noch Jahre lang am Strande sichtbar, bis die See sie schließlich auch fortwusch. An so exponirten Punkten, wie z. B. Arkona ist, mag die Einbuße des Landes durch den so eben geschilderten Proceß im Durchschnitt einen halben Fuß auf das Jahr betragen haben, so daß wir seit den letzten 700 Jahren die allerdings beträchtliche Verringerung von 350 Fuß anzunehmen hätten. Diese Annahme findet ihre Bestätigung im Großen und Ganzen durch die Nachrichten, die uns von einem gleichzeitigen Schriftsteller und Augenzeugen über das alte Arkona aufbewahrt sind: danach muß der letzte Abschnitt des Vorgebirges, hinter dem Wall, einen beträchtlich größern Umfang gehabt haben als er gegenwärtig hat. Erst in neuester Zeit, seit der Erbauung des Leuchtthurms auf Arkona, ist man bedacht gewesen, den Angriffen des Meeres und der dadurch verursachten Einbuße des Ufers durch eine unten angebrachte Stein-Bordirung wenigstens auf einer kürzeren Strecke einen festen Damm entgegenzusetzen.

Das Eiland, welches dem Meer so trotzig die Stirn bot, bewohnte vor siebenhundert Jahren ein verwegenes Volk, tapfer und grausam, gefürchtet von den umwohnenden Völkern und berühmt vor allen Wendenstämmen an der Ostsee.

Die Rügianer jener Zeit waren Wenden so gut wie alle andern Völkerschaften zwischen Trave und Weichsel. Daß hier einst, zur Zeit von Christi Geburt und in den ersten Jahrhunderten nachher Deutsche Stämme wohnten, kann nach dem bestimmten Zeugniß gleichzeitiger Geschichtschreiber, unter denen Tacitus die erste Stelle einnimmt, nicht bezweifelt werden, und die Wohnsitze der Rugier namentlich, welche unter diesen Deutschen Stämmen genannt werden, müssen so ziemlich in die Gegend unserer Insel und des nächstliegenden Pommer'schen Festlandes gesetzt werden. Aber tausend Jahre später ist hier von Deutschen Stämmen keine Spur mehr: Alles ist Wendisch. Wann diese Ostsee=Wenden jene Gegenden zuerst in Besitz genommen haben: darüber schweigt die Geschichte. Nur soviel läßt sich mit Sicherheit sagen, daß im achten Jahrhundert zur Zeit Karls des Großen die Slavisirung der Deutschen Ostseeländer bereits eine fertige Thatsache war. Man wird daher die ersten Anfänge derselben wenigstens ein paar Jahrhunderte rückwärts zu verlegen haben, man würde also für die Slavische Einwanderung etwa das fünfte, sechste, spätestens das siebente Jahrhundert erhalten. Wo die alten Deutschen Rugier geblieben, darüber fehlt ebenfalls alle historische Gewißheit. Da wir aber im Gefolge der Hunnen im fünften Jahrhundert ein Volk der Rugier finden, welches dann eine Zeitlang an der Donau sitzt und schließlich mit andern Völkerschaften im Bunde unter Othaker das morsche Weströmische Reich über den Haufen wirft, so ist die Annahme immer die wahrscheinlichste, daß dies dasselbe Volk ist, welches uns zu Tacitus Zeit als an der Ostsee wohnend genannt wird. Ob sie freiwillig ihre Wohnsitze verlassen haben, oder ob sie es gezwungen, weil verdrängt von andern Völkern gethan haben, darüber läßt sich freilich nichts sagen. Es mag Beides zusammen gewirkt haben, wie bei dem Drängen der Völker gegen Süden und Westen, wie die Geschichte der Völkerwanderung es uns zeigt, beide Motive in einander zu greifen pflegen.

Um den Germanischen Grundcharakter unserer Heimath zu retten, hat man die Annahme aufgestellt, daß keine wirkliche und vollständige Slavisirung unserer Gegenden, sondern in Folge der Wendischen Einwanderung nur eine Ueberschichtung Deutscher Grundbestandtheile mit Slavischen Elementen Statt gefunden habe, sodaß im 12. Jahrhundert, wo unsere Geschichte beginnt, die eigentliche Masse des niederen, namentlich des arbeitenden Volks immer noch Deutsch, Wendisch dagegen die höhern herrschenden Klassen gewesen. Aber was dem entgegensteht, ist daß alle gleichzeitigen Zeugnisse uns nur eine vollständig Wendische Bevölkerung zeigen mit Wendischer Sprache und Wendischer Sitte, von einer Deutschen Grundbevölkerung aber keine Spur. Man mag immerhin annehmen, daß als die Slaven in unsere Ostsee=Länder einwanderten, hier noch Reste Germanischer Bevölkerung vorgefunden und natürlich unterworfen wurden; aber sie waren im Laufe der Jahrhunderte längst auf= oder untergegangen im Wendenthum, wie gegenwärtig hier das Wendenthum längst von dem seit dem 12. Jahrhundert eindringenden Deutschthum assimilirt ist. Wie wir durch nichts berechtigt sind, gegenwärtig — im 19. Jahrhundert — in Vor=Pommern und Rügen noch von vorhandenen Wendischen Elementen unserer Bevölkerung zu reden, weil etwas Wendisches Blut in ihren Adern fließt, ebenso wenig ist man berechtigt, im 12. Jahrhundert hier Deutsche

Bevölkerungsgrundlagen zu statuiren, weil Jahrhunderte früher Germanische Volksreste in das Wendenthum übergegangen sind.

Die Rügianer waren also — das haben wir festzuhalten — Wenden, wie die Pommern, und zwar Wenden vom härtest gesottenen Schlag. Sie vereinigten wie in einen Brennpunkt alle Licht= und Schattenseiten des Slavisch=Wendischen Charakters. Leicht erregbar zum Guten wie zum Bösen, heftig und ungestüm in der Ausführung, aber ohne die zähe nachhaltige Energie der Germanischen Race, wo es Hindernisse zu besiegen galt, haben sie ihre Unabhängigkeit nebst der Religion und den Sitten der Väter ritterlich vertheidigt; — aber, als das Glück ihnen den Rücken wandte, haben sie sich auch mit überraschender Leichtigkeit in das neue Loos gefunden, und fremde Oberherrschaft, christliche Religion und Deutsche Sitte bei sich eingebürgert.

Rügen galt schon im zwölften Jahrhundert den Zeitgenossen für eine fruchtbare Insel. Die Fruchtbarkeit des Bodens und die insularische Lage: das sind in der That die beiden Hauptfaktoren zur Gestaltung der Lebensweise der Wendischen Rügianer.

Der Ackerbau, in seinen leichteren Formen von Alters her bei allen Slaven in Uebung, scheint auf Rügen schon in ziemlich ausgedehntem Umfang betrieben zu sein. Allerdings gab es im zwölften Jahrhundert noch viel mehr Waldstrecken auf der Insel, als jetzt. Auf Wittow gab es nach unserer ältesten einheimischen Urkunde — dem Bewidmungsbrief des Berger Klosters von 1193 — noch Eichenwaldungen, ebenso in der Gegend von Schaprode. Holz war das gewöhnliche Baumaterial, nicht nur für Wohnhäuser, sondern auch für Tempel, und die kriegerischen Befestigungswerke bestanden aus einem Erdwall unten mit hölzernem Plankenwerk und Thürmen oben. So läßt auch der Dänische König bei der Belagerung Arkona's aus den Waldungen Wittows das nöthige Holz schlagen, um die Belagerungsmaschinen zu zimmern. Also an Holz konnte damals noch kein Mangel sein, wie es viertehalb hundert Jahre später zu des bekannten Chronisten Kantzow Zeit schon der Fall war. Die Folge war ein großer Reichthum an Wild, der gleichfalls von den Zeitgenossen schon hervorgehoben wird; auch findet man noch gegenwärtig Hirschgeweihe an Stellen in der Erde, wo jetzt der Hirsch nicht mehr haust, und vom wilden Schwein, welches auf der Insel zur Zeit ganz ausgestorben ist, sind uns die Spuren wenigstens in den Hauern geblieben, die man hin und wieder noch findet. Auch für die Jagd, die Lieblingsbeschäftigung des Slaven war also gesorgt.

Daß auch zur Weide des Viehs größere Strecken brach gelegen haben als jetzt, können wir für Rügen mehr vermuthen als daß wir es urkundlich nachweisen können. Aber bei alle dem muß der Ackerbau, wie wir aus manchen Anzeichen schließen können, bereits eine bedeutende Ausdehnung gehabt haben. Wenn bei dem ersten Wendenzuge König Waldemars im J. 1159. ein alter sachkundiger Pirat die Frage, ob die Rügianer vor dem feindlichen Angriff bereits auf ihrer Hut seien oder nicht, danach entscheiden wollte, ob die Pflüger ihren üblichen Mittagsschlaf auf dem Felde hielten, so geht daraus hervor, daß man Dänischer Seits an den Küsten der Insel einen regelmäßigen Ackerbau betrieben wußte. Auch wird der Dänische Tribut, welcher der Insel nach der Eroberung im J. 1168 aufgelegt ward, nach „Jochen Ochsen" fixirt, woraus hervorgeht, daß den Eroberern der Ackerbau der Insel als die beste Norm für die Erhebung einer Abgabe erschien. Daß der Haken — nicht der künstlichere und schwerere Deutsche Pflug — das gewöhnliche Ackerinstrument bei den alten Rügianern war, mögen wir vermuthen, weil er überall bei den Ostseewenden im Gebrauch gewesen zu sein scheint. Seine Bespannung war das Joch Ochsen, hin und wieder vielleicht auch das Pferd. Denn da die Rügianer auf ihren Kriegszügen auch Cavallerie verwenden, so muß die Pferdezucht wenigstens in gewissem Grade schon auf der Insel geblüht haben. Daß unter den Nutzungsthieren auch die Kuh nicht fehlte, ist selbstverständlich; sie wanderte bei feindlichen Ueberfällen mit den Menschen in die befestigten Zufluchtsörter: zu Arkona konnte man bei dem Brande der Wallbefestigungen den Versuch machen, mit Milch zu löschen, als das Wasser zu fehlen begann.

Den andern Faktor für die Lebensweise der Inselbewohner bildete das Meer. Der Fischfang war neben Ackerbau, Viehzucht und Jagd eine Haupt-Nahrungsquelle für die alten Wendischen Rügianer, wie er es noch gegenwärtig für ihre Deutschen Nachfolger ist. An den Küsten der Insel und namentlich in den tiefen Meeres-Einschnitten und Buchten suchten die Fische Schutz gegen das Ungestüm der offenen See und füllten in großen Massen die Netze der Fischer. Namentlich war es der Heringsfang, welcher im zwölften und dreizehnten Jahrhundert an den Rügen'schen Küsten blühte, während er sich später mehr nach der gegenüberliegenden Küste von Schonen hinüberzog. Im November, wenn die Herbststürme das Meer aufwühlten, kam der Hering in großen Schaaren an die Küsten von Rügen, und Einheimische und Fremde, die letztern nicht ohne specielle Erlaubniß, versammelten sich zum Fang.

Der Fischfang scheint dann die erste Grundlage der Handelsverbindungen der Insel gewesen zu sein. Fremde Händler, theils aus Deutschland theils aus dem Norden kamen zur Zeit des großen Heringsfanges nach Rügen und erhielten gegen eine an den Tempel des Swantewit zu entrichtende Abgabe das Recht sich am Fischfang zu betheiligen oder wenig stens die von Einwohnern der Insel gefangenen Fische aufzukaufen und auszuführen. Sie werden, wie man leicht vermuthen kann, ihrerseits den Rügianern die Waaren gebracht haben, deren diese bedurften. Namentlich war wie es scheint die Leinewand ein sehr gesuchter Artikel auf Rügen. Da man hier in heidnischer Zeit keine eigene Münze hatte, so vertrat die Leinewand beim Tauschhandel häufig das geprägte Geld. Doch waren unzweifelhaft auch fremde Münzen, namentlich wohl Niedersächsische und Skandinavische in Umlauf: mußte doch jeder Einwohner der Insel an den Swantewitstempel jährlich als Kopfsteuer ein Geldstück entrichten (nummus, wahrscheinlich der spätere denarius oder Silberpfennig). Die Rügianer ihrerseits schienen, wie schon aus dem Mangel an eigener Münze hervorgeht, am Handel keinen großen Geschmack gefunden zu haben*). Im Allgemeinen befand sich der Handel in den Händen auswärtiger Kaufleute, bei denen die Hoffnung auf Gewinn stärker war als die Furcht vor den übelberufenen Rügianern. So finden wir fremde Kaufleute auch in Arkona bei der Eroberung im J. 1168: sie waren offenbar beim Dänischen Angriff auf der Insel gewesen und mit den Wenden in die Beste geflüchtet.

Aber das Meer brachte den Inselbewohnern noch andere Vortheile. Weit in die See vorspringend und von vielfachen Klippen und Untiefen umgeben mußte die Insel, auf deren nördlicher Spitze damals noch kein Leuchtfeuer brannte, oft zum Stein des Anstoßes für die fremde Schifffahrt werden. Schiffbrüche waren nur allzu häufig, bei dem Kindheitszustande der damaligen Schiffahrtskunde kein Wunder. Was aber an der Insel strandete, das war nach Begriffen jener Zeit gute Prise der Inselbewohner: Leib und Leben, Hab und Gut der Besatzung eines gestrandeten Schiffs war ihrem kühnen Griff verfallen. Das Strandrecht bildete noch lange, selbst in christlicher Zeit, ein anerkanntes Privilegium der Rügianer, und wer sich dagegen sichern wollte, der mußte sich, wie dies z. B. von Lübeck mehrfach im Laufe der folgenden Jahrhunderte geschah, durch besondere Vertragsstipulationen mit den Fürsten der Insel gegen die Anwendung des Strandrechts schützen.

Und der Rügianer wartete nicht immer, bis ihm die Gunst des Himmels und des Meeres eine ersehnte Beute an den Strand warf. Durch

---

*) Fabricius, Urkunden zur Gesch. Rügens I. p. 99. hat sich für eine bedeutendere merkantilische Thätigkeit der Rügianer auf eine Stelle Helmolds (I. 86) berufen, wo unter den Ländern, die von Heinrich dem Löwen zum Handel mit Lübeck aufgefordert werden, auch Rügen genannt sein soll (Rugiam). Allein der alte Bangert'sche Text hat Ruziam d. h. Rußland, und da auch Laurent (nach Lappenbergs Text) Rußland hat, so ist die Lesart Rugiam ein Irrthum, und die darauf gebauten Schlußfolgerungen sind hinfällig.

die Fischerei von Jugend auf vertraut mit der See, von kühnem und unternehmungslustigen Sinn folgte er bald dem von den Normannen gegebenen Beispiel; Rügen'sche Schiffe schwärmten durch die Ostsee und waren vor allen andern Wenden der Schrecken des friedlichen Kauffahrers und der sorglosen Küstenbewohner. Was auf dem Meere schwamm, galt sofern es nicht durch Verträge gesichert war, als herrenloses Gut; wem es zufiel, darüber entschied die Gewalt. Und was man etwa auf dem Meere nicht fand, suchte man an den Küsten: man überfiel sie, wo es am wenigsten geahnt ward; man plünderte, brannte und mordete bei den Landsteigungen; die werthvolle Habe und die kräftigen und vornehmen Bewohner schleppte man in die Gefangenschaft; jene verkaufte man als Sklaven, von diesen erpreßte man durch die Qualen der Gefangenschaft schwere Lösegelder.

Die Rügianer waren im zwölften Jahrhundert das gefürchtetste Seeräubervolk der Ostsee. Ihre Insel mit den zahlreichen Halb- und Nebeninseln, mit ihren tief in das Land einschneidenden Inwieken, mit den vielen Untiefen des Fahrwassers an ihren Küsten, mit ihrer Lage an der großen Seehandelsstraße vom Westen nach dem Norden oder Osten des Baltischen Meeres, war wie geschaffen für ein Volk von Seeräubern. Man fand an der Piraterie um so mehr Geschmack, je einträglicher das Geschäft war, und als bei den letzten verheerenden Kriegen mit den Dänen alle andern Erwerbszweige darniederlagen, als die Dänen sogar anfingen die Ernten zu verbrennen, blieb den Inselbewohnern kaum etwas übrig als sich durch Seeraub schadlos zu halten. Kleinere Expeditionen wurden je nach Neigung und Vermögen von einzelnen Privaten oder einzelnen Ortschaften ausgerüstet; größere von Staatswegen, unter Anführung der Fürsten oder hervorragenden Edlen des Landes. Die Kriege, welche die Rügianer führten, waren nichts als Raubzüge im vergrößerten Maaßstab. Ihre Stärke lag im plötzlichen, unvermutheten Angriff, und bei der Schnelligkeit und leichten Beweglichkeit, welche ihre Schiffe auszeichnete, konnten sie ein Invasionskorps mit leichter Mühe an fremde Küsten werfen; die leichte Cavallerie, welche sie schon früh auf ihrer Flotte mit sich führten, streifte mit Windeseile durch das Land, überfiel reiche Ortschaften, wo etwas zu holen war, plünderte, raubte und brannte, und wenn der Feind sich besann und zur Vertheidigung anrückte, war man wieder zu Schiffe und mit dem Raub auf und davon. Hielt freilich eine Stadt, auf deren Ueberfall es abgesehen war, den ersten Anprall aus, zog sich die Belagerung in die Länge, so daß die Angegriffenen Zeit hatten, sich zu sammeln, so scheiterte das Unternehmen in der Regel. So die berühmte Expedition der Rügianer gegen Lübeck zu Anfang des 12. Jahrhunderts, wie es scheint ein Rachezug wegen der Ermordung des heidnischen Obotritenfürsten Cruto gegen seinen Mörder und Nachfolger Heinrich. Die Veste hielt sich, Heinrich brachte in kurzer Frist eine Entsatzarmee zusammen, und schlug die Rügianer zwischen Lübeck und Travemünde bis zur Vernichtung. Aber was damals mißlungen war, glückte ein paar Jahrzehnte später. Nach dem Tode des eben genannten Fürsten Heinrich, der den Rügianern ein schlimmer Gegner gewesen war und ihnen an der Spitze einer Armee von Pommern über Eis marschirend eine nur mit schwerem Gelde abgekaufte Visite gemacht hatte, unternahmen sie abermals eine Expedition gegen Lübeck und diesmal gelang sie besser. Stadt und Burg wurden überfallen und verheert und die christliche Priesterschaft rettete nur mit genauer Noth das nackte Leben (um 1126).

Das rauhe Seemanns-, das wilde Piraten- und Kriegshandwerk mußte sich auch in dem Charakter des Volks ausprägen. Es sind nicht die zahmen, zitherspielenden Slaven des Griechischen Kaisers Mauritius (um 590), welche das Eisen nicht kennen und die Waffen nicht zu führen verstehen: es ist vielmehr ein rauhes kriegerisches Geschlecht, voll wilder Kühnheit und ungebändigtem Freiheitstrotz. Aber Freiheit und Unabhängigkeit liebten sie nur für sich selbst: die Angehörigen anderer Völker galten ihnen als Sache; sie zu rauben und als Sklaven selbst zu verwenden oder Andern zu verkaufen, daran nahm man keinen Anstoß. Selbst die eigenen Volksgenossen verfielen nach altem Herkommen einer schonungslosen Ausplünderung und schließlich der Sklaverei, wenn sie den drängenden Gläubiger nicht bezahlen konnten, und selbst auf die Erben des Schuldners, wenn sie nicht zahlten, fand der harte Brauch seine Anwendung*). Gerühmt ward von Zeitgenossen an den Rügianern ihre Pietät gegen die Eltern; aber die blutige Sitte, neugeborene Kinder weiblichen Geschlechts umzubringen, die unter den Ostsee-Wenden herkömmlich war, wird auch unter den Rügianern ihre Stelle gefunden haben, mag sie auch nur in vereinzelten Fällen Anwendung gefunden haben. Gerühmt wird ferner ihre Vorsorge für Alte und Schwache, und daß ihr Land keine Bettler gekannt habe, wissen christliche Geschichtschreiber auch an dem heidnischen Volk zu loben. Gerühmt ward endlich die schrankenlose Gastfreiheit des Volkes: die Verweigerung gastlicher Aufnahme galt als eine Schmach. Aber die guten Dinge, mit denen man den Gastfreund bewirthete, waren vielleicht erst vor wenigen Tagen auf dem Meere oder an fremder Küste geraubt, und der Sklave, welcher bei dem Gastgelage aufwartete, war vielleicht soeben erst gefesselt seiner Familie und seiner Heimath entrissen.

---

*) Es ist dies das Recht der Pobba (wendisch = Unterwerfung), welches durch Pabst Gregor IX. 1239. unter Androhung von Kirchenstrafen gegen Fürsten und Volk der Rügianer verboten wird. — Vergl. Cod. dipl. Pom. ed. Kosegarten etc. I. p. 591.

Es waren eben die Tugenden und Laster eines Volks, welches noch in den rohesten Anfängen der Cultur steht.

Die Kühnheit und Thatkraft des kleinen Inselvolks hatte ihm einen weit über seine natürlichen Machtverhältnisse hinausgehenden Ruf verschafft. Der Verfasser der Knytlinga-Saga, welcher auf Island etwa um 1250 schrieb, konnte Rügen als eine „mächtige Herrschaft und ein großes Reich" bezeichnen. In Wahrheit hatte die Insel ein Territorium, so groß etwa wie heutzutage Lippe-Detmold oder wie der funfzigste Theil von Dänemark mit Schleswig und Holstein*). Daß hin und wieder das heutige Neu-Vor-Pommern, das damalige Cirzipanien, das spätere „Festland von Rügen", dazu gerechnet ward, ändert an der Sache nicht viel. Denn mögen diese Gegenden oder einzelne Theile derselben wie das Land Barth, das Land Tribsees auch ab und zu der Herrschaft der Rügianer unterworfen gewesen sein, die Verhältnisse derselben waren, bevor sie durch die Dänische Macht den Rügen'schen Fürsten dauernd unterworfen wurden, sehr schwankender Natur; Pommern, Meklenburg und Sachsen traten hier neben Rügen als Bewerber um die Herrschaft auf, und neben all diesen Ansprüchen erhielten sich noch lange einzelne Gemeinwesen in fast vollständiger Unabhängigkeit.

So war die eigentliche Substanz der Macht immer die Insel Rügen selbst. Daß sie eine für die damalige Zeit als zahlreich angesehene Bevölkerung besaß, wird uns von Zeitgenossen versichert, und wir mögen es glauben, auch ohne auf die etwas prahlerisch gehaltene Versicherung des Rügianer Häuptlings Dombor: daß der Ertrag der Insel kaum hinreichend sei, die zahlreiche Bevölkerung zu ernähren — ein allzu großes Gewicht zu legen. Könnte man der Angabe des Dänischen Geschichtschreibers Saxo trauen, wonach bei der Uebergabe von Garz im J. 1168 nicht weniger als 6000 wehrhafte Männer vor den Thoren der Burg die Waffen streckten, so hätten wir damit einen wenigstens ungefähren Anhalt für die Zahl der Bevölkerung. Die Besatzung von Garz würde von der waffenfähigen Mannschaft des eigentlichen Rügen gebildet sein; dazu würde die waffenfähige Mannschaft von Wittow, der Arkon'schen Provinz (provincia Arkonensis) kommen, die nebst der Tempelgarde der 300 die Veste Arkona vertheidigt hatte, und endlich die waffenfähige Mannschaft von Jasmund, der es oblag, die dort belegenen festen Zufluchtsörter, z. B. den bekannten Burgwall am Hertha-See zu besetzen. Rechnen wir auf Wittow und Jasmund zusammen 3000 waffenfähige Männer, die Tempelgarde

---

*) Gegenwärtig ungefähr 20½ Quadratmeilen. Im 12. Jahrhundert mochte die Insel wegen der Verluste durch die See, die sie seitdem gehabt hat, etwas größer sein.

und einige von Rügen nach Arkona gesandte Hülfsmannschaften inbegriffen, so würden wir eine Gesammtziffer von etwa 9000 waffenfähigen Männern erhalten, die das Alter der Waffenfähigkeit vom 15. bis zum 60. Jahre gerechnet, auf eine Gesammtbevölkerung von 30—35,000 Seelen schließen ließe — ein Resultat, welches für die damaligen Culturverhältnisse der Insel, wo noch bedeutende Strecken als Wald und Weide lagen, überraschend genug wäre, da die Insel heutzutage in runder Summe nur etwa 43,000 Einwohner zählt.

Daß die Wendische Bevölkerung der Insel eine vergleichsweise dichte gewesen sein muß, geht auch daraus hervor, daß es Städte in unserem modernen Sinne auf der Insel nicht gab*). Die Auffassung, welche Arkona und Karenz (beim heutigen Garz) zu mächtigen blühenden Städten machte, ist von der Kritik längst als ungeschichtlich aufgegeben. Die vom Lande oder von der See sich nährende Bevölkerung saß auf einzelnen über das Land zerstreuten Wohnungen und Hufen, oder in kleinern Ortschaften. Von letzteren werden uns in jener Zeit bereits Schaprode und Wiek genannt, in der Nähe von letzterem ferner ein Marktplatz, der vielleicht an der Stelle des heutigen Altenkirchen gelegen war**). Dazu kamen dann eine Reihe fester Burgwälle, die der Bevölkerung bei feindlichem Angriff als gesicherte Zufluchtsörter dienten. Zu Kriegszeiten überfüllt, standen sie in Friedenszeiten leer; nur die Götter, deren Heiligthümer meist in solchen Vesten gelegen waren, und die Priesterschaft, welche ihnen diente, waren die gewöhnlichen Bewohner der mächtigen Burgwälle, die noch heute die Aufmerksamkeit des Beschauers fesseln. Die Wälle von Arkona (Wendisch wahrscheinlich Arkun) und Karenz haben ihre Geschichte, auf die wir später noch zurückkommen; andere wie die Jasmund'schen Wälle am Hertha-See und beim Werder, auf dem eigentlichen Rügen bei Ralow, Venz und auf dem Rugard, sind stumme Zeugen einer längst entschwundenen Vergangenheit, wo die Bewohner von Rügen jeden Augen-

---

*) Auch in Neu-Vor-Pommern existirten die jetzt bedeutendsten Städte Stralsund und Greifswald noch nicht. Die bedeutendsten alten Wendischen Städte waren Wolgast, Demmin, Gützkow, Groswyn (beim heutigen Anclam). Barth, Triblees und Loitz waren wahrscheinlich Kastelle mit daneben gelegenen Flecken.

**) Die Knytlinga-Saga cp. 120. 121. — Schaprode, von der Saga Staparödd genannt, ist offenbar das Wendische sza brod an oder hinter der Fähre. Wiek (in der Saga Vik) ist dagegen Nordisch und ein von den Dänen herstammender Name. Der alte Wendische Name für Wiek, der neben diesem noch in dem alten Rothschild'schen Ortschaftenverzeichniß vorkommt, ist Medow. (Vergl. Dähnerts Pommersche Bibl. IV. p. 50.) — Andere gleichfalls in der Knytlinga-Saga genannte Rügen'sche Ortschaften, wie Analöng, Parez, sind entweder so entstellt, daß der Name nicht wieder zu erkennen ist, oder untergegangen.

blick bereit sein mußten Leib und Leben, Hab und Gut gegen feindliche Rache oder Raubgier zu vertheidigen *).

Es war nur eine natürliche Folge des Mangels an Städten, daß es auf Rügen wie überall in den Wendischen Ländern einen Mittelstand als verbindendes Glied zwischen der großen Masse und den herrschenden Klassen nicht gab. Die Begründung städtischer Bürgerschaften und damit die Anfänge solcher Vermittlung war in unseren Gegenden überall erst die Folge Deutscher Ansiedlung. Daß die große Masse der arbeitenden Bevölkerung auf Rügen wie in andern Wendischen Ländern dem Fürsten und dem Adel gegenüber auch schon in vorchristlicher Zeit mit mancherlei Abgaben und Dienstleistungen belastet gewesen, darf man wohl als gewiß annehmen; war doch der Fürst nach Slavischem Recht der Obereigenthümer alles Grundes und Bodens, und der Adel als Untereigenthümer hielt sich dann wieder an seinen Hintersassen schadlos. Aber von einem Hörigkeits- und Leibeigenschaftsverhältnisse, wie es die späteren Zeiten ausprägten, finden wir damals noch keine Spur, und das freie Fischer-, Schiffer- und Seeräuberleben, dem ein großer Theil der Inselbewohner seinen Unterhalt verdankte, mußte ein natürliches Gegengewicht gegen allzu harten Druck von oben bilden. Daneben bestand denn allerdings eine wirkliche Sklaverei: die von fremden Völkern bald geraubten, bald gekauften Sklaven wurden zu den niedrigsten und schwersten Diensten benutzt, und selbst Einheimische verfielen, wie wir gesehen haben, im Fall sie ihre Schulden nicht zahlen konnten, gesetzlich dem Loos der Knechtschaft.

Daß schon zu vorchristlicher Zeit ein zahlreicher Adel auf Rügen existirte, wissen wir durch den Dänen Saxo, der persönlich Gelegenheit gehabt hatte, die Verhältnisse Rügens in der Begleitung des Bischofs Absalon kennen zu lernen. Bei der Zusammenkunft der Rügen'schen Fürsten mit dem Bischof befanden sich alle Vornehmen vom Rügischen Adel

---

*) Die von L. Giesebrecht in dem Aufsatz „Die Burgwälle der Insel Rügen" Baltische Studien Jahrg. XII. Heft 2. p. 156 ff. aufgestellte Unterscheidung zwischen Schutzfesten im Süden der Insel und Trutzfesten im Norden auf Wittow und Jasmund, von denen jene zu Vertheidigungs-, diese zu Angriffszwecken gedient hätten, ist ganz willkürlich und durch die Geschichte widerlegt. Sie ist auch insofern sehr unglaublich, als Niemand, der an Ort und Stelle gewesen ist, die Giesebrecht'sche Ansicht theilen wird, daß sich die Seeräuber-Expeditionen der Rügianer zu Arkona und Stubbenkammer gesammelt und eingeschifft hätten. Solche in die See vorspringenden Spitzen, wo gegen Wind und Wellen kein Schutz ist, wo zudem noch ein Steingürtel die Küste umfaßt, sind gewiß die ungeeignetsten Einschiffungsplätze, die man sich denken kann, von dem hohen steilen Ufer ganz abgesehn. Zu Sammel- und Einschiffungsplätzen wird man vielmehr eine oder die andere der vielen geschützten Buchten und Inwieken gewählt haben, an denen Rügen so reich ist.

in ihrem Gefolge. Der Adel wird also im Felde wie im Rath die nächste Umgebung der Fürsten gebildet haben. Mit Namen genannt werden uns von den Schriftstellern jener Zeit nur Wenige; Dombor, der mehrfach erwähnte Unterhändler zwischen Rügianern und Dänen, wird uns als Häuptling bezeichnet; ebenso Dalemar*), der nach der Knytlinga-Saga auf Asund (wahrscheinlich Jasmund) gegen die Dänen um 1165 fiel. Der blinde Rügianer Masko, dem Saxo eine treffende Aeußerung über den Ungestüm der Sachsen in den Mund legt, gehörte zu den Angesehensten des Rügischen Adels; ebenso wahrscheinlich Granza, der Sohn Littog's aus Karenz, welcher ein Rügisches Hülfscorps nach Arkona geführt hatte, und nach dem Fall der Festung auch die Unterwerfung der Fürsten und des Adels zu Karenz vermittelte.

Die Spitze der Adels-Aristokratie bildete auf dem Wendischen Rügen ein Königthum; als Könige (reges) werden uns wenigstens von den zeitgenössischen Schriftstellern die Souveräne von Rügen bezeichnet. Sie werden den Wendischen Königstitel Krol geführt haben, in welchem der Unterschied des Königs und des Fürsten noch nicht so scharf auseinandergetreten ist, als im Lateinischen und Deutschen. Saxo giebt den Rügenschen Souveränen den Titel König, so lange sie unabhängig sind; seit sie Lehnsträger der Dänischen Könige geworden (1168), nennet er sie nur Fürsten. Sie selber sind, sobald sie sich in der damaligen Abendländischen Cultur-Sprache, im Lateinischen, auszudrücken beginnen, bescheiden genug, sich an dem Titel Fürsten genügen zu lassen, der ihren Machtverhältnissen allerdings besser entsprach. Jaromar I., der noch in die Zeiten heidnischer Unabhängigkeit hineinreicht, bezeichnet sich in unserer ältesten einheimischen Urkunde, dem Stiftungsbrief des Berger Klosters, als Fürst der Rügianer (princeps Roianorum). Welches die Rechte des Königthums in jener ältesten Zeit auf Rügen gewesen, können wir nur aus gelegentlichen Andeutungen der Zeitgenossen und durch Rückschluß aus späteren Zeiten muthmaßen. Es war im Innern das Obereigenthum an Grund und Boden, wohl die hauptsächlichste Quelle der Einnahmen für die Fürsten, die oberste Leitung der Rechtspflege, die rohesten Anfänge einer Verkehrs- und Straßen-Polizei — die beim Straßen- und Brückenbau zu leistenden Dienste bilden in allen Slavischen Ländern einen stehenden Artikel unter den Lasten des Volks. Nach außen hatte der Fürst das Recht und die

---

*) Dalemar, Dalmar (wie Jarimar, Jarmar, Jarmer) ist derselbe Name, wie das heutige Dalmer, welches also ein echt Wendischer Name ist. Könnte die Familie Dalmer, welche bekanntlich noch heutzutage auf Rügen blüht, ihren Zusammenhang mit dem genannten von den Dänen erschlagenen Häuptling erweisen, so wäre sie, nächst den Putbus, die älteste Adelsfamilie Rügens.

Pflicht für den Schutz des Landes gegen feindlichen Angriff zu sorgen, oder wo es sich um Unternehmungen in Feindes Land handelte, die Kriegszüge entweder selbst zu führen, oder im Fall er verhindert war, den Anführer zu ernennen. — Daß die Führung diplomatischer Verhandlungen und der Abschluß von Verträgen meistentheils vom Fürsten ausging, mögen wir annehmen; doch war er hier, wie manche uns erhaltene Nachrichten andeuten, beschränkt, auf der einen Seite durch den Adel, auf der andern ganz besonders durch den Hohenpriester des Swantewit, wie wir dies noch später sehen werden.

Auf dem Königsthron von Rügen saß zu der Zeit, wo unsere Geschichte beginnt, aus dem frühern Dunkel hervorzutreten, der Fürst Tetzlaw mit seinen Brüdern Jaromar und Stoislaw; denn nach Slavischem Recht fand, wie eine Gesammt-Erbfolge im Privatleben, so auch eine Gesammt-Thronfolge der männlichen Geschwister im Staat statt; doch hatte der Aelteste das Seniorat und damit die entscheidende Stimme in Regierungsangelegenheiten. Der Fürst Tetzlaw wird uns zuerst von Saxo bei einem vom Dänenkönig im Jahre 1164 unternommenen Wendenzuge genannt; er präsidirt dort, wie es scheint, einer größeren Versammlung, in welcher der Bischof Absalon von Rothschild seinen Antrag auf Stellung eines Hülfscorps von Seiten Rügens zum Vortrag brachte. Tetzlaw verschwindet nach 1170 aus der Geschichte, und sein Bruder Jaromar wird später allein als Regent von Rügen genannt; jener ist daher wahrscheinlich um diese Zeit gestorben. Der jüngste Stoislaw, von dem wir übrigens nur muthmaßen*), daß er ein Bruder des Tetzlaw und Jaromar gewesen, soll bekanntlich der Stammvater des Geschlechts der Putbus gewesen sein; aber fest steht nur, daß die Linie Putbus in dem Verhältniß der Blutsverwandtschaft zum alten Rügen'schen Fürstenhause gestanden; wer ihr Stammvater war, liegt im Dunkeln.

Eine spätere Geschichtschreibung hat den Stammbaum der Rügen'schen Fürsten noch etwa um ein Jahrhundert weiter hinaufzuführen gewußt. Sie weiß zu berichten, daß der Obotritenfürst Cruto oder Crito, wie die jüngeren Chronisten ihn nennen, der nach Godschalk's Ermordung im Jahr 1066 die große Reaction des Heidenthums gegen das eingedrungene Christenthum, des Wendenthums gegen das Deutschthum leitete, ein Rügianer gewesen, und da uns von Ratze, der um das Jahr 1139 im Kampf mit der Nachkommenschaft des Obotritenfürsten Heinrich Lübeck zerstörte, durch

---

*) Saxo nennt immer nur die beiden Brüder Tetzlaw und Jaromar. Stoislaw kommt in der Stiftungsurkunde des Berger Klosters unter den Zeugen gleich hinter den Söhnen des Jaromar vor, und man hat daher einen Bruder des Fürsten in ihm vermuthet.

Helmold berichtet wird, daß er aus Cruto's Blut gewesen, so mußte er ein Rügianer sein. Ihn machte man dann zum Vater der Gebrüder Tetzlaw, Jaromar und Stoislaw, und die Genealogie war fertig. Aber die Hypothese schwebt auf zwei Punkten in der Luft. Erstens weiß die ältere Geschichtschreibung nichts davon, daß Cruto ein Rügianer, oder gar der König der Rügianer gewesen. Helmold führt ihn einfach als den Sohn Grins ein; es ist unglaublich, daß Helmold, der den heidnischen Rügianern eine so durchgehende Aufmerksamkeit widmet, diesen so bezeichnenden Umstand sollte verschwiegen haben. Wahrscheinlich gab die Thatsache, daß nach Cruto's Ermordung die Rügianer einen Angriff auf seinen Mörder, den das Christenthum protegirenden Fürsten Heinrich machten, späteren Chronisten Veranlassung, den so berühmten Wendenfürsten und Christenfeind der Insel Rügen zu vindiciren, die ja stets als Heerd des heidnischen Aberglaubens galt. — Die andere unausfüllbare Lücke ist zwischen Ratze und Tetzlaw mit seinen Brüdern: keine der gleichzeitigen oder bald nachfolgenden Nachrichten hat auch nur die leiseste Andeutung von einem zwischen ihnen bestehenden verwandtschaftlichen Verhältniß; Ratze tritt im östlichen Holstein auf, und daß er jemals auf Rügen gewesen, davon ist nirgends eine Spur. Bei der Zerstörung Lübeck's (1139), die Helmold von ihm berichtet, werden keine Rügianer erwähnt, von denen uns derselbe Schriftsteller doch zwei frühere Angriffe auf Lübeck ausführlich erzählt hat. Streichen wir also Grin, Cruto und Ratze aus dem Stammbaum Rügen'scher Fürsten; er bleibt ohnehin alt genug.

Das Königthum hatte auf Rügen indeß nicht diejenige souveräne Machtfülle, die es unter andern Slavischen Völkerschaften haben mochte; von dem jedenfalls beschränkenden Einfluß des Adels abgesehen hatte es einen gefährlichen Rivalen an dem Hohenpriester des Swantewit, des durch alle Wendenländer berühmten Gottes der Rügianer.

Da hier der Punkt ist, wo die Religion bestimmend in das politische Leben des Inselvolks und in seine Beziehungen zu andern Völkern eingreift, so müssen wir dabei einen Augenblick länger verweilen.

Wie das Volk der Wenden einen Ast des großen Slavischen Volksstammes, so bildet die Wendische Religion nur eine besondere Form des großen Slavischen Religions-Typus. Er unterscheidet sich von dem Germanisch-Nordischen durch ein stärkeres Ueberwiegen des Natur-Elements, während das sittliche Element, welches in seiner stärkeren oder schwächeren Beimischung den Werthmesser aller Religion bildet, mehr in den Hintergrund gedrängt erscheint. Die Natur mit ihrem Kreislauf von Entstehen und Vergehen, von Erzeugung und Tod, von Schaffen und Vernichten bildet die Grundlage der Religion des Slaventhums, auf der sich dann die Göttervorstellungen des lichten weißen und des dunkeln schwarzen Gottes, der Belbog und Czernebog, mit dem in das sittliche Gebiet übergehenden Gegensatz von Segen und Fluch, Freundschaft und Feindschaft gegen das Menschengeschlecht erheben. Man darf indeß die Sache nicht so auffassen, als ob beide Seiten im Slaventhum sofort in eine dualistisch getrennte Götterreihe auseinandergetreten wären, so daß sich von jedem Gott oder jeder Göttin stets sofort angeben ließe, ob sie unter die Rubrik Belbog oder unter die des Czernebog zu setzen wäre. Vielmehr steht die Sache so, wie wir es schon in den ältesten Asiatischen Religionen finden, daß beide Seiten sich ursprünglich in demselben Gottesbegriff vereinigt finden und nur als die verschiedenen Thätigkeitsäußerungen desselben göttlichen Grundwesens erscheinen, und auch in der spätern Entwicklung, wo die religiöse Vorstellung beide Seiten des Gegensatzes und die verschiedenen Functionen des Gottesbegriffs mehr in einzelne Götter-Personificationen zertheilt hat, weiß sie doch immer, und zwar um so mehr, je höher die Stellung der Götter ist, die Ausgleichung des Gegensatzes in ihnen festzuhalten.

Dies gilt schon von der ältesten Gottheit der Slaven, von der uns Kunde erhalten ist. Es ist der Perûn, wahrscheinlich die Slavische Fortsetzung und Umbildung des altindischen oder Arischen Himmelsfürsten Baruna, wie denn die Slaven ja nur ein Zweig der großen Arischen Völkerfamilie sind. Perûn heißt in den Slavischen Sprachen der Donner, und als Donner- oder Blitzgott verehrten den Herrn des Weltalls die östlichen Slaven schon im sechsten Jahrhundert nach dem Zeugniß des Griechischen Geschichtschreibers Procopius. Später war die alte Russische Metropole Kiew der Hauptsitz seiner Verehrung, und erst als im 10. Jahrhundert das Christenthum in Rußland siegte, mußte Perûn das Feld räumen und ward in den Dnepr gestürzt. Der Perûn als Donner- und Blitzgott hat nicht blos eine negative, vernichtende Bedeutung. Wie das Feuer nicht blos sengt und verzehrt, sondern auch erleuchtet, erwärmt und belebt, so entsendet die dunkele Wolke nicht blos den vernichtenden, flammenden Wetterstrahl, sondern auch den erquickenden, befruchtenden Regen, und so ist Perûn in der That bei den Slaven nicht blos Blitzgott, sondern auch Segengeber und Fruchtbringer. — Sein Cultus war seinem Wesen entsprechend. In den Zeiten seines Glanzes brannte ein ewiges Feuer vor ihm, und wehe dem Priester, der es verlöschen ließ! Wer nichts hatte, der opferte ihm wenigstens die Haare von Haupt und Bart, aber blutige Opfer bildeten die Regel, Stiere, und wenn man sie hatte, Kriegsgefangene, und wo in besondern Fällen der Zorn des Gottes versöhnt werden mußte, einheimische Erstgeburt.

Den Cultus des Perûn finden wir fast durch alle Slavischen Völkerschaften verbreitet. Polen, Schlesier, Mähren, Sorben verehrten den Perûn, selbst Preußen und Lithauer hatten ihn als Perkunos oder Perkunust aufgenommen*). Auch die Ostsee-Wenden machten keine Ausnahme. Noch heutzutage haben wir in dem Namen des Kirchdorfes Prohn, in Neu-Vor-Pommern, eine Meile nördlich von Stralsund, eine willkommene Reliquie des uralten Perûns-Cultus. Denn Prohn hieß in alter Zeit urkundlich Perûn; die berühmte Urkunde, in welcher der Rügen'sche Fürst Wizlaw I. der Stadt Stralsund 1240 die ausgedehntesten Berechtigungen verleiht, ist von Perûn datirt und noch öfter kommt es unter diesem Namen (auch Peron, Pyron) in Urkunden vor. Der Name ist hier der einzige Vermittler der Kunde der Vorzeit; sonst wissen wir nichts von dem Cultus des Perûn zu Prohn; nur die Tradition zeigt noch jetzt in der Nähe des Pfarrhauses die Stelle, wo der alte Götzentempel gestanden.

Daß auch der Porenutz, der seinen Tempel zu Garz auf Rügen hatte, kein anderer war, als der alte Slavische Donnergott, werden wir noch später Gelegenheit haben zu sehen.

So sicher indeß die Verehrung des Perûn unter den Ostsee-Wenden Statt fand, so erscheint sie doch nicht mehr wie bei den östlichen Slaven in erster, sondern nur noch in zweiter Linie. Der Perûn nimmt hier nirgends mehr die dominirende Stelle eines höchsten Gottes ein, die er zu Kiew behauptete; statt seiner sehen wir vielmehr bei den Wendischen Völkerschaften an der Ostsee eine Vielheit von Götter-Personificationen, verschieden je nach dem Lande und Volke die erste Stelle behaupten. So den Triglaw zu Stettin, die heilige Säule zu Wollin, den Vorwit und Herowit zu Wolgast, den Radegast zu Rethra in Meklenburg, den Zuarasitsch zu Riedegost (?), die Siwa und den Podaga bei den Polabern im Ratzeburg'schen und zu Plön, den Prowe bei den Wagriern im östlichen Holstein. Ueber Wesen und Bedeutung der meisten dieser Wendischen Götter wissen wir so gut wie nichts; die gleichzeitigen christlichen Chronikenschreiber betrachteten die heidnischen Götzen als Dämonen, und seit die Neu-Strelitzer Bronzefiguren mit ihren Inschriften, angeblich Antiquitäten aus der alten Götterstadt Rethra, als ein Werk des Betrugs erkannt sind, ist man hauptsächlich auf die Namen angewiesen, um die Bedeutung zu enträthseln. Aber wenn wir auch z. B. von Triglaw wissen, daß er den Dreiköpfigen

---

*) Die Conjectur, wonach Perûn eigentlich ein Finnischer Gott sein und erst von den Preußen zu den Slaven gekommen sein soll, gehört einer Zeit an, wo man die Manie hatte, Alles aus dem Finnischen zu erklären. Sie ist gegenüber dem Zeugniß des Procop (im 6. Jahrhundert), der zwar den Namen des von ihm beschriebenen Slavengottes nicht nennt, ihn aber in der Sache so charakterisirt, daß es nur der Perûn sein kann, durchaus unhaltbar.

bezeichnet, so haben wir damit noch nicht viel mehr; vielleicht sind die drei Köpfe ein Zeichen der Herrschaft über Himmel, Erde und Unterwelt. Daß Porwit der Waldgott, Siwa die Göttin des Lebens, der Geburt, Prowe *) der Gott des Rechts ist, schließen wir aus den Namen. Herowit (bei den Havelbergern Gerowit) war, wie wir aus den Lebensbeschreibungen des Bischofs Otto von Bamberg wissen, der Gott des Kriegs. Aber bei den Obotritengöttern Radegast und Zuarasitsch, sowie beim Plöner Podaga vermögen wir auch aus den Namen keine sichere Bedeutung über ihr Wesen mehr zu gewinnen.

Berühmter als sie alle ward in den Wendenländern an der Ostsee und weit darüber hinaus der Swantewit zu Arkona. Spuren des Swantewit=Dienstes finden sich zwar auch unter andern Slavischen Völkern; selbst im östlichen Galizien an der Russischen Grenze, zwischen Tarnopol und Kaminiec, bei dem Dorfe Horodnica muß ein Swantewit=Tempel gestanden haben; denn man fand dort im J. 1848 im Flusse Zbrucz eine steinerne Bildsäule des Gottes **). Aber der Arkon'sche Swantewit hatte den am weitesten verbreiteten Ruf, und den alten Geschichtschreibern Saxo und Helmold verdanken wir, daß wir mehr von ihm wissen, als von allen andern Wendischen Göttern zusammengenommen.

Der Swantewit bezeichnet in wörtlicher Uebersetzung den „heiligen Held oder Sieger"***); seinem Wesen nach ist es der siegreiche triumphirende Lichtgott. Denn der Begriff des Heiligen hat im polytheistischen Heidenthum noch nicht das specifisch geistige, sittliche Gepräge, den er im Christenthum durch die Beziehung auf den sittlichen Gegensatz von Gut und Böse erhalten hat, sondern er hat noch eine vorzugsweise dem Natürlichen entstammende Färbung und bezeichnet im Gegensatz zu dem Unreinen, Dunkeln, Unvollkommenen der endlichen Welt und ihrer Geschöpfe das reine, lichte, vollkommene Wesen des Göttlichen. — Worin bezeugt nun der Swantewit seinen Charakter als siegreicher Lichtgott? Zunächst indem er durch seinen erwärmenden, belebenden Einfluß dem dunkeln

---

*) Nicht zu verwechseln mit dem Perun, den man auch Peron, Pron geschrieben findet.

**) Das Nähere darüber in den Baltischen Studien Jahrg. XVI. Heft 1. p. 88, wo auch eine Abbildung des übrigens wie es scheint sehr roh gearbeiteten Götzenbildes beigefügt ist.

***) Swante heilig, wit, Held, Sieger. — Die Bedeutung „heiliger Seher", wo man die letzte Silbe von wideti, sehen ableitet und dem entsprechend auch wid schreibt, könnte allerdings auf den Swantewit, sofern er in die Zukunft blickt und Orakel ertheilt, auch passen, allein sie hat das gegen sich, daß wit auch in andern Götternamen als Borwit, Gerowit, Rugiewit als Endsilbe erscheint, wo der Seher nicht so gut paßt, als der Held, Sieger.

Schooß der Erde die Menschen und Thiere ernährende Frucht entlockt: das Erntefest, der höchste Triumph des Himmelslichtes, ist daher das höchste Fest des Swantewit. Der Wendische Swantewit nimmt somit dieselbe Stelle ein, wie der Licht- und Sonnengott in einer Reihe von älteren und jüngeren Formen heidnischer Religion. Das wilde, zerstörende Feuer-Element, welches im Perún noch eine so wesentliche Stelle einnimmt, ist hier in Swantewit bereits in den Hintergrund gedrängt; die schöpferische belebende, befruchtende Seite, die allerdings auch im Perún schon nicht fehlte, hat im Swantewit den Sieg und damit die erste Stelle im Gottesbegriff erhalten. Auch in den Opfern zeigt sich dieser Unterschied, das blutige Menschenopfer ist dem Perún noch durchaus Bedürfniß; Kriegsgefangene in großer Zahl, selbst die Erstgeburt seiner eigenen Verehrer fallen ihm zum Opfer; der Swantewit ist mit einem Minimum an Menschenopfern zufrieden gestellt; es genügt ihm, wenn jährlich ein christlicher Gefangener ihm geopfert wird*). Sonst begnügte er sich mit der Darbringung von Früchten und Thieren, und gönnte seinen Verehrern, daß sie sich selber gütlich thaten, mit dem was er nicht verzehrte.

Das Bedürfniß wenigstens eines Menschenopfers führt uns auf eine zweite Reihe von Vorstellungen, die gleichfalls zum Wesen des Swantewit gehört. Der Segen und Heil spendende Gott ist Swantewit nämlich nur für seine Anhänger und Verehrer; für seine Feinde dagegen, und unter ihnen nehmen die Verehrer des Christengottes den ersten Rang ein, ist er der unwiderstehliche, zerstörende Kriegs- und Siegsgott. Während er in jener Eigenschaft das Füllhorn trägt, führt er nach dieser das Schwert. Ja er besteigt wohl in eigener Person, wie die Sage ging und das Volk glaubte, das heilige weiße Roß**), welches seinem Dienst geweiht war, und wenn man dann Morgens das edle Thier schaumbedeckt und abgemattet im Stalle stand, so war es vom Gott gegen seine Feinde geritten.

Als der segnende Lichtgott für seine Freunde, der schreckliche Kriegsheld für seine Feinde ist Swantewit der höchste der Götter (Deus Deorum) und alle andern Götter, wer sie auch sein und wie sie auch heißen mögen, haben sich seiner Macht zu beugen. Er umfaßt mit seinem Auge räumlich das ganze Universum; die vier Antlitze, welche seine Bildsäule führt, sind das Symbol der vier Weltgegenden; zeitlich umspannt sein Blick das ganze Gebiet von Gegenwart, Vergangenheit und Zukunft, und

---

*) Helmold I. cap. 52: Unde etiam in poculium honoris annuatim hominem Christicolam quem sors acceptaverit, eidem (Deo Zuantovith) litare consueverunt.

**) Das weiße Roß, das uralte Symbol des Lichtgottes, welches dem Swantewit geweiht war, bildet einen Gegensatz zu dem schwarzen Roß des Triglaw. Auch der Zuarasitsch und Radegast hatten geweihte Rosse.

dadurch ist er der untrügliche Seher; bei den Orakeln, die er ertheilt, bedient er sich der Vermittlung des heiligen Rosses und der Mund des Hohenpriesters hat sie zu deuten.

Die äußere Erscheinung des Gottes, wie sie uns von dem Augenzeugen Saxo beschrieben ist, war wenn auch der menschlichen Gestalt sich anschließend, von gigantischer weit über die natürliche Größe hinausgehender Struktur. Zudem hatte die kolossale Bildsäule, deren Material nicht Stein oder Metall, sondern das damals bei den Rügianern so beliebte Holz bildete, ein vierfaches Haupt, wie denn überhaupt die Wenden an ihren Götterbildern die Vervielfältigung des Sitzes der Intelligenz geliebt zu haben scheinen. Zwei und drei Köpfe waren etwas Gewöhnliches und der Vorwit zu Garz, von dem noch die Rede sein wird, brachte es bis auf fünf, der Rugiewit wenigstens zu sieben Gesichtern. Die vier Häupter des Swantewit saßen auf ebensovielen Hälsen, von denen zwei auf der Brust, zwei auf dem Rücken sich ansetzten; die vier Gesichter blickten alle nach verschiedenen Richtungen *). In der Rechten hielt er ein großes kunstreich aus verschiedenartigem Metall gearbeitetes Horn, welches, wie wir noch später sehen werden, bei festlicher Gelegenheit vom Hohenpriester herausgenommen ward; die Linke war abgerundet in die Seite gestemmt. Im Uebrigen hatte der wahrscheinlich einheimische Künstler, der das Bild verfertigt hatte, dem Gott die Haltung und Tracht eines Rügianers jener Zeit verliehen. Selbst das kurz geschorene Haupthaar und der gestutzte Bart war nachgeahmt; der Rock reichte hinab bis unter das Knie. Dort waren aus anderer Holzart die Beine eingefügt, so kunstreich, wie berichtet wird, daß die Fuge nirgends zu sehen war. Die Füße gingen hinab bis auf die Erde, so daß er wie ein gewöhnlicher Mensch auf dem Fußboden

---

*) Schon aus dem Mangel der vier Köpfe, die ein wesentliches Attribut des Swantewit bildeten, erhellt es, daß der unförmliche, mit einem fratzenhaften nur einköpfigen Reliefbilde versehene Steinblock in dem Fundament eines Vorbaues der Kirche zu Altenkirchen auf Wittow kein Swantewit-Bild, wenigstens kein ächtes aus heidnischer Zeit stammendes kann gewesen sein, wie es noch 1817 von Pastor Franck, dem bekannten heimischen Alterthumsforscher, nach dem Vorgang von Lübbeck (Epist. ad Chytraeum), Gebhardi (Dissertat. de Arcona) und Anderen fälschlich angenommen ist, vergl. Greifswald. Akadem Archiv. Heft 3. p. 91. — Grümbke (Darstellungen von Rügen II. p. 219.) erkannte es bereits richtig als unächt und wahrscheinlich das Werk einer spätern Zeit. Kugler, in seiner Pommer'schen Kunstgeschichte (Baltische Studien Jahrg VIII. Heft 1. p. 10 f) pflichtet ihm bei und vermutet, daß ein späterer christlicher Steinmetz damit den Swantewit habe darstellen wollen, natürlich nach seiner eigenen Vorstellung; man habe das Steinbild liegend in das Fundament eingemauert, um anzudeuten, daß gerade diese Kirche, als eine siegende, an die Stelle des Götzentempels getreten sei.

zu stehen schien. Doch waren sie befestigt auf einem in der Erde verborgenen Postament; sonst hätte die riesige Statue keinen Halt gehabt.

Neben dem Gott stand das ebenso kolossale Schwert, Scheide und Griff von kunstvoll getriebenem Silber. Ferner das Reitzeug, Sattel und Zaum für das heilige Roß und noch andere uns nicht genannte Insignien der Gottheit.

Die Wohnung des Gottes, der berühmte Swantewits-Tempel aus Holz gebaut wie die Statue selbst, war in ein Innerstes, Allerheiligstes, und eine dasselbe umgebende Vorhalle geschieden. Das Erstere ruhte auf vier Säulen, und war durch Vorhänge von der äußern umgebenden Halle abgeschieden. In diesem Allerheiligsten stand die Bildsäule des Gottes mit Schwert, Sattel und Zaum. Die äußern Tempelwände, welche die Vorhalle umschlossen, trugen eine mit Purpurfarbe gemalte Decke und waren an der Außenseite mit ziemlich roh gehaltener Malerei geschmückt. Der Zutritt zum Tempel war nur dem Hohenpriester gestattet, und für so heilig galt die den Gott umgebende Atmosphäre, so daß selbst der Hohepriester im Heiligthum nicht athmen durfte, vielmehr an die Thür zu gehen gehalten war, wenn er Athem holen wollte *).

Der Ort, wo der Tempel stand, war ein freier Platz in der Mitte der Beste. Auf dem Wall, der sie nach der Westseite schützte, oder vielmehr auf einem mächtigen Thurm, der ihn an der Thor-Stelle überragte, sah man die Stanitza, das Banner des Gottes, wie es scheint, ein kolossaler, auf eine Fahne gemalter Adler **), der dort neben andern Feldzeichen aufgepflanzt war. Ward bei einem Kriegszuge die Stanitza dem Heere vorgetragen, so war es als wenn bei den Bekennern des Islam die heilige Fahne des Propheten entfaltet ward; der religiöse Fanatismus steigerte sich bis zum Wahnsinn, und was auch ein solches Heer begann, mochte es göttliche und menschliche Gesetze mit Füßen treten, es geschah im Namen des Gottes und war also wohlgethan.

Neben dem Haupttempel auf Arkona hatte der Swantewit noch eine Anzahl anderer Heiligthümer auf der Insel; aber sie standen in geringerem Ansehn und wurden auch nur von Priestern niederen Ranges bedient. In dem Haupttempel zu Arkona ertheilte der Gott seine Orakel, dort fan-

---

*) Vielleicht galt diese strenge Bestimmung nur von dem Allerheiligsten, wo die Bildsäule des Gottes stand.

**) Saxo ed. Müller et Velschow. I p. 830: „— ut turrim, quae supra portam sita fuerat, signis tantum *aquilisque* protegerent. Inter *quas* erat Stanitia, magnitudine ac colore insignis etc."; etwas weiter unten: „*panni* auctoritas." — Der Adler wäre somit unter den Vögeln, wie das Roß unter den Vierfüßlern das heilige Thier des Swantewit.

den auch die großen Jahresfeste statt, dorthin strömten die Tempeleinkünfte und Geschenke zusammen, dort hatte in der Person des Hohenpriesters die Hierarchie ihr Hauptquartier.

Der uralte Trieb des Menschen, den geheimnißvollen Schleier der Zukunft zu lüften, suchte und fand im zwölften Jahrhundert Befriedigung wie im neunzehnten, nur daß die Mittel, deren man sich bediente, den Anschauungen und dem Culturstandpunkt damaliger Zeit entsprachen. Man kannte die Kunst des Kartenlegens noch nicht, denn man hatte noch keine Karten; die Tische hatten noch nicht tanzen, die Geister noch nicht klopfen gelernt: Manulektoren und Psychographen waren noch nicht erfunden. Man half sich einfacher und es that dieselben Dienste. Die alten Weiber setzten sich vor den Heerd und machten aufs Gerathewohl eine Anzahl Striche in die Asche; war es schließlich eine gerade Zahl, so bedeutete es Glück, eine ungerade, Unglück. Bei etwas höheren Ansprüchen nahm man zu den Würfeln seine Zuflucht, die sich freilich auch noch in einem sehr naturwüchsigen Zustand befanden; es waren drei Stückchen Holz, auf der einen Seite weiß, auf der andern schwarz. Lag weiß in der Mehrzahl oben, so war der Ausgang ein glücklicher, wenn schwarz, ein unglücklicher. An diese private Erforschung der Zukunft reihte sich die öffentliche. Hier war es der Gott selbst, der auf Befragen die Antwort gab, durch das Medium des heiligen Rosses *). Auf dem freien Platz vor dem Tempel des Gottes wurden durch die Diener des Heiligthums im gleichen Abstande von einander drei Barrieren gebildet, eine jede bestehend aus zwei zu den Seiten mit der Spitze in die Erde gesteckten Speeren, und einem oben quer übergelegten. Darauf ward das Roß vom Hohenpriester aus dem Stalle geführt, ein feierliches Gebet erflehte die Gnade des Gottes, und dann führte der Hohepriester das Roß am Zügel an die Barrieren. Ueberschritt es dieselben mit dem rechten Fuß zuerst, so war es ein Wahrzeichen glücklichen Ausgangs; der linke Fuß zuerst bedeutete Unglück, und man stand ab von dem Unternehmen. Für alle großen Staatsunternehmungen, namentlich für alle Kriegs- und Seezüge ward in dieser Weise erst die Entscheidung des Gottes eingeholt. Trat das heilige Roß auch nur ein einziges mal unter dreien mit dem linken Fuß über, so unterblieb, weil man ganz sicher gehen wollte, die beabsichtigte Expedition. Auch Private, Handels- und Geschäftsleute fanden für ihre

---

*) Aehnliches wie bei den Slaven finden wir bei Germanen und Standinaven, bei Preußen und Livländern. — Tacitus, Germ. cp. 10. — Jac. Grimm, deutsche Mythol. p. 376 ff — v. Gruber, Origenes Livoniene p. 7. — v. Rutenberg, Gesch der Russischen Ostseeprovinzen Bd. I. 1859. p. 49.

Unternehmungen den entscheidenden Beschluß erst, wenn der Gott durch den Fuß des heiligen Rosses die Antwort auf ihre Frage gegeben hatte *).

Der Swantewit zu Arkona war berühmter als alle Wendengötter durch seine Orakel; aus der Nähe und aus der Ferne strömten die Fräger herbei, und für Alle hatte er natürlich eine Antwort. Leider ist uns keine einzige erhalten; aber vermuthen dürfen wir, daß der Hohepriester, dem die Deutung des Orakels oblag, wie seine alten Collegen in Delphi und anderswo, die Antworten so eingerichtet haben wird, daß wie auch der Erfolg sein mochte, der Gott stets Recht behielt.

Den Mittelpunkt des Swantewit-Cultus bildete das große, alljährlich im Herbst gefeierte Erntefest. Dann sammelte sich die Menge von der Insel und aus weiterer Ferne unter Darbringung von Opfern und Geschenken vor dem Tempel von Arkona. Der Hohepriester, der schon am Tage zuvor eigenhändig mit dem Besen alles Unreine aus dem Tempel entfernt hatte, betrat nun das Allerheiligste, nahm das große metallene Horn aus der Hand des Gottes und betrachtete seinen Inhalt. Hatte sich das Quantum Meth, mit dem es im vergangenen Jahr gefüllt war, verringert, so galt dies als ein Wahrzeichen, daß das nächstfolgende Jahr ein Jahr des Mißwachses und des Mangels sein werde. Der Hohepriester ermahnte dann das Volk mit den geernteten Früchten sparsam haus zu halten. War keine Abnahme des Meths im Horn bemerkbar, so bedeutete dies eine gute Ernte für das nächstfolgende Jahr und man mochte daher aus dem Vollen wirthschaften. Dann ward der alte Meth zu den Füßen des Gottes als Trankopfer ausgegossen. Der Hohepriester füllte das Horn von Neuem mit diesjährigem Gebräu, und nach einem feierlichen Gebet, in dem er sich und dem Vaterlande alles Gute und allen Bürgern desselben Mehrung an Reichthum und Sieg über ihre Feinde gewünscht, setzte er selber das Horn an den Mund und leerte es mit einem gewaltigen Zuge. Zum andern Mal gefüllt ward es dem Gott wieder zugestellt. An das Trankopfer schloß sich das Speiseopfer. Ein ungeheurer Honigkuchen ward dargebracht, von rundlicher Form und von ungefähr menschlicher Größe. Ihn stellte der Hohepriester zwischen sich und das Volk, und befragte dasselbe, ob es ihn sehen könne. Lautete die Antwort bejahend, war also der Kuchen zu klein, so betete er, daß er über ein Jahr so groß sein möge, daß er nicht gesehen werden könne, der Gott also eine reichlichere Ernte verleihen möge. Den Beschluß der Feier bildete eine Anrede an das Volk, welches der Hohepriester im Namen des Gottes begrüßte,

---

*) Wie Swantewit, gaben auch Triglaw, Zuarasitsch und wahrscheinlich auch Radegast-Orakel durch ihre heiligen Rosse.

und natürlich fehlte auch die Ermahnung nicht, fest an dem alten Glauben zu halten und fleißige Opfer zu spenden; zur Belohnung die Verheißung von Sieg zu Wasser und zu Lande. —

Den Rest des Tages füllte ein schwelgerisches Mahl von den Ueberresten der Opfer. Eine wilde Ausgelassenheit herrschte und bei dieser Gelegenheit nüchtern zu bleiben, hätte als Mangel an Frömmigkeit gegolten.

Die durch Orakel und Cultus hervorragende Stellung des Swantewit-Tempels zu Arkona führte eine reiche Begabung an irdischen Gütern mit sich. Zunächst strömte eine große Anzahl freiwilliger Geschenke dort zusammen; alle Wendenvölker, so lange sie heidnisch waren — die Wagrier noch zu Helmolds Zeit — bezeigten dem Swantewit in dieser Weise ihre Verehrung. Namentlich aber werden gewiß alle Orakel sehr anständig honorirt sein, und je besser, je höher die Stellung des Fragenden war. Selbst benachbarte christliche Fürsten nahmen keinen Anstoß daran, in dieser Weise die Gunst des gefürchteten Heidengottes zu erkaufen. So hatte der Dänenkönig Swen, der Vorgänger Waldemars, der Rügen schließlich unterwarf, einen Becher von wundervoller Arbeit geschenkt, den die Dänen später bei der Eroberung noch vorfanden. Neben dem, was er freiwillig erhielt, nahm aber der Gott auch mit gewaffneter Hand von seinen Feinden, was er bekommen konnte. Was die reitende Leibgarde des Gottes, ein besonderes Corps von 300 Mann, auf Kriegs- und Raubzügen an Beute heimbrachte, gehörte ihm ganz; von aller anderen Beute der Inselbewohner der dritte Theil, namentlich liebte er Gold und Silber. Indeß war auch für den Fall gesorgt, daß die Beutezüge einmal nichts einbrachten. Alle Rügianer männlichen und weiblichen Geschlechts mußten jährlich eine Kopfsteuer bezahlen, wahrscheinlich einen Denar, die kleinste Silbermünze*). Auch die der Rügianischen Herrschaft unterworfenen Völker mußten eine jährliche ziemlich hohe Abgabe an den Swantewit-Tempel entrichten; die Circipaner zahlten für die Hakenhufe einen Fuchsbalg oder 26 Denare Bardewyker Münze**). Endlich hatte der Gott, um für alle Fälle sicher zu sein, einen wie es scheint nicht unbedeutenden Besitz an liegenden Gründen auf der Insel, der später vertragsmäßig in die Hände der christlichen Kirche überging. So hat z. B. Ralswiek, der alte Besitz der Bischöfe von Rothschild, und von diesen später an die Barnekow's gekommen, wahrscheinlich ursprünglich zum Eigenthum des Swantewit gehört.

*) Könnte man den Werth ungefähr annehmen, wie er um 1250 in Lübeck Geltung hatte, so wären es 9—10 Pfennige unserer Münze, ein Betrag der in jener geldarmen Zeit einen viel höheren Werth repräsentirte, als jetzt.

**) Vergl. das Nähere hinten im ersten Anhange über Sanct Veit.

Was von den reichen Einkünften des Gottes nicht für den Tempel, seinen Dienst und seine Diener Verwendung fand, speicherte man im Heiligthum in großen Kisten auf. Es war zugleich der Staatsschatz der Rügianer für Fälle der Noth.

An der Spitze des gesammten Cultus-Wesens, welches weit über die engen Grenzen Rügens hinaus bekannt und berühmt war, stand nun der Hohepriester des Swantewit. Er residirte zu Arkona, wie der königliche Hof wahrscheinlich zu Karenz; er war das Haupt der überall im Lande an den niederen Heiligthümern des Swantewit fungirenden Priesterschaft. Schon sein Aeußeres zeichnete ihn aus vor allem Volk; er war der Einzige, welcher, im Gegensatz zu der Landessitte, langes Haar trug. Es war das Zeichen seines gottgeweihten Berufs, wie schon bei den Juden kein Scheermesser auf das Haupt der Jehova Geweihten kommen durfte*). Wir haben den Hohenpriester bereits in Function gesehen: er war die Mittelsperson zwischen dem Gott und dem Volk; er allein durfte sich dem Gott in seinem Allerheiligsten nahen, er allein aus seinem Trinkhorn trinken, er allein hatte das Recht sein Roß zu besteigen; er führte es am Zügel, wenn es über die Speere schritt; seine Sache war es, die Orakel des Gottes, ohne welche keine große Staatsunternehmung begonnen ward, zu deuten. In seiner Hand befand sich der Staatsschatz; sollte derselbe angegriffen werden, so bedurfte es seiner Einwilligung. Wir sehen daher in einem bestimmten Fall, als um das Jahr 1113. Heinrich der Fürst der westlichen Wenden mit einer Armee über das Eis nach Rügen marschirt war, den Hohenpriester die Verhandlungen mit ihm führen, durch die er sich endlich bestimmen ließ, gegen Zusicherung der Zahlung einer für die damalige Zeit beträchtlichen Geldsumme von 4400 Mark das Land wieder zu räumen**). Seinem Befehl gehorchte natürlich die stehende Leibgarde des Gottes; er war es endlich, der in außerordentlichen Fällen das heilige Banner der Stanitza entfalten und damit, wie es im Islam bei der Entfaltung der grünen Fahne des Propheten der Fall ist, das Signal zur zeitweiligen Suspension aller Gesetze für die fanatisirten Haufen geben konnte.

Ein Oberhaupt der Hierarchie, das in seinen Händen eine Macht vereinigte, wie der Hohepriester des Swantewit, mußte ein gefährlicher Rival für die königliche Macht sein, und in der That wird es uns von den zeitgenössischen Schriftstellern mit ausdrücklichen Worten bestätigt, daß das Ansehn des Hohenpriesters bei den Rügianern ein größeres war, als das

---

*) Auch Mähne und Schweifhaar des heiligen Rosses durfte in seinem natürlichen Wachsthum nicht geschmälert werden.
**) Helmold I. Cap. 38.

des Königs, und das größere Ansehn war nur die naturgemäße Folge größerer Macht und größeren Einflusses*) Zwar ruhte der Form nach die Regierungs=, Militär= und richterliche Obergewalt in den Händen des Königs, aber in den wichtigsten Fragen war er abhängig von dem Willen des Gottes, oder was dasselbe ist des Hohenpriesters; denn der war der allein berechtigte Dollmetsch des göttlichen Willens. Auch wird wohl im Ernst Niemand behaupten, daß der Priester nur das passive Werkzeug der Deutung gewesen; auf den Ausfall des Orakels selbst habe er keinen Einfluß gehabt. Weiß man denn nicht, wie gelehrig das Roß ist, wie es nur einer für den Zuschauer unmerklichen Hülfe bedarf, um die unglaublichsten Dinge zu leisten? Ob es rechts oder links antreten sollte, hing vollkommen von dem Willen des Hohenpriesters ab, der es am Zügel führte, wie er überhaupt der Einzige war, der auf einem vertrauteren Fuße mit ihm stand. Man braucht gar nicht anzunehmen, daß das heidnische Orakelwesen überall auf Betrug und Mißbrauch beruhte, oder gar daraus hervorgegangen sei. Aber es ist eben der Fluch aller Hierarchie, die sich vermittelnd zwischen Gott und den Menschen stellt, daß bei ihr keine Grenze existirt, wo das liebe Ich aufhört und wo der liebe Herrgott anfängt. Der eigene Wille wird beständig mit dem göttlichen zusammengeworfen, und dieser ist es, der als Deckmantel für alle egoistischen und herrschsüchtigen Interessen der Priesterschaft dienen muß. Da ist denn der Wille der Hierarchie Gottes Wille, und wo der letztere nicht erkennbar vorhanden ist, da macht man ihn durch künstliche Mittel. Je mehr der Zwiespalt beider Seiten in das Bewußtsein der Zeit tritt, je mehr eine Hierarchie damit ihrem Untergang entgegengeht, desto verbissener sucht sie mit allen Mitteln ihre Herrschaft zu behaupten, und was anfangs naive, aber aufrichtige religiöse Ueberzeugung war, wird am Schluß zum berechneten Trug. Als die Religion des Swantewit zu Ende ging, wird es mit ihren Priestern nicht anders gewesen sein, als mit den Auguru zur Zeit des Römischen Verfalls; es wird ihnen Mühe gekostet haben, sich unter einander nicht ins Gesicht zu lachen. Und die Rügischen Fürsten werden schließlich froh gewesen sein, des drückenden Joches der heidnischen Hierarchie durch das Christenthum ledig zu werden**).

---

*) Helmold I. cp. 12: Rex apud eos modicae aestimationis, comparatione flaminis. — I. cp. 36: Major flaminis quam regis veneratio est apud ipsos. — Saxo p. 831: (bei Gelegenheit der Stanitza) — tantum superstitioni indultum est, ut exigui panni auctoritas regiae potestatis vires transcenderet.

**) Fabricius hat Rügen'sche Urkund. I. p. 104 ff. vergebens versucht, die übermächtige Stellung des Hohenpriesters der königlichen Gewalt gegenüber zu bestreiten; sie lag zu sehr in der Natur der Sache, und wird noch zudem durch die ausdrücklichsten Zeugnisse von Zeitgenossen bestätigt.

Neben der allgemeinen Staatsreligion des Swantewit ging auf Rügen noch die Verehrung anderer Götter her, die indeß von mehr privatem Charakter vorzugsweise an einzelne Ortschaften oder Districte geknüpft erscheint. So nennt uns Saxo ihrer drei, die im Burgwall zu Karenz (Garz) ihre Tempel hatten. Der Eine war der Rugiewit, der Kriegsgott der Insel; es ist, wie es scheint, der Herowit der Wolgaster, der Gerowit der Havelberger, der durch den Namen Rugiewit zur Landesgottheit der Rügianer gestempelt ward. Er erscheint in Karenz als ein häßliches Idol von Eichenholz mit sieben Gesichtern an einem Kopf, sieben Schwertern an der Seite, dem achten in der Haud und von einer so kolossalen Größe, daß der Bischof Absalon, der auch nicht klein war, wenn er auf den Zehen stand, mit seiner Streitaxt nur eben das Kinn desselben erreichen konnte. In seinem Gesicht hatten sich die Schwalben angebaut; seine Brust war von dem Schmutz dieser Vögel bedeckt. Er stand, wie der Swantewit, in einem Allerheiligsten, welches durch purpurne Vorhänge von der umgebenden Vorhalle geschieden war. Die äußere Umgebung war gleichfalls durch Vorhänge, nicht wie dort, durch Holzwände gebildet. Daneben stand der Tempel des Porewit, wie ihn Saxo nennt; von ihm wird uns nur gesagt, daß er fünf Häupter, keine Waffen gehabt habe. Es war offenbar derselbe mit dem Borwit oder Borowit der Wolgaster. Er ist der Gott des Waldes, von Bor, wendisch Wald. Den dritten Götzentempel zu Karenz bewohnte der Porenut oder Porenutz, wie ihn Saxo nennt. Er hatte vier Gesichter am Kopf und eines auf der Brust; die Stirn des letztern berührte die Linke, das Kinn die Rechte des Idols. Es war wahrscheinlich kein anderer als der alt-slavische Perûn. Die drei Stammconsonanten P, r, n sind dieselben, und die Endsilbe erinnert an den Preußisch-Litthauisch-Polnischen Perkunos oder Perkunust. In den ersten Vocalen hat vielleicht ein Irrthum des Abschreibers Statt gefunden, der im Hinblick auf den eben vorangegangenen Porewit auch Porenutz schrieb, während er eigentlich hätte Peronutz schreiben sollen. Wie dem indeß auch sei, mag Porenutz oder Peronutz zu lesen sein, daß die Bedeutung die des alt-slavischen Perûn sei, wird uns schon durch den Namen bestätigt, den die etwa ein halbes Jahrhundert nach Saxo verfaßte Knytlinga-Saga dafür giebt. Sie nennt ihn Turupid, mit unverkennbarer Hindeutung auf Thôr, den Skandinavischen Donnergott. Dergleichen Uebersetzungen ins Skandinavische begegnen in der Knytlinga-Saga mehrfach: statt Cammin hat sie ein Steenborg, statt Stettin ein Burstaborg.

Von den Karenzischen Göttern wissen wir sonst nichts; wir wissen nicht, welche symbolische Bedeutung die sieben oder fünf Gesichter oder Häupter oder die acht Schwerter des Rugiewit gehabt haben. Auch ob sie Orakel ertheilten, ist uns nicht gesagt; doch standen sie in dem Rufe Wunder zu verrichten. Freilich ist das von ihnen verrichtete Wunder, mittelst dessen sie Unzuchtsverbrechen an den Pranger stellten, für das sittliche Gefühl unserer Zeit mindestens eben so anstößig, als das Vergehen, welches dadurch gestraft werden sollte *).

Noch werden uns zwei andere Götter der Rügianer genannt, aber in einer Quelle von sehr geringer Verläßlichkeit. Die Knytlinga-Saga (Cap. 122.) nennt uns noch den Pizamarr und den Tjarnaglofi. Von dem Ersteren sagt sie uns nur, daß er sich zu Asund befunden, und da das Asund der Saga wahrscheinlich Jasmund ist, so mögen wir annehmen, daß sich der Tempel dieses Gottes in einem der Burgwälle Jasmunds, vielleicht am Hertha-See befunden habe. Ueber das Wesen dieses Gottes vermögen wir nichts zu sagen, da uns auch die Deutung des Namens im Stich läßt **). Der Tjarnaglofi der Knytlinga ist wahrscheinlich kein anderer als der Triglaw; von ihm bemerkt die Saga, er sei der Siegesgott der Rügianer gewesen und bei Heerfahrten mit ihnen gezogen; ihn zierte ein silberner Schnurrbart. Er soll sich am längsten gehalten haben, und erst im dritten Jahr nach der Christianisirung Rügens den Dänen in die Hände gefallen sein. Diese Nachricht ist indeß von sehr zweifelhaftem Werth; man kann schwerlich annehmen, daß die Rügianer neben dem officiellen Kriegs- und Siegesgott Swantewit und dem privaten Landes-Kriegsgott Rugiewit noch einen dritten in der Person des Triglaw werden verehrt und noch dazu auf ihren Kriegszügen mit sich geführt haben; davon hätte Saxo, der die Rügen'schen Verhältnisse aus eigener Anschauung

---

*) Saxo p. 844: „Nec mirum, si illorum numinum potentiam formidabant, a quibus stupra sua saepenumero punita meminerant. Siquidem mares in ea urbe cum foeminis in concubitum adscitis canum exemplo cohaerere solebant, nec ab ipsis morando divelli poterant; interdum utrique perticis e diverso appensi inusitato nexu ridiculum populo spectaculum praebuere."

**) Die Deutung L. Giesebrecht's Pizamar == Bjessamar, von Bjeß, was im Böhmischen einen bösen Dämon, und mar == mir, Friede, so daß Pizamar den Frieden des bösen Dämons bezeichnet, hat nicht viel empfehlenswerthes. Die bösen Dämonen haben in der Regel nicht viel mit dem Frieden zu schaffen; ein Name, der Deutsch etwa Satansfried lautete, wäre eine Contradictio in adjecto, ungefähr wie: „l'empire c'est la paix." — Auch von den anderen Deutungen Giesebrecht's, Wendische Geschichten I. p. 60 f. 78 f. auch Baltische Studien Jahrg. XII. Heft 2. p. 165 habe ich absehn zu dürfen geglaubt. Rugiewit soll der Sieger im Hirschgeschrei sein, Porewit der Waldsieger, Porenutz der Waldbeschränker, und darin die Symbole des sommerlichen und winterlichen Waldlebens und der Einheit beider liegen; Swantewit, der Lichtgott, Pizamar, der schwarze (?) Gott und der Namenlose im Himmel sollen ihre Einheit im Triglaw gefunden haben und dergleichen mehr. — Es sind das Willkürlichkeiten, deren Fehlen durchaus kein Verlust für das sonst so verdienstliche Werk sein würde.

kannte, auch wohl gewußt. Wie die Knytlinga-Saga oft Namen, Zeit und Ort durch einander würfelt — so versetzt sie das Pommersche Bisthum Usedom mit 130 Kirchen nach Rügen — so mag es dem Verfasser hier auch begegnet sein, daß er etwas, was ihm von dem Stettiner Triglaw zu Ohren gekommen war, auf Rügen bezog.

Möglich, daß es noch mehrere Götter auf Rügen gab, von denen uns keine Nachricht erhalten ist. Aber den eigentlichen Mittelpunkt des gesammten Götterwesens bildete immer ohne Zweifel der Swantewits-Cultus, und er war es auch, der dem kleinen Inselvolk neben seiner charakteristischen Rührigkeit und Energie eine so hervorragende Stellung unter den Wendenvölkern verschaffte, daß es den Anspruch erheben konnte, nichts Wichtiges solle von den anderen ohne seine Zustimmung ausgeführt werden. Je mehr nun das Christenthum vordrang, um so kleiner ward der Kreis, auf den sich der Rügen'sche Einfluß erstreckte. Erklärlich ist daher die Feindseligkeit, mit der man die Fortschritte des Christenthums in den benachbarten Ländern betrachtete. Selbst mit den Waffen in der Hand suchte man sie zu hindern. So in den Anfällen auf Lübeck, von denen früher die Rede gewesen; so durch einen Angriff auf Stettin um das Jahr 1129, wo ein Rügen'sches Heer, welches die Oder hinaufschiffte, im Bunde mit der alten heidnischen Partei das jüngst gegründete Christenthum wieder über den Haufen zu werfen suchte. Aber das Rügen'sche Heer ward geschlagen, und man ließ seitdem geschehen, was man nicht hindern konnte. Aber von der eigenen Insel suchte man das verhaßte Christenthum auf jede Weise fern zu halten. Zwar duldete man im eigenen Interesse die Anwesenheit von Kaufleuten auch aus christlichen Ländern; aber christlichen Priestern war das Betreten der Insel bei Todesstrafe untersagt. Als Bischof Otto, der Apostel der Pommern, unter der Hand Erkundigung einziehen ließ, welche Aussicht er auf Rügen habe, ward ihm die Antwort, daß sicherer Tod seiner harre, und als einmal während der Zeit des großen Heringsfanges ein christlicher Priester aus Barbewyk in der Gesellschaft von Kaufleuten an den Gestaden der Insel erschien, ward von dem Hohenpriester des Swantewit sofort seine Auslieferung verlangt, und nur schleunige Flucht konnte ihn vom Tode retten. War diese Feindseligkeit gegen das Christenthum zu verwundern? — Hatte doch der heilige Bernhard den Christenvölkern auf dem Reichstage zu Frankfurt die Parole gegeben, daß die Wendenvölker mit Stumpf und Stiel auszurotten, und wo dies unthunlich sei, wenigstens zum Christenthum durch alle Mittel zu bekehren seien!

So war Rügen etwa um die Mitte des zwölften Jahrhunderts. Nehmen wir nunmehr den Faden der Geschichtserzählung wieder auf, um dieselbe ununterbrochen bis zur letzten entscheidenden Katastrophe fortzuführen.

Schon einmal, nicht lange vor jener Zeit, hatte es geschienen, als ob es zu Ende sei mit der Unabhängigkeit Rügens und der Herrlichkeit des Swantewit. Es war um das Jahr 1136, als der Dänische König Erich III., Emun zubenannt, mit großer Heeresmacht nach Rügen übersetzte. Auch Cavallerie führte er, nachdem die Rügianer schon lange mit diesem Beispiel vorangegangen waren, auf der Flotte bei sich, auf jedem Schiff vier Pferde. Da die Flotte aus nicht weniger als 1100 Schiffen bestanden haben soll, so müßte die Cavallerie allein 4400 Mann stark gewesen sein — Zahlen, deren Höhe zu bezweifeln man alle Ursache hat. Man fand die Veste Arkona gut besetzt und schritt sofort zur Cernirung. Damit den Belagerten von Rügen keine Hülfe kommen könne, ließ der Dänenkönig quer über die schmale, unter dem Namen der Schaabe bekannten Landenge, die Wittow und Jasmund verbindet, einen Erdwall aufwerfen *), dessen Bewachung dem Halländischen Corps anvertraut war. In der That kam von dieser Seite ein Angriff. Die Rügianer benutzten eine dunkele Nacht, die Schanze auf dem flachen Meerstrand zu umgehen. Die überrumpelte Besatzung ward von hinten angegriffen, zum großen Theil niedergehauen und erst als das Dänische Hauptheer herankam, mußten die Rügianer weichen. Das Mißlingen des Entsatzversuches hatte die Uebergabe der Veste zur Folge; denn es war den Belagerern gelungen, den einzigen außerhalb des Walles gelegenen Brunnen, aus dem sonst die Besatzung das Trinkwasser bezog, in ihre Gewalt zu bekommen. Der Durst zwang die Belagerten zur Uebergabe. Die Bedingungen waren die Stellung von Geißeln und die Annahme des Christenthums. Aber als sie sich anscheinend aus Begierde nach der heiligen Taufe in das Wasser drängten, geschah es, um den quälenden Durst zu stillen. Die Dänen versäumten, die Axt an die Wurzel zu legen und den Tempel des Swantewit mit dem Götzenbild zu vernichten. Daher, als das Dänische Heer den Rücken gewendet, ward der heidnische Cultus sofort wieder hergestellt und den christlichen Priester, den man zurückgelassen, brachte man über die Grenze. Die Geißeln im Stich zu lassen, trugen die von Arkona kein Bedenken, wo es sich um die Verehrung des Gottes ihrer Väter handelte.

---

*) Vielleicht befand sich derselbe an der schmalen Stelle hinter Juliusruhe, wo in späterer Zeit eine wahrscheinlich aus der Schwedischen Herrschaft herrührende Schanze sich befand. Die obige Nachricht (bei Saxo, neueste Ausg. I. 661) scheint denjenigen unbekannt geblieben zu sein, die, wie noch neuerdings Boll, die Insel Rügen p. 164, die Bezeichnung Wittows als Insel (insula Withova) bei Saxo dafür geltend machen, daß Wittow damals noch wirklich eine Insel gewesen. Es war vielmehr im 12. Jahrhundert, wie aus jener Stelle erhellt, schon eine Halbinsel, wie denn insula bei den älteren Schriftstellern beides, Insel und Halbinsel bedeutet.

Auf diese gefährliche Krisis folgte nun für Rügen eine letzte Zeit der Macht und der Kraftentwicklung, bedingt durch die Schwäche und Zerrüttung der Nachbarländer, namentlich Dänemarks, welches als Seemacht den Rügianern stets der gefährlichste Feind war. Es waren die zwanzig Jahre von 1137 bis 1157, in denen das Dänische Reich unter der Regierung des schwachen und kopflosen Erich IV., mit dem Zunamen Lamm, und des nichtswürdigen Swen III. sowie seiner Mitbewerber um den Thron, Knuds V., und schließlich Waldemars I., einer fast vollständigen Auflösung anheimfiel. In dieser Zeit äußerer Schwäche und innerer Zerrüttung war Dänemark eine fast wehrlose Beute seiner alten Feinde der Wenden, und die Rügianer werden, wenn sie auch nicht gerade besonders genannt werden, eine besondere Rolle bei den Verwüstungen der Dänischen Länder gespielt haben. Die große Expedition der Wenden gegen Seeland um das Jahr 1154, welche auf eine Ueberrumpelung der alten Königs- und Bischofsstadt Rothschild angelegt war und schließlich mit einer schweren Niederlage der Angreifer endete, wird kaum ohne die Betheiligung der Rügianer erfolgt sein. Jene Niederlage der Wenden war übrigens ohne nachhaltige Folgen. Die ausgedehnten Dänischen Küsten lagen überall den Anfällen der Seeräuber preisgegeben, welche die Ostsee beherrschten; die Pfähle, mit denen die Anwohner der Buchten und Inwieken die Einfahrt zu denselben verrammelten, gewährten nur einen schwachen Schutz. Von dem Zustande Dänemarks giebt uns Saxo eine vielleicht etwas übertriebene, im Wesentlichen aber wohl wahre Schilderung. Seeland lag wüste im Osten und Süden; statt der verarmten Bauern herbergten Räuber dort. In Fühnen hatten die Heimsuchungen der Seeräuber nur wenige Menschen übrig gelassen. Das kleine Falster hatte sich ihrer durch energische Kraftanstrengung seiner Bewohner noch am besten erwehrt; sie hatten die Angriffe entweder abgeschlagen, oder sich durch Vertrag sicher gestellt. Man theilte hier übrigens, wie es scheint, mit den Wenden den Raub und verrichtete Spionendienste für sie. Laaland, weit größer als Falster, erkaufte den Frieden durch schweren Tribut. Der dritte Theil des Dänischen Reichs lag wüste. Vergebens versuchte König Swen, sich fremde Hülfe zu erkaufen. Er zahlte Heinrich dem Löwen 1500 Pfund Silber, damit er ihm die Wenden vom Halse halten solle; aber Heinrich steckte das Geld ein und that nichts für Dänemark; vielmehr war ihm die Schwächung der Dänischen Macht willkommen.

Bald nach der Mitte des Jahrhunderts änderte sich indeß die politische Constellation in einer für die Rügen'sche Unabhängigkeit verhängnißvollen Weise. Im Jahr 1152 hatte der große Hohenstaufen-Kaiser Friedrich der Rothbart den Thron von Deutschland bestiegen. Gleich im

Beginn seiner Regierung richtete er den Blick auf die nordischen Verhältnisse. Auf dem Reichstag zu Merseburg erschienen die Dänischen Kron-Rivalen an seinem Hoflager; den Einen bewog er gegen Abfindung zum Rücktritt, der andere, Swen, mußte das Reich Dänemark vom Deutschen Kaiser zu Lehn nehmen. Aber die Aufmerksamkeit des Kaisers ward bald durch das unselige Streben nach Italien vom Norden abgelenkt. Der Deutsche Fürst, welcher hier einen viel größeren Einfluß ausübte, als der Kaiser, war sein mächtigster Vasall, der kühne und ehrgeizige Sachsen- und Baiern-Herzog Heinrich der Löwe. Er hatte schon früh sein Augenmerk auf die Wendischen Ostseeländer gerichtet: sie sollten den Schlußstein seiner Macht bilden. So hatte er 1158 bereits, wie wir gesehen, Lübeck erworben, in Ratzeburg gründete er einen Bischofssitz und Berno, den vom Papst neuernannten Bischof für Schwerin, nahm er in seinen mächtigen Schutz. Fortan mußten Mecklenburg und Pommern die nächsten Objecte seines Angriffs sein.

Noch folgenschwerer für Rügen war die Veränderung, welche um diese Zeit in Dänemark vor sich ging. Hier hatte der falsche und nichtswürdige Swen sich seiner beiden Mitkönige durch verrätherischen Ueberfall beim Gastmahl zu entledigen gesucht. Aber nur beim Einen, Knub, war der Mord geglückt. Der andere, Waldemar, entkam obwohl verwundet, sammelte ein Heer und besiegte den feigen Mörder in offener Feldschlacht auf Grateheide in Jütland. Swen selbst ward auf der Flucht erschlagen. (October 1157.) König Waldemar, welcher so die Alleinherrschaft in Dänemark wieder herstellte, stand in der Blüthe der Jahre, wie Kaiser Friedrich und Herzog Heinrich der Löwe. Es war ein kühler, etwas indolenter Charakter, eher zu vorsichtig als zu kühn, aber klar und berechnend. Und dann hatte er das große Verdienst, einen Mann wie Absalon auszufinden und an die richtige Stelle zu bringen. Auch hatte er eine bei Fürsten seltene Eigenschaft: er konnte die Wahrheit hören, wenn sie auch bitter war. Größer als er war sein berühmter Minister Absalon, eigentlich Axel, der Gespiele und Freund seiner Jugend, dann der Rathgeber des Mannes. Bald nach seinem Regierungsantritt erhob ihn Waldemar auf den einflußreichen Bischofsstuhl von Rothschild, und zwanzig Jahre später vereinigte Absalon diese Stelle mit der des Erzbischofs von Lund, als Primas des Dänischen Reichs. Er gehörte zu jener Reihe markiger Gestalten, wie sie das Mittelalter nicht selten hervorbrachte*): er war

---

*) Wir erinnern hier an seine beiden Deutschen Zeitgenossen: die Erzbischöfe Christian von Mainz und Reinald von Köln, beide als Heerführer und Staatsmänner Kaiser Friedrichs berühmt.

gleich groß als Kirchenfürst, Staatsmann und Feldherr. Wie er sich mit dem Gebot der Kirche abgefunden, daß ihre Diener kein Blut vergießen sollen, wissen wir nicht. Jedenfalls war er nicht so strupulös, wie jener Deutsche Kirchenfürst, der, um nicht gegen das genannte Gebot zu verstoßen, sich keines scharfen, sondern eines stumpfen Instruments, der Keule, bediente. Absalon führte für gewöhnlich auf seinen Feldzügen eine Streitaxt, und wenn es keine Feinde zu fällen gab, so fällte er Holz *).

Das erste Augenmerk des neuen Herrschers mußte sein, dem Reiche Sicherheit und Ruhe vor den verwüstenden Angriffen seiner alten Feinde, der Wenden, zu verschaffen. Schon im nächsten Frühjahr (1158) ward ein großer Zug gegen sie beschlossen. Die Dänische Flotte sammelte sich bei Masnet, einer kleinen Insel zwischen Seeland und Falster. Es war ein sehr geeigneter Sammelplatz für See-Expeditionen, die Insel Mön bildet gegen Süd-Ost eine Art Vorhang, der den Wenden verbarg, was dahinter vorging. Von Masnet ging dann die Flotte zwischen Falster und Mön durch den Gröna-Sund und befand sich auf freier See nur etwa noch sieben Meilen von der Rügen'schen Küste. Die Insel Masnet finden wir daher auch bei späteren Expeditionen noch häufig als Sammelplatz der Dänischen Flotte genannt. Aber für dies erste Mal ward die Sache noch einmal zu Wasser. Ein Kriegsrath der ältesten Anführer erklärte sich unter allerlei nichtigen Vorwänden gegen die Unternehmung. Man habe nicht genug Lebensmittel; die Wenden hätten Wind davon bekommen; man dürfe die beste Mannschaft Dänemarks nicht aufs Spiel setzen. Die Sache war: man hatte keinen Muth; so furchtbar waren in der letzten Zeit die Wenden den Dänen geworden, daß diese einen entscheidenden Kampf mit ihnen scheuten. Auch der König scheint es an Energie haben fehlen zu lassen. Als die Flotte sich unverrichteter Sache wieder auflöste, um sich nach Hause zu begeben, suchte er den gefaßten Beschluß gegen seinen Freund Absalon zu rechtfertigen. Wie es scheint, entwickelte er diesem die Theorie von dem Starken, der zurückweicht, und schloß damit, man dürfe das Leben so vieler Tapfern nicht aufs Spiel setzen. „Nun," erwiederte Absalon mit beißendem Spott seinem königlichen Herrn, „so unternimm den Zug mit Feiglingen; da hast Du in jedem Fall Vortheil. Siegst Du, gut; wirst Du geschlagen, auch gut; denn dann giebt es so viel feige Schufte weniger auf der Welt."

---

*) Vergl. Absalon som Helt, Statsmand og Biskop, af Estrup. Soroe 1826. — Ins Deutsche übersetzt von Mohnike 1832 in der (Leipziger) Zeitschrift für hister. Theologie und als besonderer Abdruck.

Im Frühjahr des nächsten Jahres (1159) hatte der streitbare Bischof sein erstes glückliches Scharmützel mit Wendischen Seeräubern, welche bei Boeslund gelandet waren. Wie Saxo die Sache berichtet, hätte Absalon mit nur 18 Gefährten die Mannschaft von 24 Schiffen*), worunter auch Cavallerie, im offenen Felde angegriffen und zersprengt oder niedergehauen. Auf Dänischer Seite nur ein Mann Verlust. Wir werden diesem einen Unglücklichen, der auf Dänischer Seite das Opfer ist, wenn große Massen von Feinden bleiben, noch öfter wieder begegnen. Er spielt dieselbe Rolle, wie der eine Kosack, mit dem die Russen im letzten Kriege nach ihren officiellen Berichten die schönsten Siege über die Türken erkauften. — Als Wahrheit mögen wir annehmen, daß Absalon nur eine an Zahl überlegene Seeräuber-Schaar besiegte — weiter nichts**).

Bald darnach wurden die Einleitungen zu einer großen Expedition gegen die Rügianer getroffen. Man wollte einen Hauptschlag führen, die Burg Artona unversehens überfallen, und da sie in gewöhnlichen Zeiten keine Besatzung hatte, hoffte man sie leicht zu nehmen. Alles hing davon ab, daß die Rügianer keine Nachricht davon bekamen, denn sie waren durch ihre Spione, namentlich auf Falster, gut bedient; Falster und Laaland bekamen daher zuletzt den Befehl, ihr Aufgebot zu stellen. Eine Flotte von 260 Segeln ward in aller Stille nach Landora in Schonen (dem heutigen Landskrona) zusammengezogen, und ging von hier aus nach den nöthigsten Vorbereitungen unter Segel. Die Fahrzeuge haben wir uns etwa von der Größe unserer modernen Kanonenboote zu denken***); sie waren für Ruder und Segel eingerichtet. Auch Pferde hatte man an Bord. Da für den Erfolg Alles davon abhing, daß die Flotte unbemerkt an die Rügen'sche Küste gelangte, so war der Beschluß gefaßt, Masten und Segel, welche ein Schiff schon weithin verrathen, niederzunehmen und allein zu rudern. Absalon mit 7 Galeeren führte die Avantgarde. Bereits war er in die Nähe der Rügen'schen Küste gekommen, da gewahrte er

---

*) Die Besatzungs-Mannschaft eines Schiffes wird man durchschnittlich nicht zu hoch auf 40 Mann veranschlagen. — Bei der großen Wendischen Expedition gegen Konghella in Norwegen im Jahre 1135 hatte (nach der Heimskringla) jedes Schiff 44 Mann und 2 Pferde geführt.

**) Wenn ein Dänischer Schriftsteller des 12. Jahrhunderts, der die Geschichte etwas à la Thiers schreibt, uns von seinem Helden so Fabelhaftes auftischt, wie Saxo hier, so ist der zu entschuldigen; wenn aber ein Deutscher Geschichtschreiber des 19. Jahrhunderts (wie L. Giesebrecht in seinen Wendischen Geschichten III. 95.) dergleichen nachschreibt, ohne eine kritische Miene zu verziehen, so ist das stark.

***) Die Wendischen Schiffe waren im Allgemeinen kleiner und leichter als die Dänischen.

rückwärts blickend plötzlich, wie das Königsschiff und ihm folgend das ganze Gros der Flotte wider die Abrede Masten und Segel beisetzte, und westlich nach der Dänischen Insel Mön steuerte. Wohl oder übel mußte nun die Avantgarde auch umkehren und nach Mön folgen. Der König führte zur Rechtfertigung an, daß es heute doch zu spät würde; morgen früh werde Alles besser gehen; der Tag müsse der Arbeit, die Nacht der Ruhe gehören; natürlich alles leere Redensarten. Absalon schwieg zuerst, dann zu reden aufgefordert, machte er seinem Unmuth in den bittersten Worten Luft. Der König zürnte, wagte indeß seinem Zorn keinen Ausdruck zu geben. Aber die Folge zeigte, wie Recht sein Feldherr hatte. In der Nacht sprang ein schwerer Sturm auf, der vier Tage mit ununterbrochener Wuth anhielt. Ein Theil der Schiffe riß von den Ankern und trieb in die See hinaus; ein anderer ward beschädigt. Erst in der Frühe des fünften Tages konnte die Fahrt wieder beginnen. Aber als man aus der schützenden Nähe des Landes gekommen war, zeigten sich Wind und Wellen noch viel ungestümer als man vermuthet. Der schwere rollende Seegang, der immer eine Zeitlang nach einem Sturm Statt findet, richtete die Schiffe furchtbar zu. Das Königsschiff ging aus den Fugen und sank; der König selbst rettete sich nur durch einen kühnen Sprung auf ein anderes Schiff. Eine große Zahl anderer Fahrzeuge ward so beschädigt, daß sie umkehren mußten, unter ihnen das des Erzbischofs Estil von Lund, Andere fanden darin einen willkommenen Vorwand zur Umkehr. Nur Absalon blieb unerschüttert, und zog den König mit sich. Endlich nach einer mühseligen und gefahrvollen Fahrt von 24 Stunden landete man auf der an der Nordwestküste Rügens liegenden Insel Hiddensee*). Während der König, erschöpft, ein wenig ruhte, zeigte sich offene Meuterei; zwei vornehme Halländer verließen trotz aller Bitten und Drohungen Absalons die Flotte und kehrten heim. Nach dem Erwachen des Königs ward ein Kriegsrath aller Schiffscapitäne abgehalten. Die Situation war kritisch. Von 260 Schiffen, welche von der Küste Schonens in See gegangen waren, hatte man nur noch 60 bei sich; dazu nur noch Lebensmittel auf ein paar Tage. Es ist daher nicht zu verwundern, wenn sich die Majorität der Stimmen für eine sofortige Rückreise erklärte. Aber davon wollte der König, wie es scheint durch Absalons Gegenwart bestimmt, schlechterdings nichts wissen. Er führte mit Recht an, daß der Uebermuth der Rügianer nur wachsen werde, wenn sie erführen, daß die Dänen da gewesen und nichts zu unternehmen gewagt hätten. Auf der andern Seite hielt man sich, die Rügianer auf ihrem eignen Territorium

---

*) Insula Hythis oder Hythim bei Saxo, Hedinsey in der Knytlinga-Saga.

anzugreifen, für viel zu schwach*), obwohl sie offenbar, wie die eingezogene Kundschaft ergab, noch nichts gemerkt hatten und die Heerden in argloser Sicherheit am Ufer weideten. So gelangte schließlich ein vermittelnder Vorschlag zur Annahme: man beschloß, um doch nicht ganz unverrichteter Sache zurückzukehren, eine Razzia in das Land Barth**) zu machen, was wegen der geringen und wenigen wehrhaften Bevölkerung mit geringerer Gefahr verknüpft schien. Gegen Abend setzte sich die Dänische Flotte in Bewegung, lief — wahrscheinlich — an der Westseite von Hiddensee hinauf und befand sich, als sie die Südspitze der letztgenannten Insel hinter sich hatte, an der Pommerschen Küste.

Wie die Hauptmasse der Insel Rügen gegen die offene See zu wieder durch kleinere Halbinseln und Inseln geschützt ist, so hat auch dieser nördlichste Theil des Pommerschen Festlandes einen schützenden Damm vor sich in der Halbinsel Dars westlich und nordwestlich und der Insel Zingst nördlich. Jene wird von dieser durch den engen Prerow'schen Strom, diese vom Pommerschen Festlande bei Borhöwd durch die neue Au getrennt, welche anfangs ziemlich schmal sich dann zu einem ziemlich breiten Binnengewässer erweitert, welches sich zwischen dem Festlande auf der einen und dem Dars und Zingst auf der andern Seite hinzieht. In die neue Au lief nun die Dänische Flotte von Hiddensee kommend mit einbrechender Dunkelheit unter mancherlei Vorsichtsmaßregeln ein***); je drei Fahrzeuge mußten sich neben einander halten, und die größte Stille beim Rudern beobachtet werden. Dann landete man, und nach Zurücklassung einer Abtheilung zur Bewachung der Schiffe, setzten sich zwei andere, die eine unter des Königs, die andere unter Absalons Oberbefehl zur nächtlichen Razzia in Bewegung. Auf der einen Seite plünderte, mordete und brannte man auf dem Zingst, auf der andern an der Küste des Pommerschen Festlandes gegen Barth zu. Die durch das Pferdegetrappel und Gewieher aus dem Schlafe geweckten Bewohner kamen ohne alle Ahnung feindlichen Ueberfalls an die Thüren und fragten schlaftrunken, ob etwa ihre Herzöge, ob

---

*) — affirmando temeritatis esse, exiguam manum cum immenso (!) hoste conserere. Saxo I. p. 748.

**) Die provincia Barca bei Saxo ist nach dem ganzen Zusammenhange unzweifelhaft das Land Barth, unter welchem Namen man die äußerste Rügen gegenüber gelegene nordwestliche Ecke von Neu-Vor-Pommern, einschließlich der Halbinsel Dars und der Insel Zingst, begriff. Die Einwohner des Landes Barth waren, wenn sie auch damals nicht unter Rügen'scher Hoheit standen, doch als Seeräuber die natürlichen Feinde der Dänen.

***) Die Gründe, wodurch Quandt in dem Aufsatz „Waldemars und Knuts Heereszüge im Wentenlande", Balt. Studien X. 2. p. 157. sich bestimmen läßt, nicht die neue Au, sondern die Prerow anzunehmen, sind nicht stichhaltig.

Bogislaw und Kasimar gekommen seien*). Die Antwort waren Speerwürfe und Schwerthiebe. Die weithin durch die Nacht leuchtenden Flammen der angezündeten Dörfer dienten den beiden durch das Binnenwasser getrennten Heerhaufen als Signale des Fortschrittes und schließlich der Umkehr, die am Morgen erfolgte. Die bei dem Schiffe zurückgebliebene Abtheilung hatte bereits ein Scharmützel mit Rügen'schen Schiffen gehabt, die wahrscheinlich durch die nächtlichen Feuer herbeigezogen waren. Als die Armee wieder eingeschifft war, machte man auf die Rügianer Jagd; aber ihre leichten und geschickt gelenkten Fahrzeuge waren nicht einzuholen. Dann als die Dänische Flotte umlegte, um ins Meer hinaus nach Hause zu steuern, begann von Rügen'scher Seite die Verfolgung. Während die Verfolger nunmehr durch Wind und Kenntniß des Fahrwassers begünstigt wurden, kam die Dänische Flotte je länger je mehr auseinander; Jeder strebte sich selbst und seine Beute in Sicherheit zu bringen; ein allgemeines Sauve qui peut begann; kein Signal, kein Zuruf half. Eine vollständige Niederlage ward indeß durch die Entschlossenheit der Dänischen Arrieregarde abgewandt; sieben Schiffe, auf ihnen der König, Absalon und die Tüchtigsten der Capitäne, hielten sich nahe bei einander, und boten den verfolgenden Rügianern die Stirn. Diese, wie es die Wenden pflegten, suchten ihre Gegner von weitem durch Geschrei und schreckbare Gesten einzuschüchtern; aber einen Kampf Mann gegen Mann, zu dem es beim Entern stets kommen muß, scheuten sie; sie machten Halt, so bald sie aus der Nähe von den Dänen mit Pfeilen und Speerwürfen begrüßt wurden. Auch ist die Uebermacht auf der Rügen'schen Seite schwerlich eine große gewesen; denn am Tage zuvor waren die Häfen, wie die Dänischen Kundschafter erspäht, noch leer von Schiffen gewesen. So gelang es der Dänischen Flotte, der Verfolgung zu entkommen und mit ihrer Beute die heimische Küste wieder zu erreichen.

Die Geschichte dieses Zuges zeigt recht deutlich, wie zaghaft und unsicher die Dänen anfangs den Rügianern gegenüber noch waren. Man hatte einen Hauptschlag führen wollen, und das ganze Unternehmen ver-

---

*) Man hat hieraus mit Recht gefolgert, daß dieser Theil von Neu-Vor-Pommern damals auch bereits unter Pommerscher Oberherrschaft stand. Dagegen will Fabricius, Rüg. Urkunden I. p. 29. die patrii duces, die eigenen Herzoge, auf die Rügen'schen Fürsten beziehen, die somit den Pommernherzogen Bogislaw und Kasimar entgegengesetzt würden; die letzteren wären von den Einwohnern als Feinde angesehen. — Dabei wäre aber unbegreiflich, wie die Einwohner, in der Annahme, daß es Feinde seien, ganz gemüthlich die Köpfe aus der Thür stecken und fragen, ob Bogislaw und Kasimar da seien. — Auch spricht dagegen, daß Saxo den Rügen'schen Fürsten vor der Eroberung 1168 immer als König, rex bezeichnet, die Pommern-Herzoge dagegen als duces.

lief sich zuletzt in eine Razzia, die gar nicht einmal die Rügianer traf. Aber Eines hatte man doch gewonnen; man hatte sich in den Gewässern des gefürchteten Raubvolks gezeigt, und war mit heiler Haut zurückgekommen; man hatte die Feinde zudem in der Nähe kennen gelernt, und gefunden, daß sie lange nicht so furchtbar seien, als man sie sich vorgestellt.

Jedenfalls schien der Erfolg günstig genug, um noch im Herbst des nämlichen Jahres (1159) sofort eine zweite Expedition zu unternehmen*). Der König ging mit einem beträchtlichen hauptsächlich aus Seeland und Schonen, nur zum kleinen Theil aus Jütland zusammengezogenen Armeecorps nach Rügen hinüber. Man landete, wie es scheint, auf der Westseite der Halbinsel Wittow, entweder in der Gegend der Wittower Fähre, oder wahrscheinlicher noch weiter hinauf in der Wieker Bucht. Da die Rügianer Zeit gehabt hatten, die Feste Arkona zu besetzen, begnügte man sich Dänischer Seits mit einer Plünderung und Verheerung Wittows. Die Rügianer hatten indeß beschlossen, dem Feind seine Beute wo möglich abzujagen. Ein Corps derselben ging von dem eigentlichen Rügen entweder über die Camminer oder die Wittower Fähre, um den Dänen bei der Plünderung in Flanke und Rücken zu fallen. Aber die Dänische Armee war bereits auf dem Rückmarsch zu den Schiffen. Ein dichter Nebel, wie man sie häufig im Herbst auf Wittow hat, verbarg beiden Heeren ihren gegenseitigen Anmarsch. In der Gegend zwischen Altenkirchen und Wiek oder der Wittower Fähre, (je nachdem man den Landungsplatz der Dänen annimmt) trafen die Gegner aufeinander. Der Nebel fiel plötzlich, und die Rügianer befanden sich unerwartet der ganzen Dänischen Armee gegenüber. Sei es der plötzliche Eindruck dieser Ueberraschung, oder vielleicht die damit verknüpfte Wahrnehmung, daß die Dänen weit zahlreicher waren, als man sie erwartet hatte: die Rügianer geriethen bald aus der Fassung und erlitten eine vollständige Niederlage. Der Sturz des Dänischen Königs, der über zwei vor ihm gestürzte Dänische Reiter, zu Boden gefallen war, übrigens ohne erhebliche Verletzung, hielt die Verfolgung nur einen Augenblick auf. Die Rügianer flohen gegen die Fähre zu, über welche sie gekommen waren**).

Ein großer Theil fiel durch Schwert und Speer der Verfolger, ein anderer ertrank, da man für den Fall einer Niederlage, wie es scheint, nicht

---
*) Diese Expedition wird von der Knytlinga-Saga cp. 120. falsch in das folgende Jahr 1160 versetzt, hinter die auch von Saxo zu diesem Jahr berichtete große Unternehmung.

**) Es kann sowohl die Wittower als die Camminer sein; in beiden liegen Steine im Wasser, in beiden geht eine starke Strömung.

auf hinreichende Fahrzeuge zur Ueberfahrt bedacht gewesen war. Die Fliehenden liefen bis an den Mund ins Wasser, oder suchten einzelne größere in der Strömung liegende Steine zu gewinnen. Aber die Verfolger scheuten das Wasser auch nicht, und metzelten nieder was sie erreichen konnten. Absalons Bruder Esbern und mehrere Dänische Reiter geriethen durch die Strömung in Lebensgefahr. Der Dänische Verlust bestand nach Saxo wieder in einem Mann, der natürlich auch nicht fiel, ohne erst Haufen von Feinden voran in die Ewigkeit zu senden*). Nach diesem Sieg schifften die Dänen mit ihrer Beute wieder in die Heimath.

Dieser erste größere Erfolg, den die Dänen seit lange über die Rügianer davon getragen hatten, scheint bei den Letztern den Gedanken geweckt zu haben, daß es doch besser sei, sich mit einem so gefährlichen Gegner auf friedlichen Fuß zu stellen. Im nächsten Frühjahr (1160), als die Dänen eine neue Expedition vorbereiteten, sandten sie daher den Dombor als Unterhändler hinüber. Anfangs zu weitgehenden Concessionen geneigt, steigerte er in den Verhandlungen mit dem Bischof Absalon seine Ansprüche, als er innere Zerwürfnisse bei den Dänen, namentlich zwischen den Jüten, Fühnen und Seeländern bemerkte. Er erklärte sich indeß zu einem Friedensvertrage bereit, den er auf Wendische Weise durch einen ins Wasser geworfenen Stein bekräftigen wollte. Es war eine symbolische Handlung, anzudeuten, daß wer den Vertrag breche, untergehen möge wie der Stein im Wasser. Der vorsichtige Däne verlangte indeß reellere Garantien und forderte die Stellung von Geißeln. Auch dazu war der Rügianer erbötig, doch nur unter der Bedingung der Gegenseitigkeit. Er wollte also Rügen mit Dänemark auf gleichen Fuß stellen. Zur Motivirung der Billigkeit dieses Verlangens berief er sich auf den entkräfteten, verwüsteten Zustand Dänemarks im Gegensatz zu dem blühenden Aussehen Rügens. Aber Absalon verwarf eine Stellung von Geißeln Seitens der Dänen schlechterdings, und da Dombor es auch nicht mehr für so nothwendig hielt, um jeden Preis abzuschließen, so zerschlug sich die Unterhandlung.

Der Dänischen Politik mußte es indeß räthlich erschienen sein, ihre Unternehmungen gegen Rügen, wenn sie einen dauernden Erfolg verheißen sollten, auf einer breiteren Grundlage zu etabliren. Waren es ja auch nicht die Rügianer allein, sondern überhaupt die Ostsee-Wenden, durch deren verwüstende Einfälle das Dänische Reich so unsäglich gelitten hatte und noch litt, trotz aller Vorkehrungen, die der thätige Absalon durch Anlegung von Küstenbefestigungen und Aussendung von mobilen Kreuzer-

---

*) Die ins Fabelhafte übertreibende Knytlinga-Saga läßt die Rügianer mit einem „unermeßlichen“ (!) Heere gegen die Dänen anrücken und dem entsprechend auch nicht weniger als dreimalhunderttausend (!!!) Rügianer bleiben! —

geschwadern dagegen traf. Man warf Dänischerseits den Blick auf den mächtigen Sachsenherzog Heinrich den Löwen, dessen Einfluß zu dieser Zeit in Norddeutschland von Tage zu Tage mächtiger ward, während der Kaiser in Italien alle Hände voll zu thun hatte.

Die ersten Einleitungen eines Bündnisses zwischen Waldemar und Heinrich waren bereits vor zwei Jahren (1158) getroffen. Da hatte der Dänenkönig ihm die schwere Summe von tausend Mark geboten, wenn er ihm die Wenden vom Leibe halten könne. Der Herzog war darauf eingegangen und hatte den unter seinem Einfluß stehenden westlichen Wenden in Meklenburg und Holstein alle Einfälle in Dänemark streng untersagt. Aber während er mit dem Kaiser nach Italien gezogen war, hatte die alte Piratenlust über die Furcht vor Sächsischer Macht den Sieg davon getragen, und Waldemar fand, daß sein Geld weggeworfen war. Nach der Rückkehr Heinrichs, bei einer Zusammenkunft in Artlenburg an der Elbe beklagte der Dänenkönig sich bitter über die Wenden und mußte schließlich seinen mächtigen Freund für eine Allianz zur Unterwerfung der noch unabhängigen Wendischen Ostseeländer zu gewinnen. Seit dieser Zeit datirt sich die Entente cordiale zwischen dem Dänenkönig und dem Sachsenherzog, bald zu engster Intimität sich gestaltend, bald bis zu offenem Bruch sich erweiternd. Denn beide hatten den Bund nur mit dem geheimen Hintergedanken geschlossen, den Bundesgenossen die Kastanien aus dem Feuer holen zu lassen und den Löwenantheil für sich zu nehmen. Zunächst lag indeß eine Cooperation im Interesse Beider: Waldemar bedurfte eines starken Landheeres, wie es nur Heinrich besaß, und dieser wiederum einer den Wenden gewachsenen Flotte, die nur der Däne ihm bieten konnte. So ward denn der Operationsplan dahin festgestellt, daß der Herzog von Sachsen mit einer starken Landarmee über die Elbe vorbrechen sollte, während der König von Dänemark gleichzeitig mit der Flotte an der Meklenburgischen Küste operiren sollte.

Das erste Opfer der Coalition war Meklenburg, das zweite Rügen.

Dort hatte der bejahrte Obotriten=Fürst Niklot, als er das Ungewitter aufsteigen sah, beschlossen den ersten Schlag zu führen. Aber der Ueberfall Lübecks, auf den es abgesehen war, mißglückte; nur die Umgegend konnte verheert werden, und als dann das Sachsenheer diesseits der Elbe erschien, übergab Niklot ohne den Versuch des Widerstandes seine Burgen im westlichen Meklenburg — unter ihnen Schwerin, Ilow und Dobin — den Flammen, und zog sich nach der Veste Wurle im östlichen Meklenburg (bei dem heutigen Schwaan) zurück, von hier aus durch Streifereien und Ueberfälle den Krieg fortsetzend. Inzwischen war auch die Dänische Flotte, die sich wieder bei Masnet gesammelt hatte, nach der

Insel Poel bei Wismar hinübergegangen, und hatte die Landtruppen, die sie an Bord hatte, auf dem Festlande ausgeschifft. Die beiden alliirten Heere trafen hier zusammen und die Fürsten begrüßten sich persönlich im Lager Heinrichs. Während der Zeit fiel Niklot in einem Scharmützel gegen die Sachsen, und der Herzog hatte die Aufmerksamkeit, seinem hohen Alliirten den abgeschnittenen Kopf ihres gemeinsamen Feindes präsentiren zu lassen. Im Uebrigen waltete Feuer und Schwert in dem unglücklichen Lande und der Sachsenherzog ließ die Wendischen Kriegsgefangenen ohne Gnade als Räuber hängen. Als man hier nichts mehr zu thun fand, ging es weiter östlich, die Sachsen zu Lande, die Dänen zur See nach der Mündung der Warnow. Niklots Söhne Pribiszlaw und Wartiszlaw warteten den Angriff nicht ab, zündeten auch die Burg Wurle an und flüchteten in die Wälder. Die Dänen gingen die Warnow mit einer Escadre von leichten Fahrzeugen, geeignet die zahlreichen Untiefen zu passiren, aufwärts, verbrannten das von den Einwohnern verlassene Rostock, und hatten mehrere Scharmützel mit den Wenden, die sich indeß auf nichts Ernstes einließen. Hier an der Warnow trafen sich die verbündeten Heere und Fürsten zum zweiten Mal, und wahrscheinlich erklärte Heinrich hier dem Dänenkönig, daß er nicht geneigt sei, den Feldzug über Meklenburg hinaus zu verlängern. In der That hatte er seinen Zweck erreicht: Meklenburg lag überwunden zu seinen Füßen; die Söhne Niklots, ohne Hoffnung den Widerstand verlängern zu können, unterwarfen sich ihm, um wenigstens einen Rest des väterlichen Erbes zu retten. Er überließ ihnen Burg und Landschaft Wurle, nebst dem Land der Kizziner und Cirzipaner, — also die östliche Ecke von Meklenburg und einen Theil von Neu-Vor-Pommern. Das westliche Meklenburg ward annexirt; er gab seinen Rittern darin große Lehensbesitzungen, und zum Statthalter des Ganzen ernannte er den Grafen Gunzelin von Hagen mit der Residenz Schwerin, welche sich als Deutsche Stadt aus der Asche erhob.

Mochten also die Dänen sehen, wie sie mit den Rügianern fertig wurden! In der That hatte das kleine rührige Volk bereits den Versuch gemacht in den bisherigen Kampf zu Gunsten der Stammes- und Religions-verwandten Meklenburger einzugreifen. Ihre Flotte war an der Mündung der Warnow erschienen, als die Dänen diesen Fluß hinaufgegangen waren. Waldemar, von seinen Bundesgenossen über ihre Nähe unterrichtet, hatte einen mißlungenen Versuch gemacht, sie in einen Hinterhalt zu locken und zu vernichten. Sie waren durch den vorzeitigen Ungestüm einer Dänischen Abtheilung gewarnt, und hatten vor der überlegenen Dänischen Seemacht das Weite gesucht; von ihren leicht beweglichen Fahrzeugen konnte durch die schwerfälligeren Dänischen Galeeren keines eingeholt werden. Die Dänen dachten nunmehr, wie es scheint, im Unmuth über den Rücktritt ihres Bundesgenossen, auch ihrerseits auf die Beendigung des Feldzuges. Da gelang es einer energischen Ansprache des Erzbischofs Eskil von Lund, sie zu erneuten Anstrengungen zu begeistern, um ihren Hauptfeind auf seinem eigenen Boden heimzusuchen.

So steuerte denn die Dänische Flotte abermals ostwärts und lief, entweder von der Nord-Westseite, zwischen Borhöwd und der Südspitze der Insel Hiddensee, oder von der Süd-Ost-Seite, nachdem man an der Nordseite Rügens herumgeschifft, in die Meerenge zwischen Rügen und dem Pommerschen Festlande ein. Für das letztere Manoeuvre konnte vielleicht die Erwägung sprechen, daß die Rügianer, welche die Dänen von Meklenburg her erwarteten, die Vertheidigungsanstalten an der Westseite der Insel concentrirt haben würden; erschienen daher die Dänen von der entgegengesetzten Seite, so mochte man hoffen auf schwachen oder gar keinen Widerstand zu treffen. Man befolgte Dänischer Seits nun die Taktik, sich kleinerer nicht zu weit von der Rügenschen Küste belegener Inseln zu bemächtigen; dort war man durch die den Rügianern weit überlegene Flotte vor feindlichem Angriff geschützt, und konnte zugleich von hier aus die Plünderungszüge an den feindlichen Küsten nach Belieben arrangiren. Zuerst schlug der Dänenkönig sein Hauptquartier auf der altberühmten Insel Swold auf*), wo um das Jahr 1000 der Norwegische König Olaf Tryggweson in einer großen Seeschlacht den vereinigten Königen Schwedens und Dänemarks und dem tapfern Jarl Eirik erlegen sein soll. Von dort aus konnte man den Südosten der Insel, die Halbinseln Mönchgut und Zubar nebst der Gegend des heutigen Putbus und wohl auch die gegenüber liegende Pommersche Küste mit Feuer und Schwert heimsuchen. Dann faßte die Dänische Flotte Posto auf der Insel Strela, dem heutigen Dänholm, welche im folgenden Jahrhundert der auf der Pommerschen Seite neubegründeten Stadt Stralsund den Namen gab. Von Strela aus plünderten und verheerten die Dänen die südlichen Küstenstriche Rügens und die gegenüberliegenden Pommerns. Weiter ging es dann von Strela nördlich zu der dritten Station. Vor dem Hafen von Schaprode liegt ein kleines Eiland, schlechtweg die De oder die Di genannt; dort machte die Dänische Flotte abermals Halt, und Raub und Plünderung ergossen sich über den angrenzenden nordwestlichen District von Rügen, der in alter Zeit den Namen Wollung oder Walung führte**). Die Rügianer scheinen

---

*) Nach Mohnike's scharfsinniger Untersuchung wahrscheinlich die im Südosten Rügens belegene Greifswalder Oe. Heimskringla von Mohnike I. 1837. p. 541 ff.

**) Wollungh in der Stiftungsurkunde des Berger Klosters von 1193; Walungia bei Saxo; Balong, Falong in der Knytlinga-Saga. — Vielleicht hängt Wollung mit dem

nirgends den Versuch des Widerstandes gemacht zu haben; wahrscheinlich hatten sie sich mit dem Werthvollsten ihrer Habe in die befestigten Zufluchtsörter geflüchtet, und überließen dem Feind, was sie nicht hatten mit sich führen können. Auch so mochte der Schaden, den Feuer und Plünderung anrichteten, noch groß genug sein, und da auch von Mecklenburg keine Hülfe mehr zu erwarten stand, entschlossen sich die Inselbewohner, endlich mürbe gemacht, zur Unterwerfung. Dombor, wieder mit der Unterhandlung beauftragt, erschien am Ufer bei Schaprode, und gab durch Zeichen zu erkennen, daß er an Bord geholt zu werden wünsche. Aber der schlaue Absalon, damit es nicht scheine, als ob den Dänen irgend etwas am Frieden gelegen, schickte kein Dänisches Boot ihn zu holen. So mußte sich Dombor selbst erst eines verschaffen. Dann bei Absalon an Bord gekommen, ersuchte er ihn um seine Fürsprache beim König. Der Bischof ließ sich lange bitten, und versagte sich die maliciöse Genugthuung nicht, den Gesandten ironisch an seine Reden vom Frühjahr zu erinnern. „Dänemark liege ja wüste!" — Schließlich ließ er sich indeß erbitten und gewährte den Frieden. Die Bedingungen waren noch leidlich zu nennen. Selbstverständlich mußten die Rügianer aller Piraterei gegen Dänemark entsagen und als Bürgschaft für ihr friedfertiges Verhalten Geißeln stellen; zugleich scheinen sie, wie aus den folgenden Ereignissen hervorgeht, die Verpflichtung übernommen zu haben, dem König von Dänemark auf Verlangen ein Hülfscorps zu stellen. Nachdem man denn auch die Geißeln in Empfang genommen, lichtete die Dänische Flotte die Anker und kehrte in die Heimath zurück*).

In demselben Jahr (1159), wo hier im Norden die Kämpfe begonnen hatten, welche in ihrem weitern Verfolg zu einer Vernichtung auch des letzten Restes heidnischen Wendenthums und zu einer bedrohlichen Festsetzung Dänischer Macht im Norden Deutschlands führten, hatte im Süden jenseits der Alpen der Conflict des Deutschen Kaisers Friedrich mit den italienischen Städten durch die doppelte Pabstwahl — Victor III. und Alexander III. — jene schroffe Zuspitzung erhalten, welche nach den Wechselfällen eines 18jährigen Ringens endlich zu der Niederlage der Deutschen Kaisermacht durch das Pabstthum im Bunde mit der kühn auf-

---

Slavischen Wol, der Ochse zusammen. Es sind etwa die heutigen Kirchspiele Schaprode und Trent.

*) Die obige Darstellung des Feldzugs von 1160 folgt im Wesentlichen dem Saxo Grammaticus; nur die Erwähnung der Inseln Swolb und Strela ist der Knytlinga-Saga entnommen, während Saxo nur ganz kurz eine zweitägige Verheerung des südlichen Theils von Rügen berichtet. Im Uebrigen vergleiche man über die Verwirrung der Localitäten in der Knytlinga-Saga hinten den Anhang über die letztere.

strebenden Städtefreiheit und allen dem Hohenstaufischen Hause feindlichen Elementen hinführte. Der Anfang freilich ließ dies Ende nicht vermuthen. Im Frühjahr 1162 war nach langwieriger Belagerung das trotzige Mailand gefallen, und der mächtige Kaiser setzte alle Hebel in Bewegung, dem ihm befreundeten Pabst Victor die allgemeine Anerkennung zu verschaffen. Eine in dem genannten Jahre ausgeschriebene Fürstenzusammenkunft und ein damit verbundenes Concil in St. Jean de Launes im Bisthum Besançon — sollte diesen Zweck erreichen. Wie die Könige von Frankreich Böhmen und Ungarn ward auch Waldemar, der Dänenkönig entboten, und wagte, obwohl Absalon abrieth und die Dänischen Bischöfe zu Alexander III. neigten, den mächtigen Kaiser nicht durch eine abschlägige Antwort zu beleidigen. Der Kaiser versuchte ihn durch Pflicht und Interesse an sich zu fesseln. Durch die erstere, indem er sich von Waldemar den Lehnseid erneuern ließ, den sein Vorgänger Sven bereits vor zehn Jahren auf dem Reichstag zu Merseburg geleistet hatte; — durch das zweite, indem er dem Dänenkönig die Aussicht auf den Erwerb der noch unabhängigen Wendenländer eröffnete. Zu der Eroberung derselben dem Dänen Beistand zu leisten, forderte er die Deutschen Fürsten auf und versprach nach seiner Rückkehr aus Italien die eigene Mitwirkung*). Möglich, daß es mit der Vergabung Slaviens an den Dänischen König von Seiten Friedrichs nicht so ernst gemeint war; jedenfalls aber spiegelt sich in dieser leichtfertigen Veräußerung eines zwar noch nicht Deutschen, aber augenscheinlich für Deutschland wesentlichen Gebietes der später noch entschiedener hervortretende Grundzug der Hohenstaufischen Politik, der während er den Schwerpunkt der Deutschen Kaisermacht fälschlich im Süden jenseits der Alpen suchte, die Bedeutung des Nordens verkannte, wo die noch unbehauenen, aber unzerstörbaren Grundsteine der kaiserlichen Machtentwicklung zu finden gewesen wären.

Trotz des Wendischen Köders erreichte indeß der Kaiser seinen Hauptzweck beim Dänischen König nicht: derselbe vermied, in Uebereinstimmung mit seinem Rathgeber Absalon, die Anerkennung des kaiserlichen Pabstes Victor, und als derselbe den Bannfluch über seinen Nebenbuhler auf dem Stuhl Petri aussprach, entfernten sich die Dänen.

---

*) Daß der Kaiser die Deutschen Fürsten für diesen Zweck durch einen Eid verpflichtet habe, wie Saxo berichtet und L. Giesebrecht nicht unwahrscheinlich findet, muß doch sehr bezweifelt werden; wenigstens ist es, worauf schon Dahlmann, Gesch. v. Dänemark I. p. 304, aufmerksam gemacht hat, nicht glaubwürdig, daß Heinrich der Löwe, der ja die Wendenländer als sein eigenes Erbtheil betrachtete, einen solchen Eid geleistet haben würde. Slavien, wie Giesebrecht will, nur auf Pommern zu beziehen, liegt kein Grund vor.

Schon vor der Zusammenkunft des Dänischen Königs mit dem Kaiser — sie fand im Spätsommer 1162 Statt — hatte an der Wendischen Ostseeküste ein neuer Conflict Statt gefunden. Die Peene-Mündung und namentlich die Stadt Wolgast blieb noch lange nachdem Pommern christlich geworden war, ein Hauptheerd des Seeraubs, der sich von dort nach alter Weise plündernd auf die Dänischen Küsten warf. Da dergleichen auch neuerdings wieder vorgekommen war, unternahm Waldemar im Frühjahr oder zu Anfang des Sommers in dem genannten Jahr einen Zug gegen Wolgast, welches damals nach der Versicherung Saxo's nicht unter den gemeinsamen Pommerschen Herzogen, sondern unter eignen Herren stand, vielleicht einer Seitenlinie der Ersteren*). Die Wolgaster wandten sich in ihrer Noth an Bogiszlaw, den Fürsten von Pommern. Derselbe kam auch, aber nicht um zu schlagen, sondern zu vermitteln. Unter seiner Vermittelung wurden die Friedensbedingungen dahin festgestellt, daß Wolgast die Oberhoheit des Königs von Dänemark anerkennen und sich verpflichten solle, keinem Piraten ferner das Auslaufen aus der Peene-Mündung zu gestatten; dazu als Bürgschaft die Stellung von Geißeln.

Zu dem Zuge gegen Wolgast hatten auch die Rügianer dem König Waldemar ein Hülfscorps gestellt, wie es scheint in Gemäßheit der Stipulationen des Friedens von Schaprode. Der Eindruck, den der damalige Dänische Angriff gemacht hatte, war noch zu frisch, als daß sie es hätten wagen sollen, die Dänische Forderung abzuschlagen. Uebrigens treten bei dieser Gelegenheit zuerst Bestrebungen von Sächsischer Seite hervor, die Rügianer dem Dänischen Interesse abwendig zu machen und für die Herrschaft des mächtigen Sachsenherzogs zu gewinnen. Bernhard, ein Sächsischer Edler, mit einer Verwandten König Waldemars vermählt, und mit ein paar Galeeren bei dem Zuge betheiligt, schilderte den Rügianern die Macht des Löwen und gab ihnen nicht undeutlich an die Hand,

---

*) L. Giesebrecht, Wend. Geschichten III. 118. 129. hat es wahrscheinlich gefunden, daß Pribiszlaw, einer der Söhne Niklots von Meklenburg nach dem Kriege von 1160 Wolgast erhalten habe, — eine wie mir scheint, wenig glückliche Hypothese. Es ist kaum anzunehmen, daß Saxo, der uns früher ausführlich von den Söhnen Niklots unterhalten hat, und ihre Namen sehr wohl kennt, es uns hier verschwiegen haben sollte, wenn Einer derselben jetzt Herr von Wolgast war. Vielmehr geht aus der ganzen Ausdrucksweise hervor, daß ihm die Person oder die Personen der Herren von Wolgast nicht näher bekannt waren: — castellum Walogastum obsidetur a rege. Quod quanquam in Slavia situm foret, a communi tamen ejus ditione secretum, propriis ducibus regebatur — Saxo I. p. 773. — Liegt hier nicht überall bei Saxo ein Mißverständniß vor, daß er die herzoglichen Kastellane für eigene selbständige Herren gehalten hat, so ist wohl kaum an Anderes, als an eine uns nicht weiter bekannte Seitenlinie des fürstlichen Hauses von Stettin zu denken.

sich unter seine Herrschaft zu begeben. Während diese Insinuation von Einigen mit Spott und Hohn aufgenommen ward, scheint sie bei Andern mehr Anklang gefunden zu haben; wenigstens erinnerte Masko, ein blinder, aber wegen seiner politischen Einsicht in großem Ruf stehender Rügen'scher Edler, an die wohlbekannte Tapferkeit der Sachsen, die wie das Ungestüm der Rosse nur um so heftiger losbreche, je straffer man sie zu zügeln suche. Man möge also den Sachsen gegenüber die Seiten nicht zu straff anspannen. Natürlich erfuhr der Herzog diesen Vorgang wieder und erkannte daraus den einzigen Weg, den Rügianern beizukommen: er mußte ihnen seine Macht fühlbar machen, und wir werden später sehen, daß er nach dieser Erkenntniß handelte.

Inzwischen erhielt der Herzog zunächst noch von anderer Seite zu thun. Die Söhne Niklots, welche den Verlust der Selbständigkeit und des größeren Theils vom väterlichen Reich noch nicht verschmerzen konnten, bereiteten eine Erhebung des Landes gegen die Fremdherrschaft vor. Aber Heinrich, von seinem wachsamen Statthalter Gunzelin früh genug benachrichtigt, rückte zu Anfang des Jahres 1163 mit einem Heer über die Elbe in Meklenburg ein, und es gelang ihm in der Veste Wurle den Einen der Beiden, Wartiszlaw, mit einer großen Anzahl Wendischer Edler einzuschließen. Vergebens versuchte Pribiszlaw, der andere Bruder, den Entsatz. Wurle mußte sich nach längerer Belagerung ergeben, und Wartiszlaw so wie ein Theil des eingebornen Wendischen Adels wanderten als Geißeln in die Gefangenschaft nach Sachsen. Pribiszlaw nahm zu Unterhandlungen seine Zuflucht; doch ward ihr Land vorläufig an ihren Oheim Lubemar gegeben, der es als Vasall des Sachsenherzogs verwaltete.

Wahrscheinlich im Anschluß an diese Meklenburgische Expedition hatte Heinrich einen Verheerungszug an die Küsten von Rügen angeordnet. Wir kennen das Factum, über welches Saxo und Helmold schweigen, freilich nur aus der Knytlinga-Saga; allein ihre Angabe findet in diesem Fall in den Notizen anderer chronikalischer Quellen ihre Bestätigung*). Das Mittel hatte den gewünschten Erfolg: die Rügianer, um sich den gefährlichen Feind vom Halse zu schaffen, schickten eine Gesandtschaft an den Herzog, der sich damals (vermuthlich im Juli 1163) in Lübeck befand, um die feierliche Einweihung des Domes durch seine Gegenwart zu verherrlichen. Hier huldigten die Rügianer dem mächtigen Herrn von Norddeutschland und versprachen Geißeln für ihre Treue.

---

*) Knytlinga-Saga cp. 120. — Die andern chronikalischen Nachrichten angeführt bei Giesebrecht, Wend. Gesch. III. p. 135. not. 4.

Aber mit diesem Schritt kamen sie nur aus dem Regen in die Traufe. Kaum hatte der König von Dänemark davon gehört, so sammelte er im Grönsund — zwischen Falster und Mön — eine Flotte, um den vermeintlichen Abfall der Rügianer zu rächen. Das kleine Inselvolk stand in der That zwischen zwei Feuern: auf der einen Seite der länderfüchtige Herzog von Sachsen, auf der andern der nicht minder begehrliche König von Dänemark, Beide um diese Zeit der Macht Rügens bereits unendlich überlegen, Beide daher für die Fürsten von Rügen gleich sehr zu fürchtende Feinde. Was sollten sie nun machen? Hielten sie es mit dem Einen, so verdarben sie es mit dem Andern, und machten sie dem Sachsen den Hof, so zogen sie sich den Dänen auf den Hals. Sie thaten unter diesen Umständen, was die Schwächern gewöhnlich thun: sie lavirten und unterwarfen sich dem, dessen Macht sie für den Augenblick am stärksten bedrohte. So sandten sie denn, sobald sie von den Dänischen Rüstungen hörten, eine Gesandtschaft an König Waldemar nach Grönsund, und gelobten ihm aufs Neue Unterwerfung. Waldemar ließ sich beschwichtigen und verschonte die Insel für dasmal mit seinem Besuch.

Wahrscheinlich hatte die Furcht vor dem mächtigen Sachsenherzog an dieser Milde einigen Antheil; Waldemar wollte die Rügianer durch Milde gewinnen in einem Augenblick, wo mit jenem ernste Verwicklungen drohten. Kaum war Heinrich, zu Anfang des Jahres 1164 aus Baiern nach Norddeutschland zurückgekehrt, so faßte er den Beschluß, die Sache mit Waldemar wegen der beiderseitigen Ansprüche auf die Wendenländer zum Austrag zu bringen. Eine an den Dänenkönig abgeordnete Gesandtschaft hatte Auftrag, die Beschwerden des Herzogs noch einmal aufzuzählen, darunter namentlich die Feindseligkeiten des Königs gegen Wolgast und gegen Rügen und die Bestrebungen, Dänische Oberherrschaft in diesen Gebieten zur Anerkennung zu bringen, die nach der Ansicht des Herzogs ihm gehörten. Er verlangte Genugthuung und Schadenersatz, widrigenfalls ein Rachekrieg in nahe Aussicht gestellt ward.

Die entente cordiale von 1160 war also nach vierjähriger Dauer auf dem Punkt sich in blutigen Krieg zu verwandeln, als ein unvorhergesehenes Ereigniß der ganzen Sachlage eine andere Gestalt gab, und Heinrich veranlaßte, aufs Neue die Allianz mit dem Dänischen König zu suchen. Es kam die Nachricht von einem gefährlichen Wendenaufstand aus Meklenburg (Febr. 1164). Sofort änderte Heinrich seine Politik. Der ersten Gesandtschaft an den König von Dänemark ward eine zweite nachgesandt, welche statt des kriegdrohenden Ultimatums den Vorschlag zu einer neuen Offensiv-Allianz gegen die Wenden überbrachte. Dem Bündniß sollte durch die Verlobung der ältesten Tochter Heinrichs mit Kanut, dem damals erst einjährigen Sohn Waldemars, das Siegel aufgedrückt werden. Der König, froh des Kampfes mit dem gefährlichen Gegner überhoben zu sein, ohnehin gegen die rebellischen Pommern erbittert, nahm die dargebotene Versöhnungshand an, und so sah das Jahr 1164 die beiden mächtigen Fürsten abermals im Bunde gegen die Wenden.

Der Aufstand in Meklenburg hatte anfangs einen für die Wenden günstigen Verlauf genommen. An seiner Spitze stand Pribiszlaw, der noch freie Sohn Niklots, von seinem in der Gefangenschaft schmachtenden Bruder Wartiszlaw durch geheime Botschaft zur abermaligen Ergreifung der Waffen aufgestachelt. Das Geheimniß scheint diesmal besser gewahrt worden zu sein, als im vorigen Jahr. Die Festung Meklenburg ward im ersten Anlauf von den Wenden erstürmt, die Flamändische Besatzung mußte über die Klinge springen. Zwar gelang es der Energie des Statthalters Gunzelin, Ilow und Schwerin zu halten, dafür gewann Pribiszlaw aber die Festung Malchow durch Capitulation. Ein großer Theil des Landes befand sich bereits wieder in seinen Händen, ein Bündniß mit den benachbarten Pommernfürsten Bogiszlaw und Kasimar, die ihm schon als Vertriebenen eine Zufluchtsstatt gewährt hatten, stärkte seine Macht, und seine Aussichten standen aufs Beste, als die Erscheinung Heinrichs und Waldemars auf dem Kriegsschauplatze, des Einen von des Elbe, der Andern von der Ostsee her die Lage der Dinge binnen Kurzem wieder völlig zu Ungunsten der Wenden änderte.

Der Herzog von Sachsen war mit einem mächtigen Heer, bei dem sich eine Anzahl hochgestellter Deutscher Fürsten befanden, wie der Markgraf Albrecht der Bär, der Graf Adolf von Holstein, Graf Reinold von Dithmarschen und Andere, über die Elbe nach Meklenburg gegangen, hatte seinem bedrängten Statthalter Gunzelin Luft gemacht, und durch sein bloßes Erscheinen die Wenden überall vor sich her gejagt, ohne daß sie Widerstand versucht hätten. Feuer und Schwert waltete in dem unglücklichen Lande, so daß es noch lange nachher wüste lag, eine tabula rasa für die Deutsche Colonisation. Den unglücklichen Wartiszlaw, den der Herzog als Gefangenen mit sich geschleppt hatte, ließ er in der Nähe von Malchow zum warnenden Beispiel hängen, eine barbarische Maßregel, aber durch das Völkerrecht jener Zeit entschuldigt; denn damals galt das Leben der Geißeln als Unterpfand für die Treue der Besiegten; ward diese gebrochen, so war jenes verfallen. Während der Herzog selbst mit dem Gros des Heeres in Malchow einen längern Halt machte, sandte er ein größeres Corps unter dem Grafen von Holstein voraus als Avantgarde gegen das bei Demmin stehende vereinigte Heer Pribiszlaws und der Pommernfürsten. Die Deutschen, den verachteten Wenden gegenüber alle militärischen Vorsichtsmaßregeln für überflüssig erachtend, ließen sich bei Verchen, ein paar Meilen südwestlich von Demmin, wo sie ihr Lager hatten, in der Frühe des Morgens von den Wenden überfallen, die durch ihre Spione offenbar sehr gut von der exponirten Stellung und der Sorglosigkeit des Deutschen Corps unterrichtet waren. Zwar gelang es der Tapferkeit Gunzelins von Schwerin und seines Häufleins schließlich, die anfängliche Niederlage in Sieg zu verwandeln und das bereits verloren gegangene Lager wieder zu nehmen: aber mehr als fünfhundert der Ihrigen, darunter die Grafen von Holstein und Dithmarschen hatten ihre Unvorsichtigkeit mit dem Leben bezahlt. Als Herzog Heinrich auf die erhaltene Kunde mit dem Hauptheer herbeieilte, fand er nichts mehr zu thun: die Wenden hatten sich, jedem entscheidenden Zusammentreffen ausweichend, wie die Russen 1812, bereits zurückgezogen, und als er vor Demmin rückte, fand er die Burg durch Feuer zerstört und die Stadt von Einwohnern verlassen*). Es blieb ihm nur übrig, durch seine Mannschaft auch die Wälle noch abtragen zu lassen. Wie Demmin wurden beim Anrücken des Feindes auch Gützkow, Wolgast und Usedom von der Wendischen Einwohnerschaft verlassen; das Erstere ward von den Truppen Heinrichs geplündert und verbrannt, das zweite von den Dänen besetzt, das dritte war von den eigenen Bewohnern beim Abzuge angezündet. Heinrich rückte, wie es scheint, am linken Ufer der Peene hinab.

Inzwischen kam Waldemar mit seiner Flotte die Peene heraufgesegelt. Nachdem er die Dänischen Küsten verlassen, hatte er zuerst bei Rügen angelegt. Nach den Vorgängen des vergangenen Jahrs mußte die Treue der Rügianer sehr unsicher erscheinen, und doch war es nicht gerathen, einen Feind im Rücken zu lassen. Absalon, der kühne Bischof, der es liebte überall den Stier bei den Hörnern zu fassen, und der Gefahr gerade auf den Leib zu gehen, beschloß in geringer Begleitung an Land direct in die Rathsversammlung der Rügianer zu gehen, mit dem Antrag, daß sie den Dänen ein Hülfscorps für den bevorstehenden Krieg stellen sollten. Allerdings war das Unternehmen kühn genug; denn wenn die Rügianer auf die Idee kamen, sich bei dieser Gelegenheit ihres gefährlichen Gegners zu entledigen? Die Dänische Flotte hätte ihn allerdings rächen, aber nicht schützen können. Doch das Glück war, wie so häufig, auch hier dem Kühnen hold. Die Rügianer, denen der Bischof offenbar gewaltig imponirte, weit

---

*) Wir haben hier wieder ein recht eclatantes Beispiel, wie die Knytlinga-Saga Geschichte schreibt. Während Saxo und Helmold einstimmig berichten, daß Demmin vor der Ankunft Heinrichs von den Wenden verlassen und verbrannt ward, läßt die Knytlinga-Saga Demmin vom Herzog erobert und eine unzählige Menge Wenden dabei von ihm erschlagen werden!

entfernt von Anschlägen gegen seine Freiheit oder sein Leben, suchten vielmehr Alles fern zu halten, was ihm hätte Anstoß geben können. Bezeichnend war dafür ein an sich wenig bedeutender Vorfall, der indeß auch sonst für die Sitten der Inselbewohner charakteristisch genug ist, um ihn zu erwähnen. Einem jungen Wenden gefiel das Roß eines Dänen von der Escorte Absalons. Als habe er die Absicht es zu kaufen, bat er um die Erlaubniß es Probe reiten zu dürfen, doch als er darauf saß, galoppirte er mit dem Roß davon und kam nicht wieder. Als sich die Kunde davon verbreitete, entstand unter den anwesenden Wenden eine große Bewegung, so daß die Dänen bereits das Schlimmste für sich zu fürchten begannen. Die Bewegung der Wenden hatte indeß einen andern Grund, es war die Entrüstung über einen Vorgang, der, wie sie fühlten, den Fremden eine sehr schlechte Meinung von ihnen beibringen mußte. Bereits wollten sie dem verwegenen Pferdedieb nachsetzen, und derselbe hätte seine That wahrscheinlich mit dem Leben gebüßt, wenn nicht Absalon, von den Verwandten des Uebelthäters um seine Vermittlung angesprochen, ihm seine Fürsprache hätte zu Theil werden lassen. So erhielt er das Roß zurück, ertheilte seinem Mann einen Verweis wegen der Dummheit sich von einem Wenden übertölpeln zu lassen, und damit war die Sache abgethan.

Es ist zu bedauern, daß der Dänische Geschichtschreiber Saxo, der uns diesen Zug mit so umständlicher Ausführlichkeit berichtet, über anderes Wesentlicheres so schweigsam ist. Wir erfahren nichts darüber, wo die Versammlung gewesen, nicht, wer daran Theil genommen, nicht, wie die Verhandlungen verlaufen sind. Nur, daß Tetzlaw, der König der Rügianer, bei der Versammlung gegenwärtig gewesen, wird uns gesagt. Da er dem Absalon die Zusage giebt, die Dänen mit einer Flotten-Abtheilung unterstützen zu wollen, so ist anzunehmen, daß die Entscheidung der Rathsversammlung in diesem Sinne gefaßt war *).

Die Rügen'sche Flotte eilte nun der Dänischen nach, mit welcher König Waldemar, den Erfolg seines Gesandten nicht abwartend, nach der Peene-Mündung vorausgesegelt war, um zur Mitwirkung bei den Operationen des Sachsenherzogs nicht zu spät zu kommen. Wolgast fand er

---

*) Die Knytlinga-Saga erwähnt Cap. 120 den Vorgang, daß Absalon sich in eine Versammlung der Rügianer begab und die Stellung eines Hülfscorps bewirkte, schon bei dem Dänischen Zuge gegen Wolgast 1162; — indeß nur ganz kurz. Bei dem Zuge 1164 hat sie nichts davon. Saxo, dem wir folgen, hat die Sache offenbar richtig bei dem Zuge von 1164 erwähnt. Barthold und Giesebrecht, gemäß der unkritischen Methode, einen Vorgang zu verdoppeln, über den in zwei verschiedenen Quellen die Zeitangabe verschieden lautet, lassen Absalon zweimal 1162 und 1164 zu dem gleichen Zweck in die Versammlung der Rügianer gehen.

bereits von den Einwohnern verlassen und ließ eine Besatzung dort zurück. Er selbst mit der Flotte ging dann weiter in der Peene stromaufwärts, Heinrich entgegen. Nachdem eine Brücke passirt und um der Flotte den Durchgang zu öffnen, abgebrochen war*), traf in der Nähe des Klosters Stolp, welches von Ratibor, dem Vorgänger und Oheim der jetzt regierenden Pommernfürsten, vor etwa vierzehn Jahren gegründet war, der König von Dänemark mit seinem Verbündeten zusammen. Da die Pommern noch immer jedem entscheidenden Zusammentreffen auswichen und auch zum Frieden noch keine Anstalten machten, so ward der Beschluß gefaßt, die Fackel des Kriegs und der Verwüstung auch auf das rechte Ufer der Peene, in das Herz von Pommern zu tragen. Die Dänen bildeten, nachdem sie noch etwas weiter stromaufwärts gegangen und ein Scharmützel mit den am Ufer lauernden Wenden bestanden hatten, mit ihrer Flotte eine Schiffbrücke, über welche das ganze Heer Heinrichs auf das rechte Peene-Ufer hinüberging. Diese Maßregel wirkte: Bogiszlaw und Kasimar wandten sich mit einem Friedensgesuch zunächst an den König von Dänemark, um ihn wo möglich zu einem Separatfrieden zu bewegen. Der Versuch scheiterte: Waldemar setzte seinen Verbündeten von dem Antrage in Kenntniß und bestand darauf, daß derselbe in den Frieden mit eingeschlossen würde. In Heinrichs Interesse ward von den Alliirten sodann vor Allem die Auslieferung, dann die Austreibung des Obotriten-Fürsten Pribiszlaw gefordert**); da indeß die Pommern diese Zumuthung mit ehrenwerther Festigkeit zurückwiesen, kam endlich der Friede auf nachfolgende Bedingungen zu Stande. Die Pommern verpflichteten sich, dem Pribiszlaw keine Unterstützung zum Kriege mehr angedeihen zu lassen; dagegen sollte ihm der friedliche Aufenthalt bei ihnen gestattet sein. Dem Herzog von Sachsen ward der ungestörte Besitz seiner Meklenburgischen Vesten verbürgt. Die Fürsten von Pommern erhielten die ihnen abgenommenen Städte zurück, mit Ausnahme von Wolgast. Die letztere Stadt, wohl mit Inbegriff ihrer nächsten Umgebungen, erhielt eine dreifach getheilte Herrschaft. Ein Theil ward dem Rügenschen Fürsten Tetzlaw gegeben, ein zweiter Priszlaw, dem Schwager König Waldemars und Bruder der Obotritenfürsten Pribiszlaw und Wartiszlaw ***), ein dritter endlich dem Kasimar, dem Einen

---

*) Die Knytlinga-Saga nennt sie Dunzarbru.
**) Diesen Umstand berichtet Kanzow, Pomerania, Ausg. v. Kosegarten I. p. 155, und er hat große innere Wahrscheinlichkeit.
***) Er war ungleich seinen beiden Brüdern schon lange Christ und lebte am Hofe König Waldemars, in dessen Begleitung er schon den Feldzug von 1160 gegen Vater und Brüder mitmachte.

der beiden Pommernfürsten *). Am liebsten hätte Waldemar Wolgast ganz für sich genommen und für Dänemark durch eine stehende Dänische Besatzung gesichert; allein als er seinen Heerführern diese Proposition machte, fand es sich, daß außer Absalon Niemand geneigt war, den gefährlichen Posten in Feindesland zu übernehmen, und Absalon war im eigenen Lande am wenigsten zu entbehren. So kam es zu der obigen Stipulation. Schließlich ward den Wolgastern die Verpflichtung erneut, keine Piraten aus der Peene auslaufen zu lassen. Mit dieser Friedensbedingung ging es wie früher mit ähnlichen: sie ward eine Zeitlang gehalten, dann gerieth sie in Vergessenheit und Alles war wieder beim Alten.

Das Resultat des mit so großen Zurüstungen unternommenen Coalitions-Feldzuges von 1164 war also ein unverhältnißmäßig geringfügiges. Die Schuld daran trug neben der Schwierigkeit, den Pommern einen vernichtenden Hauptschlag beizubringen, ohne Zweifel die gegenseitige Eifersucht der beiden verbündeten Mächte. Herzog Heinrich und König Waldemar gönnten Einer dem Andern keinen irgendwie erheblichen Machtzuwachs, und Jeder hoffte, daß ihm bei günstiger Gelegenheit das ganze Wendenland zufallen solle. Zu diesem Zweck scheinen namentlich von Seiten Heinrichs bei dem Zusammentreffen mit der Dänisch-Rügen'schen Flotte die alten Verbindungen mit den Rügianern wieder angeknüpft worden zu sein. Natürlich geschah dies damals im Geheimen, um dem Verbündeten keinen Anstoß zu geben. Daß es aber geschehen ist, können wir aus den folgenden Ereignissen schließen, indem wir im nächsten Jahr die Rügianer wieder im Kriege mit den Dänen finden, und zwar war dabei, wie uns ausdrücklich berichtet wird, das Vertrauen auf Sächsische Unterstützung maßgebend gewesen.

Als die erste Frucht des geheimen Einverständnisses zwischen Sachsen und Rügianern haben wir es wahrscheinlich anzusehen, daß die Rügen'sche Besatzung, welche das Interesse des Dänenkönigs vertreten sollte, Wolgast

---

*) So berichtet Saxo; nach der Knytlinga-Saga, die zudem die falsche Notiz hat, daß Kasimar des Dänischen Königs Lehnsmann geworden, hätte derselbe zwei Theile von Wolgast, die Rügianer einen Theil erhalten. Nach Kantzow a. a. O. ward bestimmt, daß Wolgast dem König, dem Herzog und den Fürsten von Pommern zugleich gehören solle; die beiden Ersteren hätten ihren Antheil mit Rügianern besetzt. — Die letztere Version hat eine große innere Wahrscheinlichkeit; doch steht im Allgemeinen die Glaubwürdigkeit Saxo's als des gleichzeitigen Schriftstellers höher; auch wäre nicht gut einzusehen, wie er zu der Erwähnung Prizlaws kommen sollte, wenn dessen Betheiligung nicht Statt gefunden. Vielleicht ist die Differenz so zu vereinigen, daß der Herzog von Sachsen den Prizlaw zum Verwalter seines Antheils, wie Waldemar den Fürsten von Rügen für den seinigen ernannt hatte.

räumte. Es geschah unter dem Vorwande, daß sie verhungern müßten, weil die Wolgaster ihnen alles zum Lebensunterhalt Dienliche fortgestohlen und geraubt hätten. Es kann dies kaum mehr als ein Vorwand gewesen sein, denn die Rügianer waren nicht die Leute, sich von den Wolgastern so schamlos bestehlen und das Brod vor dem Munde wegnehmen zu lassen. Auch hätten sie ja von dem nahen Rügen in jedem Augenblick frische Zufuhr erhalten können. Die Rügianer wollten eben Wolgast räumen; das war die Sache.

Als nun im Laufe des Winters die Lossagung Rügens von der Dänischen Herrschaft im Vertrauen auf Sächsische Hülfe erfolgt war, wie es scheint, praktisch erläutert durch erneute Ueberfälle an den Dänischen Küsten, säumte auch König Waldemar nicht mit dem Angriff, um wo möglich die Rügianer zu bezwingen, ehe die erwartete Hülfe eintraf.

Im Frühjahr 1165 ging also abermals eine Flotte unter den Befehlen des Königs und seines geistlichen Groß-Admirals nach Rügen unter Segel. Zuerst galt es der Arkon'schen Provinz, d. h. der Halbinsel Wittow. Die Dänen landeten Walung gegenüber auf der Südspitze der Halbinsel bei der heutigen Wittower Fähre, rückten dann von dort hinauf nach Wiek und weiter nach einem Marktplatz, dessen Name uns nicht erhalten ist, der aber wahrscheinlich an der Stelle des heutigen Altenkirchen zu suchen ist. Alle Ortschaften, durch die man kam, wurden geplündert und niedergebrannt; die Einwohner waren mit dem Werthvollsten ihrer Habe hinter den Wällen von Arkona in Sicherheit. Nachdem das Landungscorps mit seiner Beute wieder an Bord war, lief die Flotte südwärts hinunter, an Hiddensee hinab, und legte sich auf der geschützten Rhede von Borhöwd (portus Por) vor Anker. Um die Aufmerksamkeit und die Streitkräfte der Rügianer durch Ueberfälle an den verschiedensten Punkten der Küste zu theilen, beschloß der König ein Manoeuvre, welches trotz der mangelhaften Ausführung einen sehr glücklichen Erfolg hatte. Während er selbst mit dem Gros der Flotte auf dem Ankerplatz bei Borhöwd liegen blieb, und dadurch die Rügianer nöthigte auf der Westseite der Insel ihre Vorkehrungen zu treffen, ließ er Absalon bei einbrechender Dunkelheit mit einer aus den Contingenten der Dänischen Inselbewohner bestehenden Flottenabtheilung südwärts durch den Gellen nach dem Zudar aufbrechen, einer gerade im Süden von Rügen vorspringenden kleinen Halbinsel, zwischen welche und das Festland sich tief einspringende flache Meereseinschnitte, sogenannte Wedden hineinerstrecken. Hier begann noch in der Nacht das Verheerungswerk, welches, da die Wenden hier an keinen Ueberfall gedacht zu haben scheinen, eine Menge Eigenthum vernichtete oder als Beute in die Hände der Dänen brachte. Kaum hatten die Einwohner

Zeit zu flüchten. Alsdann befahl Absalon, nachdem er den Zubar und die angrenzende Gegend ausgeplündert und mit Feuer und Schwert verwüstet hatte, beutebeladen den Rückzug. Alsbald fingen die Rügianer, die sich von ihrem ersten Schrecken erholt hatten, in Masse nachzudrängen an, um den Dänen wo möglich die Beute wieder abzujagen. Absalon bewerkstelligte seinen Rückzug durch die Webben, mit der Absicht, die Rügianer nachzulocken, und sie dann schließlich anzugreifen. Aber die Verfolgenden merkten die List und folgten nur über die erste Webbe, dann machten sie, zu schwach, etwas Ernstliches gegen die Dänen zu unternehmen, Halt. Ein paar Dänische Marodeurs, die sich beim Plündern verspätet hatten, wurden von Wendischen Reitern hart bedrängt. Absalon, dies gewahrend, sandte den Seinigen gleichfalls Reiter zu Hülfe. Von beiden Seiten wuchs die Zahl, bis endlich das ganze Seeländische Aufgebot gegen die Rügianer Kehrt machte. Nun ergriffen die Letztern die Flucht. Die Dänen verfolgten nur eine kurze Strecke, da die Webbe der Verfolgung bald Einhalt that. Dies Scharmützel, welches nach Saxo's immer noch zu Gunsten der Dänen gehaltenem Berichte den Rügianern mehr Pferde als Menschen kostete, ist in der Knytlinga-Saga bereits wieder zu einer großen Schlacht angeschwollen, bei der nicht weniger als 1100 Wenden fallen! Auf Dänischer Seite figurirt wieder der Eine stereotype Gefallene. Ein paar Dänische Reiter, welche eine zu Boot flüchtende Partie Rügianer allzu hitzig verfolgten, hatten schon vorher in den Wellen ihren Tod gefunden. Als Absalon so ohne nennenswerthen Verlust seine Schiffe erreicht hatte, kam auch der König mit der Hauptabtheilung angesegelt. Er hätte schon viel eher kommen sollen, um die Operationen seiner Avantgarde zu unterstützen; aber Wächter und König hatten naiver Weise die Zeit verschlafen, und so war die Abfahrt von Vorhöwd erst geraume Zeit später als beabsichtigt war, erfolgt. Als der König seine Mannschaft landen wollte, erklärte Absalon ihm, daß hier Alles bereits gethan und nichts mehr zu holen sei. Waldemar machte gute Miene zum bösen Spiel, und becomplimentirte seinen Feldherrn wegen seines Erfolgs. Aber seine Mannschaft, aus Jüten bestehend, murrte, daß sie leer ausgegangen und die Inselbewohner Alles erhalten hätten. Doch ward ihr Gelegenheit gegeben, wenigstens Einiges nachzuholen. Nachdem man sich hier wieder eingeschifft, landete man auf dem Dänholm, und plünderte von hier aus die nahe Pommersche Küste. Bei dieser Gelegenheit ward ein — wir wissen nicht, welchem Gott geweihter -- Opferhain bei Bukow *) den Flammen übergeben. Schließlich nachdem man noch an andern Punkten der

---

*) Boeku in der Saga.

Rügen'schen Küste gelandet, und sie mit Plünderung und Verwüstung heimgesucht hatte, kehrte man für diesmal nach Hause zurück.

Die Rügianer hatten über sich ergehen lassen, was sie zu hindern zu schwach waren, aber sie hatten nicht um Frieden gebeten. Ihre Piraten werden, nach dem Abzug der Feinde, an den Dänischen Küsten ihre Revanche genommen haben für die Verheerung der eigenen Heimath. So blieb, um zum Frieden mit dem gefährlichen Seeräubervolk zu gelangen, den Dänen nichts übrig als ein abermaliger Feldzug.

Er ward noch im Spätsommer des nämlichen Jahres (1165) unternommen, zur Erntezeit. Indem man die auf dem Felde befindliche Ernte raubte oder zerstörte, hoffte man die Inselbewohner endlich mürbe zu machen. Der erste Schlag fiel wieder auf die Halbinsel Wittow, welche dem Dänischen Angriff zunächst exponirt war. Als das Plünderungs- und Verwüstungswerk an den Höfen, Dörfern und Feldern vollbracht war, rückte König Waldemar vor die Veste Arkona, wohin sich wie gewöhnlich die Bewohner Wittows geflüchtet hatten. Er versuchte die Besatzung durch verstellten Rückzug aufs freie Feld nachzulocken, um dann plötzlich Kehrt machend, sie zu vernichten; aber die Wenden, in solchen Kriegslisten auch gewiegt, ließen sich nicht verlocken. Sie folgten nur eine kurze Strecke, und als die Dänen dann wieder vorgingen, wichen sie vollends durch das einzige Thor hinter den schützenden Wall zurück. Nun spielten dort einige jener kleinen Kriegsscenen, welche an ähnliche Vorgänge bei den Belagerungen von Troja und Jerusalem erinnern. Dänische Ritter zeigten ihren Muth, indem sie herausfordernd gegen den Wall ansprengten. Der Erste, ein Seeländischer Ritter Nicolaus, hatte das Glück durch einen Speerwurf Einen von der Thorbesatzung niederzustrecken; dann, das Pferd rasch herumwerfend, gelangte er unter einem Hagel von Geschossen unversehrt wieder zurück. Nicht so glücklich erging es seinen Nachfolgern. Der Ritter Thorbern, einer von den Tapfersten Seelands, und Buris, ein Dänischer Prinz von Geblüt, erhielten so kräftige und gut gezielte Steinwürfe an den Kopf, daß sie schwere Verletzungen davon trugen. Der Letztere wäre gar besinnungslos den Feinden in die Hände gefallen, wenn die Seinigen ihm nicht zu Hülfe geeilt wären. Als nun König Waldemar die Besatzung von Arkona nicht geneigt fand, sich mit ihm in offener Feldschlacht zu messen, und er seinerseits auf eine regelrechte Belagerung nicht vorbereitet war, zog er wieder ab.

Die Dänische Flotte richtete nun ihren Lauf nach Jasmund*), dessen

---

*) Die beiden alten Haupt-Ausgaben des Saxo, die erste (Pariser) und die Stephanische haben hier verschiedene Lesarten; jene (der neuerdings die von Müller und

Boden die ungebetenen Gäste damals wie es scheint zum ersten Mal betraten. Das waldige, von Höhen und Schluchten durchschnittene Terrain mag sie bis dahin abgeschreckt haben. Nun kam aber auch an seine Bewohner die Reihe. Der streitbare Bischof, stets voran beim Angriff und stets hinten beim Rückzug, war es auch hier, der das aus den kühnsten Wagehälsen der jüngeren Mannschaft gewählte Expeditionscorps commandirte. Anfangs ließ er seine Leute in geschlossener Colonne vorrücken; aber als sich nirgends ein Feind zeigte, gab er der Mannschaft die Erlaubniß sich zu zerstreuen, um in den verschiedenen Ortschaften das Plünderungs- und Zerstörungswerk zu beginnen. Diesen Augenblick hatten die Wenden, in ihre Burgwälle concentrirt, aber durch ihre Spione von allen Bewegungen des Feindes unterrichtet, nur abgewartet. An einer Stelle, wo theils Sumpf, theils waldige Schluchten das Fortkommen schwierig machten, umringten sie mit Uebermacht eine Abtheilung Seeländer. Als Absalon die unwillkommene Botschaft erhielt, hatte er nur einen kleinen Trupp bei sich; indeß besann er sich keinen Augenblick, der gefährdeten Abtheilung zu Hülfe zu eilen. Auf dem Marsch sammelten sich noch einige der zum Plündern zerstreuten Reiter um sein Feldzeichen, und so rückte er muthig gegen die Wenden an. Diese, gleichzeitig nun auch auf der andern Seite von den eingeschlossenen Dänen angegriffen, suchten alsbald ihr Heil in schleuniger Flucht. Bei diesem Scharmützel war es, wo Dalemar *), ein Wendischer Edler, seinen Tod fand. Vielleicht war er der uns von Saxo nicht genannte Wende, der auf der Flucht über ein Moor in den sumpfigen Boden versank; ein Dänischer Ritter, wahrscheinlich von leichterem Gewicht, schämte sich der Heldenthat nicht, dem wehrlosen Feind den Kopf abzuschlagen. — Nachdem nun die Wenden wieder in ihre Burgwälle zurückgetrieben waren, ward das Plünderungswerk in Ruhe von den Dänen fortgesetzt, und über die ganze östliche Küste von Rügen bis hinab zum Görenschen Höwd **) auf der Halbinsel Mönchgut ausgedehnt. Die Flammen der angezündeten Wohnungen leuchteten überall den Schritten der Dänischen Schaaren.

Die Rügianer waren endlich gebrochen. Seit dem Frühjahr war fast der ganze Umkreis ihrer Küsten auf die schonungsloseste Weise vom Feinde verwüstet, und die Sächsische Hülfe, auf die sie gehofft hatten, ließ

Belschow folgt) liest Asmoda, diese Jasmonda; — wahrscheinlich lautete der ursprüngliche Wendische Name Jasmond, nicht Jasmund. — Das Asund der Knytlinga-Saga Cap. 121 ist aller Wahrscheinlichkeit nach nichts Anderes, als der nach der Weise der Saga corrumpirte Name Jasmund oder Jasmond.

*) Der Name wird uns nur von der Knytlinga-Saga genannt.
**) Gorum promontorium bei Saxo I. p. 804.

noch immer nichts von sich sehen. Was blieb ihnen übrig, als dem Dänischen Sieger die längst erwarteten Friedensanerbietungen zu machen? Sie mußten außer der erlittenen Plünderung auch noch die Kriegskosten bezahlen und durch die Stellung von vier Geißeln ihr Wohlverhalten verbürgen. Der Friede ward beim Dänholm (Insel Strela) geschlossen, wohin die Dänische Flotte von Mönchgut gesegelt war. Dann verließ sie, mit Beute beladen, die Rügen'schen Gewässer.

Der Friede zwischen Dänemark und Rügen dauerte drei, oder genauer drittehalb Jahre, vom Herbst 1165 bis zum Frühjahr 1168. Dagegen wurde das benachbarte Vorpommern bereits im folgenden Frühjahr (1166) von einem Kriegszuge der Dänen unter dem Oberbefehl Absalons und der Prinzen Christoph und Magnus heimgesucht*). Man landete auf der Greifswalder Oe, und der Zug ging dann auf Tribsees. Eine so furchtbare Verwüstung ward angerichtet, daß noch Jahrzehnte später, als Saxo seine Geschichte schrieb, die Spuren derselben in diesen Gegenden nicht verwischt waren. Auf dem Rückzuge ereilte die Dänen schweres Ungemach. Es war noch früh im Jahr, in der Fastenzeit. Eine grimmige Kälte trat ein, von der Menschen und Pferde schwer zu leiden hatten. Als man endlich die Küste und die Flotte wieder erreicht hatte, war kaum Jemand in der ganzen Armee, der noch den gesunden Gebrauch beider Hände hatte. Für die Pferde wurden Gruben gegraben, um sie darin gegen Frost und Schnee zu schützen. Noch eine Zeitlang mußte die Flotte auf günstigen Wind warten, und war schließlich froh, die heimische Küste wieder zu erreichen.

Zu Anfang Sommers setzte sich unter dem Oberbefehl des Königs Waldemar bereits eine neue Expedition gegen die Pommerschen Küsten in Bewegung. Aber schon im Gesicht derselben erhielt er die Kunde von einem durch den Prinzen Buris im Verein mit den Norwegern beabsichtigten Aufstand im eigenen Lande. Er hielt die Kunde geheim, verheerte noch in aller Eile die Gegend nordwestlich von Wolgast, damals Wostroszna oder Ostrozna**), das heutige Wusterhusen, und kehrte dann schleunig nach Dänemark zurück.

Den officiellen Vorwand zu den letzten Angriffen gegen die Pommern mußte das Verhalten der Wolgaster hergeben. Waldemar rückte ihnen vor, daß sie durch ihre Diebereien die Rügianer vertrieben und die Peene-Mündung nicht, wie es 1164 stipulirt war, für die auslaufenden Piraten gesperrt gehalten hatten. Der geheime Beweggrund war wohl ein anderer.

---

*) Jener ein natürlicher Sohn Waldemars, dieser ein Sohn Erichs Lamm.
**) Saxo p. 807 schreibt Oströzno.

Die Pommernfürsten, in der richtigen Erkenntniß, daß sie zu schwach seien, ihre Unabhängigkeit gegenüber den beiden mächtigen Beherrschern von Dänemark und Sachsen-Baiern zu behaupten, hatten sich vor Kurzem der Oberhoheit Herzog Heinrichs unterworfen. Diese Machterweiterung seines gefürchteten Rivalen konnte Waldemar nur mit scheelem Auge ansehen, und er ergriff mit Freuden jede Gelegenheit, seine Macht den Pommern fühlbar zu machen. Aber eben dies Sachverhältniß bestimmte nun auch den Herzog, sich seiner Schutzbefohlenen energisch anzunehmen. Auf einer Zusammenkunft beim Fluß Krempe im westlichen Holstein, wohin er den König eingeladen hatte, beschwerte er sich bitter über das Verfahren Waldemars gegen seine Untergebenen, die Pommern. Hätten sie sich gegen den König etwas zu Schulden kommen lassen, so hätte dieser erst bei ihm, als ihrem Oberherrn, Klage führen müssen, statt sofort zu eigenmächtiger Selbsthülfe zu schreiten. Waldemar lehnte diese Zumuthung auf ziemlich schroffe Weise ab: kein Oberhoheitsrecht der Welt solle ihn hindern, für angethane Beleidigungen und Beschädigungen sich selbst Genugthuung und Ersatz zu verschaffen. Man trennte sich in gegenseitiger Erbitterung: wieder einmal schien das Bündniß zu Ende und der Krieg vor der Thür.

Aber gerade in diesem Augenblick wäre für Dänemark ein Krieg mit dem mächtigen Herzog höchst ungelegen gekommen. Zu inneren Schwierigkeiten, welche jeden Augenblick zu offenen Aufständen zu führen drohten, gesellten sich äußere Verwicklungen: während die Sachsen allein schon höchst gefährliche Gegner waren, standen auch Norweger und Wenden auf dem Sprung, über Dänemark herzufallen. In dieser Verlegenheit war es eine diplomatische Intrigue Absalons, welche den Dänen Luft machte. In der Voraussetzung, das beste Mittel, den Sachsenherzog vom Kriege gegen Dänemark abzuhalten, werde sein, ihm im eigenen Lande zu thun zu geben, beschloß er die stets leicht erregbaren Wenden zum Angriff auf die Sachsen anzureizen. Ein geheimer Agent, der Wendischen Sprache kundig und durch alte Familien-Verbindungen mit den Wendischen Verhältnissen vertraut, ging wie in eigenen Angelegenheiten hinüber nach Pommern. Das Spiel, durch geheime Agenten ohne officielle Mission, die man später nach Bedürfniß desavouiren kann, fremde Völker gegen ihren Beherrscher aufzustacheln, um sie später, wenn sie die gewünschte Diversion bewirkt haben, im Stich zu lassen, ein Spiel, welches die moderne Staatskunst bis zum höchsten Grad der Vollendung ausgebildet hat, glückte dem schlauen Dänischen Staatsmann über alle Erwartung gut. Die Wenden, die stetig vorschreitende Germanisirung ihrer Länder vor Augen, waren leichtsinnig genug, auf den hingeworfenen Köder anzubeißen, und erhoben sich in der Hoffnung auf Dänischen Beistand gegen die Sachsen in Mecklenburg. An ihre Spitze stellte sich abermals ihr angestammter Fürst Pribiszlaw, der von Demmin aus, wo er als Vertriebener das Pommersche Gastrecht genossen hatte, mit Meklenburgern und Pommern in die Besitzungen Heinrichs einfiel. Auf seinen bis in das Schwerin'sche und Ratzeburgische ausgedehnten Streifereien führte er Menschen und Vieh fort und hielt Gunzelin und Bernhard, die Statthalter des Herzogs, beständig in Athem. Wie es scheint waren die Pommern-Herzoge nicht officiell bei diesen Einfällen betheiligt, sahen aber eine Zeitlang der Betheiligung ihrer an der Grenze wohnenden Gastfreunde durch die Finger.

Es kam wie Absalon es berechnet hatte. Der Herzog von Sachsen, der es auch verstand, seine Politik den Umständen anzupassen, ließ vor der Hand alle Angriffsgedanken gegen Dänemark fallen, und bemühte sich um ein Bündniß mit König Waldemar. Es kam, da auch dieser sich bereitwillig zeigte, auf ein paar Zusammenkünften beider Fürsten an der Eider und in Lübeck auf folgenden Grundlagen zu Stande. Beide sichern sich gegenseitig ihren Beistand gegen die Wenden zu. Beute und Tribut aus den zu erobernden Ländern werden zwischen Beiden gleichmäßig getheilt. Zudem erhält Herzog Heinrich von König Waldemar eine Summe Geldes für die von ihm übernommene Verpflichtung, die seiner Oberhoheit unterworfenen Wenden von Plünderungen der Dänischen Küsten abzuhalten.

Die Wenden waren also, wie vorauszusehen war, das Opfer, über welches sich beide Rivalen die Hände reichten. Noch im Spätsommer oder Herbst 1166 fand eine gemeinsame Action Statt, indem Heinrich gegen Demmin, den seit 1164 aufs Neue befestigten Sitz Pribiszlaws, Waldemar gegen Wolgast zog. Ohne sich mit der Belagerung der Stadt aufzuhalten, verwüsteten die Dänen die umliegende Gegend, und auch Usedom, kaum aus der Asche wieder erstanden, ward aufs Neue den Flammen zum Raub. Die Pommern-Herzoge, zu spät ihre stillschweigende Connivenz gegen des Gastfreundes Friedensbruch bereuend, mußten mit schwerem Geld und Geißeln den Frieden erkaufen. Fortan verpflichteten sie unter kategorischer Androhung der Landesverweisung den Pribiszlaw zur Ruhe.

Bald sollten sie freilich der gefährlichen Gastfreundschaft ganz überhoben sein. Die Macht und die Uebergriffe Heinrichs des Löwen hatten bei seinen schwächeren Nachbarn schon lange Besorgniß, Eifersucht und Haß erzeugt. Ein großer Bund ward gegen ihn geschlossen, an dem sich fast alle kleineren weltlichen Sächsischen Fürsten und Edle, außerdem der Erzbischof von Magdeburg, der Bischof von Hildesheim und andere geistliche Prälaten, der Markgraf von Brandenburg nebst Söhnen und Brüdern betheiligten. Als der dem Herzog immer noch befreundete Kaiser auf einem Zuge nach Italien das Deutsche Reich abermals sich selber überlassen hatte, schlug man (zu Ende des Jahres 1166) von allen Seiten gegen Heinrich los, in der Hoffnung, daß seine Niederlage bei der Rückkehr des Kaisers ein fait accompli sein werde.

Die Gefahr dieser Situation war es, die den Herzog zu einem Schritt bestimmte, den er sonst wahrscheinlich nicht gethan haben würde. Um seinen Rücken gegen die Wenden zu decken, beschloß er die Restitution Pribiszlaws; denn so lange derselbe heimathlos in der Fremde weilte, war auf Ruhe doch nicht zu rechnen. So erhielt denn der Sprößling der alten Obotritenfürsten (zu Anfang des Jahres 1167) sein väterliches Erbe zurück, mit Ausnahme der Burg Schwerin und ihrer Umgebung, wo Gunzelin Statthalter blieb. Pribiszlaw schwor als Lehnsmann dem Herzog die Treue und hielt sie fortan bis an seinen Tod. Die Taufe hatte er bereits drei Jahre früher erhalten, und in Gemeinschaft mit dem rastlosen Bischof Berno von Schwerin bethätigte er einen aufrichtigen Eifer für die Ausbreitung und Sicherung des Christenthums in seinem Lande.

Damit war denn das jahrhundertlange Ringen im Lande der Obotriten zu Ende. Das Heidenthum war durch das Christenthum, Wendischer Unabhängigkeitstrotz und Wendische Uncultur durch Deutsche Macht und Gesittung dauernd besiegt. Zwar wenn auch das eingeborene Fürstengeschlecht zu Anfang noch dem Wendenthum mit Vorliebe seine Sympathien zuwenden mochte: bald ward es dahin geführt, im eigenen Interesse Germanischem Fleiß und Germanischer Ausdauer und Bildung im eigenen Lande den Vorrang zuzugestehen.

So war der Zirkel um Rügen geschlossen: von der einen Seite Dänemark, von der andern Meklenburg und Pommern, christianisirt und Deutschem Einfluß unterworfen. Das heidnische und unabhängige Wendenthum hatte seine letzte Zufluchtsstätte noch auf der in den mystischen Schimmer von Glanz und Macht gehüllten Insel im fernen Norden Deutschlands. Bald sollte auch dieser letzte Schimmer verfliegen. Rügen war isolirt. Der Sturz seines Swantewit-Cultus und seiner Unabhängigkeit war nur noch eine Frage der Zeit und Gelegenheit.

Zeit und Gelegenheit fanden sich bald. Zwar das Jahr 1167 verging noch in Ruhe; die beiden mächtigen Gegner der Wenden waren anderweit beschäftigt. Heinrich der Löwe hatte alle Hände voll zu thun mit Bekämpfung des von allen Seiten über ihn herfallenden Fürstenbundes, und wenn es ihm auch gelang, seine Feinde Einen nach dem Andern niederzuwerfen, so hatte er doch keine Zeit für Wendische Excursionen. König Waldemar hatte einen Zug gegen Norwegen unternommen; aber die Unlust seiner Großen und meuterische Stimmung des gemeinen Mannes veranlaßte ihn endlich, nachdem er bereits in den hohen Norden gelangt war, wo die Sonne zur Zeit der Sonnenwende nicht mehr untergeht, wieder umzukehren, ohne nennenswerthen Erfolg und trotz Absalons wohlbegründetem Einspruch.

Die Norwegische Expedition gab die unmittelbare Veranlassung zu Rügens endlichem Fall.

Die lange Abwesenheit des Königs, seines gefürchteten Feldherrn und der streitbarsten Mannschaft des Dänischen Reiches, vielleicht verbunden mit ungünstigen Gerüchten über den Fortgang der Expedition, schienen den Rügianern für eine Revanche an ihren alten Feinden eine zu günstige Gelegenheit zu bieten, um sie nicht zu benutzen. Erneuete Plünderungen an den Dänischen Küsten, von Rügen'schen Piraten verübt, bezeugten ohne Zweifel, daß der Vertrag von Strela für das unbändige Inselvolk bindend zu sein aufgehört habe.

Die Kunde davon traf König Waldemar bei seiner Rückkehr, und zeigte ihm die Nothwendigkeit, mit diesen Gegnern einmal gründlich fertig zu werden. So, während Deutschlands Kaiser, nachdem er ein ganzes Heer in der Italienischen Löwenhöhle *) verloren, ein Flüchtling vor den Dolchen der Lombarden, auf dem Boden des Reiches wieder erschien, rüstete Dänemarks König mit aller Energie jene Expedition aus, deren Erfolg den ersten Grundstein legte zur lang andauernden Dänischen Machtentwicklung an der Deutschen Ostseeküste.

Die Rügianer waren zu jener Zeit trotz aller Niederlagen, die sie bereits erlitten hatten, immer noch eine so gefürchtete Macht, daß man glaubte nicht stark genug sein zu können, um sie zu besiegen. So forderte König Waldemar gemäß dem Allianz-Vertrage von 1166 seinen mächtigen Verbündeten zur Mitwirkung auf. Herzog Heinrich konnte nicht persönlich an dem Zuge Theil nehmen; die Sächsische Fehde, obwohl er der meisten Gegner bereits Herr geworden, ward doch erst vom Kaiser auf den Reichstagen von Bamberg und Würzburg endgültig vermittelt, und selbst dann blieben noch kleinere Feinde, wie der Ritter von Dasenburg, der den kleinen Krieg gegen den Herzog fortsetzte, bis auch er endlich in seiner Veste belagert und gefangen ward. An seiner Stelle entbot nun der Herzog seine großen Slavischen Vasallen dem König von Dänemark zu Hülfe, die Pommern-Herzoge Bogiszlaw und Kasimar und Pribiszlaw, den kürzlich zu Gnaden angenommenen Fürsten von Meklenburg **).

---

*) In welche von jeher von Deutschland viele Spuren hinein, aber wenige heraus führten.

**) Daß die Pommern und Meklenburger auf Heinrichs Geheiß gekommen, sagt

Die Rügianer machten, als sie von den gegen sie gerichteten Rüstungen hörten, einen letzten Versuch, den drohenden Sturm zu beschwören. Um den König von Dänemark, als den zur Zeit gefährlichsten Gegner, zu beschwichtigen, sandten sie im Frühjahr einen ihrer gewandtesten Unterhändler — sein Name wird uns nicht genannt — nach Dänemark hinüber. Aber vergebens bot er alle Künste der Diplomatie und der Schmeichelei auf. Der König war unerbittlich oder stellte doch so harte Bedingungen, daß der Gesandte sie seinen Landsleuten gar nicht zu überbringen wagte, und den Bischof um die Erlaubniß ersuchte, erst im Gefolge der Dänischen Expedition nach Rügen zurückzukehren. Denn eine Rückkehr vorher nütze doch nichts: rathe er den Seinigen zur Unterwerfung, so werde man den Verdacht des Verraths auf ihn werfen; rathe er aber zum Widerstand, so stürze er sein Vaterland ins Verderben. Er wolle es daher vorziehen in der Umgebung des Bischofs zu warten, bis man seinen Rath verlange.

Am ersten Pfingsttage*) (19. Mai) des Jahres 1168 landete König Waldemar mit der Dänischen Armee auf Rügen, und wahrscheinlich trafen die Pommern und Meklenburger ziemlich gleichzeitig dort ein. Die Meklenburger begleitete ihr Bischof Berno, und da bei den Dänen natürlich der Bischof Absalon nicht fehlte, auch noch andere hohe Prälaten, wie der Erzbischof-Primas Eskil von Lund, und Swen, Bischof von Aarhuus an der Expedition Theil nahmen, so war nicht blos für die Besiegung, sondern auch für die Bekehrung der hartnäckigen Heideninsel gesorgt.

Anfangs ward die Insel an verschiedenen Stellen verheert und geplündert. Die Rügianer, in ihre festen Burgwälle geflüchtet, stellten sich gegen die offenkundige Uebermacht nirgends zum Kampf. Sollte der ganze Feldzug also nicht wieder in eine bloße Razzia verlaufen, so mußten die Verbündeten an eine Belagerung der Burgvesten gehen, durch deren Bezwingung allein eine radicale Besiegung der Inselbewohner möglich zu machen war.

Aber gegen welche der verschiedenen Vesten sollte man zuerst den Angriff richten? War es auch einleuchtend, daß die schwächeren von selbst folgen würden, wenn die stärkeren gefallen waren, so konnte es doch wieder zweifelhaft erscheinen, welche der stärkeren zuerst anzugreifen das Zweckmäßigste wäre. Namentlich mußte es sich hier handeln um die Wahl zwischen den beiden Haupt-Vesten der Insel, zwischen Arkona und Karenz;

Helmold ausdrücklich Lib. II. cap. 12. Saxo, der den Dänen gern alles Verdienst allein zukommen lassen möchte, erwähnt die Pommern nur beiläufig und die Meklenburger gar nicht.

*) Diesen Tag der Ankunft Waldemars auf Rügen berichtet nur die Knytlinga-Saga; doch spricht wenigstens Nichts dagegen.

dort pulsirte der religiöse, hier der politische Herzschlag des Landes; dort fand man die weit berühmte Gottheit des Swantewit mit seinem Tempel und mit seinem Hohenpriester, hier den König und die königliche Familie und die vornehmsten Edeln des Landes. Mit richtigem Tact traf Waldemar, ohne Zweifel berathen von seinem geistlichen Minister und Feldherrn Absalon, seine Wahl. Der heidnische Swantewits-Dienst war es, der die Rügianer principiell von allen umwohnenden, nunmehr christlichen Völkerschaften schied; hier war der eigentliche Grund nie auszutilgender Feindseligkeiten und Räubereien. Galten doch dem gläubigen Verehrer des Swantewit an sich schon alle Diener des Christengottes als Feinde, deren Vertilgung oder Beraubung ein Verdienst war. So konnte man erst nachhaltig auf Ruhe und Frieden hoffen, wenn das Heiligthum des Swantewit zerstört, sein Tempel und seine Burg gebrochen, seine Priesterschaft in alle Welt zerstreut war. War mit Arkona das religiöse Centrum von Rügen gefallen, so war die Hauptsache gethan, und man durfte hoffen, mit Karenz, dem politischen Mittelpunkt, leichteres Spiel zu haben.

Diese Erwägungen waren es ohne Zweifel, welche die Verbündeten zunächst zur Belagerung von Arkona bestimmten. Daß dabei auch die Hoffnung auf reiche Beute mitwirkte, kann man sich denken; denn über den Tempelschatz des Swantewit existirten die fabelhaftesten Vorstellungen.

Werfen wir zunächst noch einen kurzen Blick auf die Oertlichkeit, wo die für Rügens Geschicke auf lange hinaus entscheidende Katastrophe vor sich geht.

Die Halbinsel Wittow, die nördlichste der den Hauptkörper von Rügen umgebenden Halbinseln, hängt nur mittelbar, durch die Halbinsel Jasmund, mit dem eigentlichen Gros der Insel zusammen; die lange schmale Landenge der Schabe, welche Wittow mit Jasmund verbindet, setzt sich in Südosten, bei dem Dorfe Drevoltke, an; im Süden zieht sich zwischen Wittow und Rügen im engern Sinne ein schmaler Meeresarm durch, über den durch zwei Fähren, die Wittower und die Camminer, die Communication beider Theile der Insel unterhalten wird. Gegen Nordost bildet die Gestaltung der Ufer Wittows annähernd die Figur eines abgestumpften Kegels; der äußerste östlich gewendete Auslauf dieses Kegels ist das Vorgebirge Arkona. Hat man das Dorf Puttgarten verlassen, so steigt das Terrain, welches sich bis dahin mehr allmälig gehoben hat, in rascher Progression wellenförmig an, so daß die folgenden Terrainwellen immer die früheren überragen; die letzten Terrainwellen bilden dann die höchste Erhebung des Vorgebirges, auf welcher der von Westen kommende Reisende links vor sich den Leuchtthurm und rechts davon die imposante weithin sichtbare Wallruine von Arkona erblickt. Der Wall erstreckt sich in der Durchschnittsrichtung von Norden nach Süden quer über den äußersten Vorsprung des Vorgebirges vom nördlichen zum südlichen Ufer, und schneidet einen Flächenraum von 1300 Quadratruthen oder 187,200 Quadratfuß *) ab, dessen westliche Begrenzung er somit bildet, während nach den anderen Himmelsrichtungen das Ufer in einer Höhe von 130 bis 140 Fuß schroff abstürzt. Die Länge des Walles beträgt 840 Fuß; seine Gestalt ist die eines leicht nach auswärts, d. h. nach Westen, gekrümmten Bogens, dessen am weitesten auspringender Punkt indeß nicht in der Mitte, sondern etwa in der Entfernung eines Drittheils der ganzen Walllänge vom Südende liegt. Die Höhe des Walles bietet eine doppelte Ungleichheit. Einmal ist er an der äußern Seite um ein Bedeutendes höher als an der innern. Es hat darin seinen Grund, daß der Wall mit Benutzung einer natürlichen Ansteigung des Terrains aufgeschüttet ist; das innerhalb der Umwallung liegende Plateau liegt höher, als die außerhalb vor dem Wall liegende Terrainfläche, die durch Abfahren der zum Wallbau verwendeten Erdmasse noch niedriger geworden ist, als sie von Natur war. Dieser Unterschied der äußern und innern Wallhöhe ist am wahrnehmbarsten für das Auge des Beschauers, wenn man das Profil (den Querdurchschnitt) desselben betrachtet **). Ein zweiter Höhenunterschied wird wahrnehmbar, wenn man den Wall en face betrachtet. Da zeigt sich, daß der Wall oben keine gerade Linie bildet, sondern eine Reihe von Einsenkungen und größeren und kleineren kuppelartigen Erhöhungen. Die bedeutendste dieser letzteren findet sich am Nordende des Walles, sie ist indeß zum Theil bereits in das Ufer hinabgestürzt. Daneben folgt dann die tiefste Einsenkung, durch welche man einen Weg geführt hat, den man für den Transport von Vieh und Getreide benutzt, soviel des Letzteren auf dem innerhalb des Walles liegenden Stück angebaut werden kann. Neben dieser für den Weg benutzten Einsenkung hebt sich dann der Wall wieder, doch nicht zu der Höhe der nördlichen Kuppel, und verläuft, in unregelmäßiger Abwechslung von Senkungen und kleinen Kuppeln, allmälig ein wenig an Höhe zunehmend, bis zum südlichen Ende. Der höchste Punkt der äußern Wallhöhe liegt, in senkrechter Höhe gemessen, 42 Fuß über dem Boden. An der Außenseite des Walles, wie an der Innenseite, erkennt man noch in einer auf der ganzen Länge sich hinziehenden Vertiefung ziemlich deutlich die Spur eines Grabens. Durch den inneren Graben führt,

---

*) Nach den Messungen des Herrn Knoche sind es 1301 Quadratruthen oder 7 Magd. Morgen 41 Quadratruthen.

**) Dies kann freilich nur von unten geschehen, indem gerade zur Seite kein Standpunkt ist, da der Wall, der an beiden Enden bis ans Ufer reicht, mit diesem schroff abstürzt.

an der Stelle der tiefsten Einsenkung des Walles, durch welche der Weg führt, ein dammartiger Aufwurf. Auf dem Walle selbst hat man bei Nachgrabungen noch Ueberbleibsel von hölzernem Pfahl- und Plankenwerk gefunden, natürlich in morschem und verwestem Zustande. Auch im Ufer, am Nordende des Walles, liegt noch jetzt ein offenbar von oben herabgestürzter halbverbrannter Pfahl.

Das ist es, was zur Zeit von der einst so berühmten Burgveste noch übrig ist. Hören wir jetzt die Beschreibung Saxo's, der in der Begleitung seines Gönners, des Bischofs Absalon, diesen Feldzug mitmachte. Dies wird von ihm zwar nicht ausdrücklich gesagt, aber die Richtigkeit und Anschaulichkeit seiner Darstellung von der Lage und Beschaffenheit der Festung wie von den Vorgängen bei der Belagerung spricht sehr dafür, daß er als Augenzeuge schrieb.

Die Stadt Arkon*), sagt er, liegt auf dem hohen Scheitel eines Vorgebirges, und wird auf der Ost-, Süd- und Nordseite durch natürliche, nicht von Menschenhand gemachte Befestigungen geschützt, durch mauerähnliche Abstürze, deren Höhe ein Pfeilschuß von unten nicht zu erreichen im Stande ist. Nach eben den drei Himmelsrichtungen wird sie vom Meere umflossen. Gegen Westen aber wird sie durch einen gegen funfzig Ellen hohen Wall abgegrenzt, dessen untere Hälfte von Erde, die obere von Holzwerk mit einer Ausfüllung von Erdschollen aufgeführt ist. An der nördlichen Außenseite des Walles sprudelt ein Quell, wohin ein befestigter Gang führt. Den Zugang zu dieser Quelle hatte einst König Erich (Emun) den Belagerten abgeschnitten, und durch den Wassermangel die Uebergabe der Veste herbeigeführt. — Wahrscheinlich war die Anlage des befestigten Weges erst eine Folge der Erfahrung, welche man bei dieser Gelegenheit gemacht hatte. Nur ein Thor führte durch den Wall in die Veste, und auch dieses hatten die Belagerten unzugänglich gemacht durch einen mächtigen davor aufgeschütteten, mit Rasen belegten Erdhaufen. Ueber dem Wall erhob sich ein gewaltiger Thurm, den die Arkoner seiner

---

*) Saxo nennt Arkona gewohnheitsmäßig eine Stadt (urbs); da er uns indeß auch sagt, daß sie im Frieden unbewohnt gewesen, so paßt unser Begriff einer Stadt nicht. Es war ein befestigter Zufluchtsort für den Krieg. — Der Name Arkona ist viel gedeutet, doch ist es mit solchen Namen-Deutungen, wenn sie nicht ganz klar auf der Hand liegen, immer eine sehr mißliche Sache. Bei Saxo lautet der Name Arkon (auch Arcon, Archon geschrieben), in der Knytlinga-Saga Arkun; die letztere Form kommt wahrscheinlich der Wendischen Aussprache am nächsten, nach der Analogie der Wendischen Ortsnamen Allun, Perun, Dargun, Pentun. — Die Form Arkona (zuerst bei Helmold II. 12. doch mit ch geschrieben) ist nur die latinisirte Form des Wendischen Arkon oder Arkun.

Höhe und Unzugänglichkeit wegen gar nicht besetzt hatten. Auf diesem Thurm war die Stanitza, das heilige Banner des Swantewit und andere Adler und Feldzeichen aufgepflanzt, den Belagerern in unerreichbarer Höhe.

Die Beschreibung Saxo's stimmt sehr gut zu dem, was uns jetzt noch von der alten Veste geblieben ist. Nur hat man sich zu erinnern, daß im Laufe von sieben Jahrhunderten der äußerste Vorsprung des Vorgebirges, den der Wall abschneidet, eine sehr beträchtliche Terrain-Einbuße durch allmäligen Absturz erfahren hat *). Man hat sich somit den Wall nach beiden Seiten um ein nicht ganz unbeträchtliches Stück, vielleicht einige hundert Fuß länger, und den innerhalb des Walles liegenden Raum um einen an seinem jetzigen äußern Rande herumgelegten, einige hundert Fuß breiten Gürtel vergrößert zu denken, wodurch der Flächeninhalt, wie er gegenwärtig ist, mindestens verdoppelt, wahrscheinlich verdreifacht wurde. So gewinnt man denn auch einen hinlänglich großen Platz für das, was man sich als den Inhalt der Tempelveste zu denken hat. In der Mitte des Platzes stand, wie Saxo berichtet, der Tempel des Swantewit, in der Nähe wahrscheinlich die Wohnungen des Hohenpriesters und der Tempeldiener, sowie die Quartiere für die stehende Tempelgarde der Dreihundert. Der übrige Raum, der natürlich möglichst ökonomisch benutzt war, enthielt, wie anzunehmen ist, leicht construirte Obdache für die Flüchtigen von Wittow und ihre Habseligkeiten, welche in Kriegszeiten die Einwohnerschaft der Festung bildeten. Die eigentlich streitbare Besatzung bestand in erster Linie natürlich aus den Dreihundert der Tempelgarde, dann aus der gesammten wehrfähigen Mannschaft von Wittow, vielleicht fünf bis siebenhundert Mann, endlich einem von dem eigentlichen Rügen gesandten Hülfscorps, dessen Stärke sich schwerlich höher als auf fünfhundert Mann belaufen hat, wenn es wahr ist, daß in Karenz später noch 6000 Mann Bewaffnete vorhanden waren. Wir würden also für Arkona eine wehrfähige Besatzung von etwa 1200—1500 Mann erhalten. Diese Stärke genügte auch vollkommen; war doch nur die Wallseite zu besetzen, die drei andern Seiten waren durch das schroffe Ufer hinlänglich geschützt. Und denkt man sich, daß der Wall durch den hölzernen Aufbau noch einmal so hoch war, als er gegenwärtig ist **), daß ein großer und wahrscheinlich andere kleinere Thürme ihn noch stärker machten, so begreift man wohl,

---

*) Vergl. oben p. 11.
**) Man braucht die funfzig Ellen des Saxo nicht einmal ganz genau zu nehmen; Saxo gab eine runde Zahl nach ungefährer Schätzung an; zudem war die alte Elle (cubitus) kleiner als unsere.

daß auch eine so kleine Besatzung sich dort sehr sicher fühlen konnte. Hatte man doch auch die Vorsicht nicht versäumt, das einzige Thor unzugänglich zu machen! Die Stelle desselben setzt man am wahrscheinlichsten in die tiefe Einsenkung des Walles nächst der kuppelförmigen Erhöhung am Nord-Ende, wo noch heute der Weg hindurch führt. Könnte man annehmen, daß der dammartige Aufwurf, welcher an dieser Stelle durch den inneren Wallgraben führt, bereits zur Zeit der alten Wendischen Burg existirt habe, so würde die Wahrscheinlichkeit, daß sich hier das Thor befand, zur Gewißheit werden. Wo die Quelle zu suchen ist, aus der die Besatzung von Arkona ihr Trinkwasser holte, läßt sich auch nur mit annähernder Wahrscheinlichkeit muthmaßen. Eine Quelle, welche jetzt innerhalb des Walles dicht am nördlichen Ende vorhanden ist, kann damals noch nicht existirt haben oder wenigstens noch nicht entdeckt gewesen sein, da man dann nicht nöthig gehabt hätte, das Wasser aus einer Quelle außerhalb des Walles zu holen. Dagegen findet sich noch gegenwärtig eine Quelle dicht am äußern Rande des Walles, gleichfalls nicht weit vom nördlichen Ende und hierher hätten wir uns dann von der nahen Thorstelle aus den befestigten Gang geführt zu denken.

Soll man ein Urtheil fällen über die Stärke von Arkona als Festung, so kann man nur den Maßstab jener Zeit anlegen. Sie hatte keine Vauban'schen Redouten und Montalembert'schen Thürme; aber trotzdem bildete durch die Gunst der natürlichen Lage ihre Eroberung eine ziemlich harte Nuß für die Belagerungskunst des zwölften Jahrhunderts, die das Pulver noch nicht kannte und weder über gezogene noch über ungezogene Kanonen zu disponiren hatte. Die schwache Seite der Befestigungen war ihr hölzernes Material, ihr gefährlichster Feind das Feuer; aber daß es schließlich zur Anwendung kam, war ein Werk des Zufalls, nicht planmäßiger Berechnung der Angreifer *).

Die verbündeten Armeen begannen ihr Werk mit der vollständigen Absperrung und Einschließung der Veste. Ein detachirtes Corps ward an die Wittower Fähre entsandt, um jedes von dem Innern Rügens aus etwa entsandte Entsatzheer am Uebergange zu hindern und zurückzuwerfen **).

---

*) Ein hölzernes Planken- und Palisaden-Werk auf einem Erdwall scheint die national-wendische Befestigungsweise gewesen zu sein. Auch Stettin war so befestigt (Saxo I. p. 866), ferner Nakel und Danzig (Barthold, Gesch. v. Rügen und Pommern, II. p. 497. 544). Bei Danzig glückte es den Belagerern, die Befestigung in Brand zu setzen, bei Stettin und Nakel scheiterte der Versuch.

**) Wie bei der „parvula freti interrivatio, quae vix fluminis magnitudinem aequare videatur", d. i. eine kleine Meeresenge, welche kaum die Größe eines Flusses erreicht, Barthold an den Breeger Bodden und die neuesten Herausgeber Saxo's gar

Vor Arkona selbst wies der kriegskundige Bischof den einzelnen Abtheilungen ihre Aufstellungen in einer weiten Cernirungslinie an, welche sich von der freien See am Nordufer Wittows (bei dem heutigen Puttgarten) bis hinüber zur Tromper-Wiek am südöstlichen Ufer (wohl in der Gegend von Bitte) erstreckte. Der rechte Flügel dieser Stellung war, da man über zahlreiche Streitkräfte zu gebieten hatte, wahrscheinlich bis Drevoltke am Eingang der Schaabe ausgedehnt, um jeden etwa über Jasmund kommenden Entsatzversuch zu verhindern. Saxo sagt dies zwar hier nicht ausdrücklich, allein da es zweiunddreißig Jahre früher bei der Belagerung unter dem König Erich sich bereits als eine sehr nothwendige Maßregel bewährt hatte, so kann man mit Sicherheit annehmen, daß ein so sachkundiger Feldherr wie Absalon, es nicht unterlassen haben wird.

Inzwischen machte man sich auf eine langwierige Belagerung gefaßt. Zwar soll König Waldemar, wie uns Saxo berichtet, ein starkes Vertrauen auf die Hülfe des heiligen Veit geäußert haben, als Strafe für den vermeintlichen Abfall der Rügianer von der einstmaligen Verehrung desselben. Allein, wenn diese Aeußerung auch wirklich gethan und nicht eine aus den nachfolgenden Ereignissen abstrahirte Anekdote sein sollte, so steht es doch fest, daß der König nichts versäumte, sich den Erfolg auch ohne des Heiligen übernatürliche Hülfe durch gewöhnliche menschliche Mittel zu sichern. Er ließ in den damals noch existirenden Waldungen Wittows eine Masse Holz von seinen Kriegern fällen, um daraus durch seine Ingenieure die nöthigen Belagerungswerkzeuge und Maschinen zimmern zu lassen. Wahrscheinlich handelte es sich besonders um jene beweglichen, mehrere Stockwerke hohen Thürme, deren Anwendung wir in den Kreuzzügen und den Italienischen Kriegen Kaiser Friedrichs I. vielfach berichtet finden. Sie überragten an Höhe die feindliche Mauer und wurden auf Rollen oder Rädern in die Nähe der feindlichen Mauer gebracht. Nachdem dann das schwere Wurfgeschütz und die leichteren Geschosse der Speere und Pfeile, welche die Besatzung des Thurms entsandte, die gegenüberliegende Stelle der Mauer von Vertheidigern rein gefegt, ward vom Thurme eine Fallbrücke niedergelassen, auf welcher ein auserlesenes Corps nach den feindlichen Zinnen hinüberstürmte. So einen Thurm hatte im Jahr 1163 Heinrich der Löwe, der in Italien die vorzügliche Wirksamkeit dieser Erfindung kennen gelernt hatte, bereits gegen die Wendische Festung Wurle erbaut, und dadurch die Besatzung zur baldigen Capitulation gezwungen. Die Errichtung ähnlicher Bauwerke ward nun auch gegen die alte Burg des Swantewit vorbereitet; aber sie erforderte Zeit.

---

an die Tromper-Wiek denken können, ist nur bei einer vollständigen Unkunde der Localitäten begreiflich.

Die verbündeten Armeen standen bereits länger als drei Wochen vor Arkona; noch flatterten die Wendischen Banner stolz und trotzig von dem großen Thorthurm in die Lüfte und Nichts deutete an, daß die Belagerung ihr Ziel sobald erreichen werde: da ward eine anscheinend geringfügige und unbedeutende Veranlassung die Ursache einer plötzlichen, ungeahnt raschen Entscheidung.

Der 14. Juni war ein heißer Tag; die Armee war bei den verschiedenen Vorarbeiten für die Belagerung beschäftigt, und König Waldemar hielt im kühlen Schatten seinen Nachmittagsschlaf. Dänische Troßbuben liefen in ihrem Uebermuth bis an den Wall, und versuchten mittelst der Schleuder Steine bis an die Zinnen zu werfen. Die Besatzung amüsirte sich über die harmlosen Anstrengungen, und sah dem Spiel unthätig zu. Bald aber ward der Scherz zum Ernst. Zu den Buben gesellten sich junge Männer, und als sie fortfuhren die Besatzung durch ähnliche Herausforderungen zu reizen, gab diese ihre passive Haltung auf, und begrüßte die Nahenden mit Geschossen. Zu den Angreifern gesellten sich immer mehrere ihrer Genossen, welche ihre Arbeit liegen ließen, um an dem Kampfspiel sich zu betheiligen, und bald engagirte sich ein hitziges Gefecht, welches natürlich von beiden Seiten nur durch Pfeilschuß, Speer- und Steinwurf unterhalten werden konnte. Indem die Angreifer hierbei so nahe wie möglich an den Wall vorgingen, machte Einer derselben — ein Pommer nach alter Pommerscher Ueberlieferung — die Entdeckung, daß zwischen der Erdmasse, die man draußen vor dem Thor aufgeschüttet hatte, und dem großen übergebauten Thorthurm sich ein tiefer Spalt gebildet hatte. Wahrscheinlich war die Erde in Folge der sommerlichen Hitze zusammengetrocknet, und hatte sich soweit gesenkt, daß ein Zwischenraum, in welchen ein Mann hineinkriechen konnte, sich zwischen ihm und dem Thurm gebildet hatte. Da der Letztere übergebaut war, so konnte von oben von Seiten der Besatzung der Spalt nicht wahrgenommen werden. Die erste Aufgabe für unsern Pommer mußte es sein, nach der Spalte hinaufzugelangen. Der vor dem Walle liegende Graben war offenbar, wohl auch in Folge der Sommerhitze, trocken und bot keine Schwierigkeit. Dann begann er den Wall zu erklimmen, indem er die in den Rasen gestoßenen Lanzen seiner Gefährten als Leiter benutzte. Er gelangte glücklich bis an die Spalte, in welcher er dann vor allen feindlichen Anstrengungen sicher war. Sofort faßte er den Plan, hier, unter dem großen Thurm, Feuer anzulegen. Stein und Stahl hatte er bei sich; Brennmaterial ward in aller Eile zur Stelle geschafft. Ein Fouragewagen mit Stroh war gerade im Lager nicht weit vom Kampfplatz angekommen; rasch bildete sich daher eine Kette, und die Strohbündel flogen von Hand zu Hand nach dem Wall, wo der Letzte der Reihe sie auf der Lanzenspitze nach dem Spalt hinaufreichte, und der darin befindliche Kriegsmann sie in Empfang nahm. Daß dies Experiment ungehindert gelingen konnte, wird nur durch eine grobe Fahrlässigkeit der Besatzung erklärlich. Man hatte den Thurm im Vertrauen auf seine Höhe, vielleicht auch auf das schützende Banner des Gottes, unbesetzt gelassen, und die seitwärts auf dem Walle befindlichen Vertheidiger scheinen ihre Aufmerksamkeit so sehr auf das Tiralleur-Engagement mit den feindlichen Schleuderern und Schützen gerichtet zu haben, daß sie die Herbeischaffung der Strohbündel nicht beachteten. Bald war die Spalte vollgestopft, der unternehmende Pommer machte Feuer an und glitt dann am Wall wieder zu den Seinigen hinab.

Als der aufsteigende Rauch der Besatzung endlich verrieth, was geschehen war, herrschte einen Augenblick vollständige Bestürzung. Sollte man den Feind, oder sollte man das Feuer bekämpfen? Bald erkannte man indeß in dem Letzteren den gefährlicheren Feind; man ließ den Kampf ruhen und Alles eilte zum Löschen. Aber es war zu spät; man hätte nur von außen gründlich an den Heerd der Flamme gelangen können, und hier verhinderten die Angreifer jeden Löschungsversuch. Der Kampf erhob sich nun um das Feuer, welches die Einen zu löschen, die Andern zu schüren bemüht waren. Bald begann den Belagerten auch das Wasser zu fehlen, und sie fingen an Milch in die Flammen zu gießen. Aber das Fett derselben gab dem Feuer nur noch mehr Nahrung.

Die Kunde von dem Vorgang verbreitete sich wie ein Lauffeuer durchs Lager, und kam vor den König und seinen Feldherrn. Absalon begab sich alsbald in voller Rüstung an Ort und Stelle, um aus eigener Wahrnehmung über die Bedeutung des Vorgangs ein Urtheil zu gewinnen. Mit dem scharfen Blick, der ihm eignete, erkannte er sofort, daß es sich darum handele, um jeden Preis die Löschung der Flamme zu verhindern und sie durch Hineinwerfen neuer Brennstoffe zu nähren. Dazu feuerte er die anwesende Mannschaft an und der Erfolg krönte ihre Bemühungen. Die Flamme ergriff das Gebälk, die Pfosten und Säulen des Thurms, bald stand das Grundgeschoß in Feuer, dann ergriff die Gluth auch die höheren Etagen bis zu den Zinnen hinauf, und nicht lange dauerte es, da sank das heilige Banner der Stanitza und die andern Feldzeichen der Wenden, die Symbole ihrer Religion und ihrer Freiheit, zugleich mit dem stolzen Thurm in Asche.

Inzwischen hatte Absalon dem König vom Stande der Sache Nachricht gegeben, und auf seinen Befehl erfolgte alsbald ein allgemeines Vorrücken auf der ganzen Einschließungslinie zum Sturm auf den Wall. König Waldemar ließ sich einen Sessel vor das Lager bringen, und war

Augenzeuge des Kampfs. Mit den Dänen wetteiferten hier die Pommern unter dem Befehl ihrer Herzoge Kasimar und Bogiszlaw, an Tapferkeit und tollkühner Todesverachtung, so daß sie die Bewunderung des Dänischen Königs und das anerkennende Lob des Dänischen Geschichtschreibers erwarben. Aber auch die Besatzung der Veste kämpfte weiter mit dem Muth der Verzweiflung. Trotzdem, daß das Feuer allmälig weiter um sich fraß, und von der Thorstelle aus den zunächst liegenden hölzernen Oberbau der Wälle ergriff, trotzdem daß die Massen der Angreifenden den Wall von allen Seiten bestürmten, verloren sie den Muth nicht, und erlag auch mancher den feindlichen Streichen, so gelang es ihnen doch eine Zeitlang alle Angriffe abzuschlagen. Solche Hartnäckigkeit der Vertheidigung, solche rücksichtslose Todesverachtung entfalteten die Belagerten, daß man sie auf den gefährdeten Stellen des Walles aushalten sah, bis die Flammen sie ergriffen und die verbrannten Werke mit ihnen zusammenstürzten. Sie wollten lieber, sagt Saxo, mit ihrer heidnischen Veste untergehen, als ihren Ruin überleben.

Aber alle Tapferkeit der Vertheidiger konnte das Schicksal der alten Wendenburg nicht mehr aufhalten. Unaufhaltsam fraß die Flamme weiter, und bedrohte die Besatzung des Walles mit unabwendbarem Verderben — und wenn nun der Brand der Festungswerke auf dem Wall sich den dahinter liegenden Wohnungen, dem Tempel und den wahrscheinlich auch nur aus Holz construirten, eng gedrängten Zufluchtsstätten der Flüchtlinge mittheilte, dann mußte Alles — an ein Entrinnen war des steilen Ufers wegen nicht zu denken — rettungslos in den Flammen umkommen. Das Einzige was noch retten konnte, war eine schleunige Capitulation, welche die Löschung des Feuers gestattete, und dazu entschloß man sich nun in der Burg, wenngleich mit schwerem Herzen.

Mitten im Getümmel des Kampfs und der Feuersbrunst hörte man laut eine Stimme den Namen des Bischofs Absalon rufen. Derselbe war zur Stelle und beschied den Rufenden an einen entlegneren und ruhigern Theil des Walles. Hier verlangte nun der Wende mit eindringlichen Worten und Geberden eine Einstellung des Angriffs, damit die Besatzung wegen der Uebergabe unterhandeln könne. Der Bischof genehmigte den Antrag auf Einstellung des Kampfs, doch, eine Kriegslist fürchtend, nur unter der Bedingung, daß die Besatzung sich ihrerseits während der Verhandlung jedes Versuchs zum Löschen enthalte. Die Bedingung ward genehmigt, und nun begab sich Absalon zum König, ihm das Capitulations-Begehren der Wenden mitzutheilen. Der König ließ sogleich seine höchsten Officiere zum Kriegsrath zusammenberufen, dem, wie anzunehmen ist, auch die Fürsten von Pommern und Mecklenburg mit ihren obersten An=

führern beiwohnten. Absalon befürwortete den Antrag der Besatzung und hob hervor, daß man bei den Unterhandlungen im Vortheil sei, da die Verwüstung, welche der Brand anrichte, ohne Mühe von Seiten der Belagerer inzwischen immer größer werden müsse.

Nach kurzer Berathung ward dann die Capitulation auf nachfolgende Bedingungen gewährt:

1. Die Bildsäule des Swantewit und der gesammte Tempelschatz wird ausgeliefert; desgleichen werden die gefangenen Christen Alle ohne Lösegeld freigegeben.

2. Das Christenthum wird nach Dänischem Ritus angenommen; die den heidnischen Tempeln gehörigen Aecker und Grundstücke werden zur Dotirung der christlichen Kirchen verwendet.

3. Die Oberhoheit des Königs von Dänemark wird anerkannt und ihm, wenn er es verlangt, unweigerlich Heerfolge bei seinen Kriegs-Expeditionen geleistet. Außerdem erhält er von jedem Joch Ochsen eine jährliche Abgabe von 40 Silberpfennigen*).

4. Als Unterpfand des Vertrags werden von Seiten der Besatzung von Arkona vierzig Geißeln gestellt.

Wenn bei dem Kriegsrathe, in dem diese Bedingungen festgestellt wurden, auch die Vasallen Heinrichs des Löwen, die Fürsten von Meklenburg und Pommern, mitzugezogen sind, so dürfen wir wohl annehmen, daß sie überstimmt sind: so durchaus in Dänischem Interesse sind die Bedingungen gestellt.

Die Besatzung acceptirte Alles sofort — ein Beweis, daß sie weitern Widerstand für unmöglich hielt. Ein Theil der Geißeln wurde, wie es scheint, sofort gestellt; die feierliche Uebergabe der Burg ward auf den andern Tag anberaumt.

Aber nun zeigte es sich, daß man die Capitulation auch noch gegen das erbitterte und beutelustige Heer der Angreifer durchzusetzen hatte. Als sich die Kunde von dem Abschluß der Convention verbreitete, war Enttäuschung und Unwille bei den Belagerern allgemein. Man hatte das Opfer schon in den Fängen zu halten geglaubt, und nun ward es ihnen entrissen; man hatte gehofft, Rache zu nehmen für so lange Unbilden, und nun sollte kein Blut vergossen werden; man hatte sich auf eine reiche

---

*) Der Silberpfennig (denarius) hatte um die Mitte des folgenden Jahrhunderts in Lübeck etwa einen Silberwerth von 9—10 Pfennigen unserer Münze; 40 Denare also etwa gleich einem Thaler — ein sehr hoher Tribut von einem Joch Ochsen oder der Wendischen Hakenhufe, wenn man bedenkt, daß das Geld damals vielleicht den 10fachen Werth hatte.

Beute Rechnung gemacht, und nun sollte denen, welche die Mühe gehabt hatten, nichts als der Ruhm der davon getragenen Hiebe und Wunden bleiben. Es fiel die offene meuterische Aeußerung, daß man den König verlassen werde, wenn er die Veste nicht mit Sturm nehmen ließe und einen glänzenden Sieg lumpigem Gelde zum Opfer bringe. Das „lumpige Geld" war es freilich auch, was den Truppen so am Herzen lag, welche den Sturm begehrten; ging die Burg mit Sturm über, so ward sie auch geplündert, und alle Beute, namentlich auch der wie man wähnte unermeßlich reiche Tempelschatz, fiel in die Hände der Truppen. Die Stimmung schien so bedenklich, daß der König noch einmal seine obersten Heerführer zum Kriegsrath berief, um ihn über die Frage: Annahme der Capitulation oder Sturm, entscheiden zu lassen. Bischof Absalon sprach energisch für die Erstere. Er hob vom militärischen Standpunkt die Schwierigkeit des Sturms hervor, da der Wall selbst immer noch unversehrt sei, wenn auch der hölzerne Oberbau verbrannt wäre, und das Feuer sei den Angreifern eben so hinderlich als den Vertheidigern. Der Bischof übertrieb offenbar, um seinen Zweck zu erreichen, die Widerstandsfähigkeit der Burg. Den Hauptnachdruck legte er auf das politische Motiv: werde Arkona die Unterwerfung auf leidliche Bedingungen gewährt, so sei Hoffnung, daß auch die anderen festen Plätze Rügens von selbst folgten; im anderen Falle aber würden sie es vorziehen, sich bis aufs Aeußerste zu wehren. Jedenfalls aber werde man, wenn man die Capitulation verwerfen wolle, die bereits empfangenen Geißeln zurücksenden müssen, um nicht mit Recht des flagranten Treubruchs bezüchtigt zu werden. Der Erzbischof-Primas, Eskil von Lund, pflichtete seinem Collegen bei, und hob namentlich noch den christlichen Gesichtspunkt hervor, daß es Sünde sei zu morden, wo man durch Vertrag zum Ziel gelangen könne; und wenn man ein fremdes Volk nicht nur tributpflichtig, sondern noch außerdem zu Christen mache — könne man mehr verlangen? — So einflußreichen Stimmen pflichtete der Kriegsrath abermals bei, und König Waldemar trat mit dieser Rückenstärkung den Drohungen der Truppen mit Festigkeit entgegen. Sie ließen es beim Reden bewenden, und als der Befehl erging, sich ins Lager zu verfügen, um abzukochen und sich zur Ruhe zu begeben, leisteten sie Gehorsam.

Sofort nahm Absalon die noch übrigen Geißeln von der Besatzung in Empfang, wie es scheint die Kinder der Angesehensten Wittows; doch gestattete er, daß, wo die Kinder noch nicht zugegen waren, bis zum folgenden Tage die Eltern für sie eintraten. Die Capitulation hatte Gültigkeit natürlich nur für Arkona und das Land Wittow, als den speciell

Arkon'schen District *). Der folgende Tag ward zur förmlichen Uebergabe der Burg anberaumt.

In der Nacht ward der Bischof Absalon noch aus seiner Ruhe gestört. Ein Wende war an die Vorposten gekommen, und hatte ihn zu sprechen verlangt. In sein Zelt geführt, gab er sich dann als ein gewisser Granza aus Karenz zu erkennen, der mit einem Rügen'schen Hülfscorps nach Arkona gekommen war. Er ersuchte den Bischof um die Erlaubniß, nach Karenz zu gehen, dort über das Schicksal Arkona's Bericht zu erstatten, und einer Unterwerfung durch Vertrag — auf die Arkona gewährten Bedingungen — das Wort zu reden. Um dies ins Werk setzen zu können, wünschte er eine dreitägige Waffenruhe. Absalon, nach eingeholter königlicher Genehmigung, gewährte das Gesuch; ob der eine Mann, der noch dazu verwundet war, die Besatzung von Karenz verstärke, mußte als gleichgültig erscheinen; nur die dreitägige Waffenruhe ward auf einen Tag herabgesetzt, damit die von Karenz nicht zur Befestigung ihres Platzes längere Zeit gewännen. Im Laufe des dann folgenden Tages — des 16. — sollte Granza mit den Angesehensten Rügens an dem Karenz zunächst liegenden Ufer sich einstellen; geschehe das nicht, sei das Anrecht auf Vertrag verwirkt. Mit diesem Bescheid ward der Wende entlassen.

Am folgenden Morgen zogen die Sieger in die Burg Swantewits ein. Es war am 15. Juni, am Tage St. Veits — ein Umstand, der den Credit der alten Sage von der einstmaligen Verehrung dieses Heiligen auf Rügen und seiner spätern Vertauschung mit dem Swantewit nicht wenig zu heben geeignet war. Sofort erhielten die Dänischen Obersten Esbern Snare und Suno Ebbason, jener ein Bruder, dieser ein Vetter Absalons, den Befehl, das Götzenbild umzuhauen und aus der Burg zu schaffen. Sie besetzten mit ihrer Mannschaft den Tempel; drumher sah man eine Menge von Wenden stehen in ahnungsvoller Erwartung, ob nicht der Gott den Frevel an seinem Heiligthum rächen werde. Als man die Vorhänge entfernte, die das Allerheiligste umgaben, stand die kolossale Bildsäule mit den vier Häuptern auf dem ungeschlachten Leibe, mit dem Füllhorn in der Hand, und Schwert, Sattel und Zaum daneben, vor Aller Augen ohne Hülle da. Bald dröhnten die Axthiebe gegen die Füße des Götzen, und von seinem Piedestal losgehauen sank er rückwärts gegen die Tempelwand. Vorsichtig, damit Niemand bei der Arbeit Schaden nehme und so den Heiden zu dem Glauben Anlaß gebe, daß der Gott seine Feinde strafe, ward dann die Wand eingeschlagen. Da sank der Koloß krachend zu Boden. Wie uns Saxo berichtet, entfloh der Böse in Gestalt eines

---

*) Provincia Archoneusis bei Saxo.

schwärzlichen Thieres dem Leibe des Götzen *); was es für ein Thier gewesen, sagt er uns nicht; die spätere Sage hat es zu einem Raben gemacht. Vergebens erwarteten die Wendischen Gläubigen ein Wunder: es geschah nicht. Aber als der Befehl erging, sie sollten Hand anlegen, um das Götzenbild aus der Burg zu schaffen, wagte es Niemand von den Eingebornen, dem Befehl nachzukommen, so groß war immer noch die Furcht vor Swantewits Macht. Sklaven und fremde Handelsleute mußten sich vorspannen. So ward unter dem Wehklagen der Einen, unter dem Spott der Andern der gefallene Götze, den Strick um den Hals wie ein Missethäter, hinausgeschleift aus der Burg nach dem christlichen Lager. Nachdem dann die ganze Armee sich satt daran gesehen, traten die Fürsten heran, ihre Schaulust zu befriedigen, und endlich als Alles ihn gesehen hatte, kamen die Köche des Lagers, hieben ihn in Stücke und verbrauchten ihn als Brennholz zum Kochen des Abendessens. Der „Gott der Götter", welcher in der Zeit seines Glanzes reiche Speis- und Trankopfer und kostbare Geschenke aus der Nähe und Ferne erhalten hatte, mußte nun im Verenden noch die prosaische Aufgabe erfüllen, seinen sterblichen Feinden das Essen gar zu kochen! Und wie dem Gott erging es seinem Tempel: er ward durch Feuer vertilgt. Damit war die letzte Hoffnung seiner Gläubigen in Rauch aufgegangen: der Christengott hatte sich als der mächtigere legitimirt.

Und wo war während alledem der Mann mit dem langen Haupthaar, der Hohepriester des Swantewit, der stolze Rival der Könige? — Hatte er, wie sein tapferer christlicher Gegner, das Schwert geführt für seinen Gott, hatte er am Tage zuvor die Seinigen auf dem Walle zum Kampf begeistert, hatte er sich, als er Alles verloren sah, mit dem heiligen Banner in den Flammen begraben? Oder war ihm das Leben theurer gewesen als der alte Glaube, war er es, der die Uebergabe der Burg unterhandelt hatte, schor er nunmehr sein Haupt, wie andere Sterbliche, und beugte in der Taufe sein Knie vor dem Christengott? — Wir wissen es nicht. Wie die Hierarchie aller abgestorbenen Religionsformen, deren Zeit um ist, verschwindet auch das Priesterthum des Swantewit aus der Geschichte, glanzlos und spurlos.

Aber auf den Trümmern des alten Heidenglaubens legten die Sieger sofort die Grundlagen der neuen christlichen Schöpfung. Was irgend geistliche Färbung hatte, die Bischöfe natürlich selbstverständlich, bis hinab

---

*) Daemon in furvi animalis figura penetralibus excedere visus, subito se circumstantium luminibus abstulit. — Saxo p. 838. In Gützkow entwich der Teufel aus einem Götzenbild, welches Bischof Otto, der Pommern-Apostel, umhauen ließ, in Gestalt eines Mückenschwarms, der sich den Christen sehr unangenehm machte.

zu den fürstlichen Schreibern, welche in jener Zeit auch meist Geistliche waren, gingen an die Arbeit, die heidnische Menge zu lehren und zu taufen. Eine Quelle von übrigens zweifelhafter Glaubwürdigkeit *) giebt die Zahl der Getauften dieses Tags auf 1300 an — eine Zahl, die an sich nichts Auffallendes hat, da die Taufe natürlich in Bausch und Bogen an größeren Massen vorgenommen ward. Auch an einem Gotteshause ließ man es nicht fehlen. Für den niedergebrannten Swantewit=Tempel errichtete man aus dem Bauholz, was zur Construction der Belagerungsmaschinen herangeschafft war, in aller Eile eine christliche Kirche; da sie von Holz und in einem Tage erbaut ward, war sie wohl kaum mehr als ein großer Bretterschuppen, innen mit einem Kreuz und einem Altar **). Schließlich brachte Absalon noch das Geschäft mit den Geißeln vollständig in Ordnung, und beraumte den Tag an, an welchem den Dänen der Tempelschatz des Swantewit ausgeliefert werden sollte. Derselbe befand sich nicht auf Arkona, sonst hätten die Sieger ihn sogleich mitgenommen. Er war bei den drohenden Kriegsaussichten von den Rügianern nach einem entlegenen Versteck wahrscheinlich im Innern Rügens gebracht. Aber seine Auslieferung war ein Hauptpunkt des Vertrags.

Damit war bei Arkona die Sache gethan; jetzt kam Karenz an die Reihe. Noch wußte man nicht, was Granza dort ausgerichtet. Am folgenden Tage war der von Absalon anberaumte Termin, und so brach er, um am Morgen am Ufer bei Karenz zu sein, noch in der Nacht vom 15. auf den 16. mit einer Abtheilung von 30 Schiffen auf; der König sollte mit der Hauptmacht bei Tagesanbruch folgen. Absalon fuhr an der Ostküste Rügens um Jasmund und Mönchgut herum, und gelangte am andern Morgen an die bezeichnete Stelle. Saxo nennt uns keinen Ort; wahrscheinlich war es bei dem etwa eine halbe Meile südöstlich von Garz am Strande gelegenen Presete ***); denn daß Absalon den weiten Umweg um den Zudar durch die Puser=Wiek nach Puddemin, etwa eine halbe Meile südlich von Garz, gemacht habe, ist sehr unwahrscheinlich, da er dort auch nicht näher an Karenz war. Als die Dänische Flotte in die Nähe des Ufers kam, waren die Wenden bereits zur Stelle und erwarteten sie:

---

*) Die Knytlinga=Saga, Cap. 122.

**) Man hat diese erste Kirche, welche nach Saxo auf Rügen erbaut ist, hin und wieder nach Altenkirchen versetzt; sehr mit Unrecht, denn der Zusammenhang bei Saxo gestattet kaum an einen andern Ort als Arkona zu denken. Die Altenkircher Kirche gehört allerdings zu den ältesten Rügens und die erste provisorische Holz-Kirche auf Arkona wird wahrscheinlich eingegangen sein, sobald in Altenkirchen das erste steinerne Gotteshaus gebaut ist.

***) Prystzele in dem alten unter dem Namen der Rothschildschen Matrikel bekannten Ortschaftsverzeichniß.

so gewaltig hatte die Kunde vom Fall Arkona's gewirkt. Und doch, welche Ueberwindung mag es den stolzen Fürsten von Rügen gekostet haben, dem Gebot des verhaßten Dänen nachzukommen, ohne Kampf herabzusteigen von dem Standpunkt eines zwar kleinen aber unabhängigen Königs zu der Rolle eines Dänischen Vasallen! Hätte uns ein Rügen'scher Geschichtschreiber jener Zeit die Geschichte des vorangegangenen Tags überliefert, so würde vielleicht das Bild einer leidenschaftlichen Verhandlung vor uns aufgerollt liegen, in der trotziger Freiheitssinn und altüberlieferte Anhänglichkeit an den Glauben der Väter mit der kalten Vernunft um den Sieg rang, welche Widerstand für unmöglich erklärte und sich in das Unvermeidliche zu schicken gebot. Genug, die kalte Vernunft hatte gesiegt. Der König Tetzlaw, sein Bruder Jaromar und die Angesehensten vom Adel Rügens erwarteten am Strande die Befehle des Siegers. Granza sprengte gegen die dem Ufer zunächst liegenden Fahrzeuge vor, und rief sie an, wer diese Schiffsabtheilung befehlige. Als er hörte, daß Absalon es sei, kam die Verhandlung alsbald in Gang, und nachdem ihnen die persönliche Sicherheit verbürgt, begaben sich die Fürsten und ihre Begleitung zum Dänischen Bischof-Admiral an Bord. Hier wurden dann dieselben Bedingungen der Unterwerfung festgestellt, wie zu Arkona, und als König Waldemar später nachkam, von diesem bestätigt *).

Es handelte sich nunmehr darum, einen Hauptpunkt der Bedingungen, den Sturz des Götzendienstes und die Begründung des Christenthums sofort praktisch zu machen. Zu dem Ende mußte man sich nach Karenz selbst begeben, und diese Mission beschloß Absalon wieder in eigener Person zu übernehmen. Da er dem Frieden noch nicht so ganz traute, instruirte er seinen Bruder Esbern, den Rügen'schen König Tetzlaw mit seiner Begleitung unter dem Vorwande eines Festmahls bis zu seiner Zurückkunft an Bord festzuhalten; in Wirklichkeit sollten sie als Unterpfand für die Sicherheit der ans Land Gegangenen dienen. Geleitet vom Prinzen Jaromar machte sich dann Absalon in der Gesellschaft des Bischofs Swen von Aarhuus mit einer Eskorte von nur 30 erprobten Haussoldaten auf den Weg nach Karenz. Auch von den Letzteren ward noch der größere Theil auf die Bitte des Prinzen zurückgelassen, um jeden Schein von Mißtrauen und jeden Anlaß zu Streitigkeiten zu vermeiden.

*) Die bei unsern jüngeren Pommerschen Geschichtschreibern Kantzow, Bal. v. Eickstedt, Micrälius, Schwarz, auch noch v. d. Lancken hinzugefügte Bedingung, daß Tetzlaw, dem die Dänen nicht getraut hätten, die Regierung an seinen Bruder Jaromar abtrete, ruht auf keiner geschichtlichen Grundlage. Nicht nur erwähnt Saxo sie an dieser Stelle nicht, sondern er bezeichnet einige Jahre später (p. 870) den Tetzlaw noch ausdrücklich als Fürsten von Rügen.

Die Burg Karenz, der man sich nunmehr näherte, war der politische Hauptort des Landes, wie Arkona der religiöse. Sie scheint die gewöhnliche Residenz der Könige von Rügen gewesen zu sein. Die Oertlichkeit hat hier im Laufe der Zeiten viel durchgreifendere Veränderungen erfahren als bei Arkona, wo sie sich auf ein einfaches Subtractionsexempel am Terrain reduciren, und es ist daher viel schwieriger, die Beschreibung Saxo's mit den gegenwärtigen Local-Verhältnissen in Einklang zu bringen als bei Arkona*). Ein mächtiger Burgwall im Süden des Städtchens Garz, am Nordende des Garzer Sees gelegen, ist allerdings ein unzweifelhafter Zeuge, daß hier die alte Burg von Karenz lag; im Uebrigen aber hat die Gegend ihren Charakter hier seit dem 12. Jahrhundert durch Entwässerung und Urbarmachung durchgreifend geändert. Die Festigkeit der alten Burg von Karenz bestand nach Saxo's Beschreibung in ihrer Lage zwischen Seen und Sümpfen. Nur ein einziger schmaler Pfad bildete den Zugang; wer zur Rechten oder Linken nur ein Geringes davon abwich, versank rettungslos im Sumpf. War der Wall erreicht, so lief der Steig noch eine Strecke außen zwischen Wall und Sumpf entlang, bis er endlich zum Thor führte. Im Innern befanden sich die drei Tempel des Rugiewit, Porwit und Porenutz; außerdem dicht aneinander gedrängt eine Anzahl Wohnungsräumlichkeiten in drei Stockwerken übereinander. Wenn Saxo bei Karenz bald von einer Stadt, bald von einem Flecken redet, so ist darauf kein Gewicht zu legen, denn er fügt, wie bei Arkona, die Bemerkung hinzu, daß sie in Friedenszeiten leer, in Kriegszeiten dagegen desto voller gewesen sei. Karenz war also, wie Arkona, ein befestigter Zufluchtsort; völlig ohne Bewohner war indeß auch Karenz im Frieden schwerlich. Wie auf Arkona auch im Frieden der Hohepriester mit seinen Untergebenen und der Tempelgarde seinen Wohnsitz hatte, so werden die Könige nebst der fürstlichen Familie und den zur Hofhaltung gehörenden Personen auch im Frieden ihren Aufenthalt in Karenz gehabt haben. Dazu lag neben der durch den Wall befestigten Burg wahrscheinlich, wie so häufig neben den Wendischen Burgen, ein Burgflecken**), dessen Zugang durch die Burg gedeckt ward. Die Bewohner dieses Wendischen Burgfleckens von

---

*) Wer sich über die Localität und die Versuche, sie mit den alten Beschreibungen auszugleichen, näher instruiren will, vergl. Alb. v. Schwarz, Diplomat. Gesch. der Pommersch-Rüg. Städte p. 572 ff., wo man auch ein im Jahr 1725 auf Veranlassung des Pastor Milbahn aufgenommenes Protokoll über die damalige Ortsbeschaffenheit findet. — Ferner vergl. die Stralsunder Zeitschrift Sundine Jahrg. 1842. p. 247, den sehr ins Specielle gehenden Aufsatz „Carenz und Rügenwahl".

**) Auch bei Arkona lag, wenn auch etwas weiter entfernt, ein solcher, das heutige Dorf Puttgarten (Pobgard, d. i. an, unter der Burg).

Karenz wurden dann später, als die Deutsche Stadtgemeinde Garz daneben aufkam*), nach dem nahe gelegenen Wenddorf verpflanzt, welches in seinem Namen das Zeugniß dafür enthält, daß hier Wenden angesiedelt wurden in einer Zeit, als Deutsche Cultur und Sprache bereits die herrschende ward. Durch die Annahme eines Burgfleckens neben der eigentlichen Burg entgeht man auch einer sonst kaum zu lösenden Schwierigkeit. Nach Saxo sollen sich allein 6000 bewaffnete Männer dort befunden haben. Will man diese Zahl auch nur annähernd als richtig gelten lassen, so kommt man mit dem inneren Burgraum jedenfalls zu kurz. Die Burg, oben auf der Wallhöhe nicht mehr als etwa 800 Schritt im Umfange, konnte unmöglich Raum darbieten für drei Tempel und ihre Priesterschaft, für eine fürstliche Residenz, für 6000 Bewaffnete und außerdem wahrscheinlich auch noch eine entsprechende Anzahl flüchtiger Weiber und Kinder, den für die Habseligkeiten derselben in Anspruch zu nehmenden Raum gar nicht einmal in Anschlag gebracht. Nehmen wir dagegen an, daß die Burg mit einem Burgflecken in Verbindung stand, an dessen Eingang sie lag, so wird die Unterbringung so vieler Menschen wenigstens möglich; eine Ueberfüllung fand ohnehin immer noch Statt, auch wenn wir einen Burgflecken von gewöhnlicher Größe mit der Burg verbunden denken.

Als nun Prinz Jaromar mit seiner Dänischen Begleitung in die Nähe von Karenz kam, rückte die Besatzung zum Zeichen der Uebergabe, wie sie in modernen Zeiten auf dem Glacis der Festungen das Gewehr streckt, vor das Thor hinaus, in einer Stärke von angeblich 6000 Mann, und stellte sich, die Spieße umgekehrt in die Erde gesteckt, zu beiden Seiten des Weges auf. Dem Bischof von Aarhuus ward unheimlich bei diesem Anblick; aber sein entschlossener College sprach ihm Muth ein, und machte ihm bemerklich, daß, führte man Verrath im Schilde, dazu in der Burg eine viel passendere Gelegenheit gewesen wäre. So ging es denn vorwärts, und als die Fremden die Reihen der Wenden passirten, warfen sich diese in slavisch-orientalischer Unterwürfigkeitsbezeigung mit dem Gesicht auf die Erde. Als man das Innere der Burg betreten hatte, wurden die Geruchsnerven der Dänen auf eine empfindliche Weise durch die mephitischen Ausdünstungen frappirt, welche durch das dichte Zusammenpferchen einer so großen Menschenmasse erzeugt war; dazu hat eine übergroße Reinlichkeit niemals zu den Grundzügen des Slavischen Charakters gehört. Die in drei Stockwerken übereinander geschichteten Wohnungsräumlichkeiten waren nach

---

*) Wahrscheinlich zu Anfang des 14. Jahrhunderts unter Witzlaw IV., dem letzten Fürsten Rügens; eine Urkunde von 1319 bezeichnet Garz noch als „neue" Stadt, nova civitas.

Saxo's Beschreibung so eng aneinander gedrängt, daß bei einem Bombardement aus den schweren Wurfmaschinen jener Zeit kein Stein, ohne etwas zu zertrümmern, hätte zur Erde kommen können. Aus diesen Ursachen, meint der Dänische Geschichtschreiber, der sich hier offenbar wieder in Absalons Begleitung befand und aus eigener Anschauung schreibt, hätte die Besatzung von Karenz unmöglich eine längere Belagerung aushalten können, und die schnelle Uebergabe sei von der Nothwendigkeit geboten gewesen.

Die erste Sorge galt auch hier wieder der Zerstörung des Götzendienstes. Man ging umher zu den Tempeln des Rugiewit, Porwit und Porenuz und fällte die unschönen Götzenbilder mit wenigen Axthieben. Als die Menge, welche in athemloser Spannung dem Schauspiel beiwohnte, ihre Götter widerstandslos zu Boden stürzen sah, empfing der Glaube an ihre Macht einen schweren Stoß. Als dann Absalon den Befehl gab, die hölzernen Bilder auf der Stelle zu verbrennen, flehten die von Karenz ihn an, von dem Vorsatz abzustehen, damit das Feuer nicht die eng umher gebauten Wohnungen ergreife, und auf diese Weise Alles ein Raub der Flammen werde. Absalon gewährte die Bitte, und gebot ihnen nun die Götzenbilder aus der Burg zu schleppen. Aber so groß war bei den Wenden noch immer die geheime Furcht vor ihrer Macht, daß sie dem Befehl zu gehorchen verweigerten, weil sie fürchteten, den Gebrauch der Gliedmaßen zu verlieren, mit denen sie sich an ihren Göttern vergriffen. Erst nachdem der Bischof ihnen nachdrücklich die Absurdität zu Gemüthe geführt hatte, die Macht von Wesen zu fürchten, die sich selber nicht hätten helfen können, thaten sie endlich das Verlangte. Um sie noch besser von der Ohnmacht der hölzernen Bilder zu überzeugen, stellte sich der Bischof von Aarhuus, muthiger gegen Götter als gegen Menschen, mit den Füßen darauf, und ließ sich so mit hinaus schleifen. Draußen wurden sie dann den Flammen übergeben.

Wie zu Arkona machte man dann auch hier zu Karenz sofort den Anfang mit christlich kirchlichen Einrichtungen. Noch an demselben Tage weihte Absalon drei Kirchhöfe in dem Bezirk von Karenz*) ein. Abends kehrte er dann nach Karenz zurück, und begab sich mit sinkender Nacht wieder an Bord. In seiner Gesellschaft befand sich abermals der Prinz Jaromar, mit dem er dann noch spät an Bord seines Schiffes das Abendessen einnahm. Wahrscheinlich hatte der scharfe Blick des Dänischen Staatsmanns

---

*) „In agro Karentino", sagt Saxo. Welches die drei Kirchenstellen gewesen sind, ist natürlich mit Sicherheit nicht zu bestimmen, da Alles hier zuerst nur provisorisch und flüchtig arrangirt ward, und bei der definitiven Erbauung der Kirchen möglicherweise andere Plätze gewählt sein können. Daß es die Stellen für die drei Kirchen zu Garz, Swantow und Poseritz gewesen, ist möglich; weiter läßt sich nichts sagen.

in dem jungen begabten Rügen'schen Prinzen das gelehrigste Werkzeug erkannt, um die neue Schöpfung für Rügen ins Leben zu rufen. Deshalb zog er ihn besonders zu sich heran und machte ihn mit seinen Ideen vertraut.

Am folgenden Tage — den 17. Juni — ward das gestern angefangene Werk fortgesetzt. Zu dem Belehrungs= und Bekehrungswerk wurden, wie auf Arkona, auch die Hauskaplane und Schreiber der Fürsten mit herangezogen, und nach kurzer summarischer Unterweisung in den Hauptpunkten des Christenglaubens fand die Taufe massenweise Statt. Die Knytlinga=Saga giebt die Zahl der Getauften auf 900 an, was gegenüber den großen Menschenmassen, die in Karenz versammelt waren, nicht viel wäre. Aber der ganze Bericht der Saga ist auch hier wenig zuverlässig; so läßt sie den Absalon eilf Kirchhöfe weihen, während Saxo ausdrücklich nur von dreien berichtet. Auch einige Kirchen wurden in der Eile hergerichtet, doch konnten es, wie die auf Arkona, nur provisorische aus Balken und Brettern leicht zusammengezimmerte Gebäude sein.

Nachdem man von Dänischer Seite auch hier noch die stipulirte Anzahl von Geißeln in Empfang genommen, achtete man die Hauptarbeit für gethan. Es ist unleugbar, daß die Handlungsweise der Dänen, namentlich soweit die Bekehrung und Christianisirung der Rügianer in Betracht kommt, das Gepräge einer außerordentlichen Eile und Hast trägt. Man wollte Dänischer Seits offenbar mit der politischen und kirchlichen Unterwerfung Rügens unter Dänische Oberhoheit eine vollendete Thatsache herstellen, ehe es fremdem Einspruch möglich wäre, sich geltend zu machen. Saxo erzählt uns, die Pommernfürsten hätten sich auf Erwerbung Rügens nach Entthronung des eingebornen Fürstenhauses Rechnung gemacht, und da nun diese Hoffnung vereitelt worden, hätten sie im Laufe des 17. mit ihrem Hülfscorps die Dänische Armee verlassen. Dies sei der Anfang späteren langjährigen Zerwürfnisses gewesen. Was Saxo hier erzählt, ist wahrscheinlich nur ein Theil der Wahrheit. Möglich, daß den Pommern von ihrem Lehnsherrn Heinrich als Belohnung die Erwerbung Rügens in Aussicht gestellt ist, und daß die Vereitelung dieser Aussicht sie tief erbitterte. Dazu aber kam ohne Zweifel der ganz einseitig im Dänischen Interesse gehaltene Friedensschluß, der Alles: Lehnsherrlichkeit, Tribut, Beute und Geißeln in die Hände der Dänen gab. Dagegen mußten die Vasallen Heinrichs des Löwen im Interesse ihres Lehnsherrn den entschiedensten Protest einlegen, und wenn derselbe nicht beachtet ward, die Expedition sofort verlassen. Mit den Herzogen der Pommern hat daher wahrscheinlich damals auch der Fürst Pribiszlaw von Meklenburg, dessen Anwesenheit Saxo ganz mit Stillschweigen übergangen hat, mit den Seinigen

Rügen verlassen. . Der Herzog von Sachsen war freilich nicht der Mann, sich von einem Könige von Dänemark durch faits accomplis imponiren zu lassen, und es erfolgte ein ernstes Zerwürfniß, auf welches wir noch zurückkommen werden.

Am Abend des Tages, an welchem die Pommern und Meklenburger ihren Abschied nahmen, erhielten dann die Dänen den klingenden Lohn für ihre zehn Jahre lang fortgesetzten Anstrengungen gegen Rügen. Die Flotte verließ die Rhede in der Nähe von Garz, und ging zu Nacht bei einer Insel nicht weit davon vor Anker; wahrscheinlich war es die kleine Insel Vilm, nordöstlich von dem Landungsplatz bei Presete, Putbus gegen= über *). Hier überbrachten nun die Rügianer dem Vertrage gemäß ihre Tempelschätze, den des Swantewit und der andern Rügen'schen Götter. Die Schätze waren in sieben Kisten von gleicher Größe verpackt, und be= standen nicht blos in baarem Geld, sondern auch in goldenen und silbernen Gefäßen und Zierrathen, in kostbaren Zeugen, Seide, Atlas und bunten Teppichen, ferner Helmen und Schwertern, Harnischen und werthvollen Waffen aller Art.

Die Knytlinga=Saga knüpft an die Beschreibung der Tempelschätze noch die Notiz von einem Götzen Pizamar, der zu Asund (Jasmund) ge= wesen; auch er sei verbrannt. Wir müssen es dahin gestellt sein lassen, wie diese Notiz mit dem Bericht Saxo's zu vereinigen ist, der von Tag zu Tag fortschreitet, und von der Verbrennung des Jasmund'schen Götzen nichts meldet. Möglich, daß im Laufe des 17., während Absalon und Saxo noch in Karenz und der Umgegend beschäftigt waren, eine Flotten= abtheilung nach Jasmund geschickt ward, um auch hier mit Genehmigung der Fürsten von Rügen sich die Götzen ausliefern zu lassen und sie zu zerstören. Möglich aber auch, daß die Zerstörung des Götzendienstes auf Jasmund erst später von den Dänischen Geistlichen unter Assistenz der bereits christlichen Rügen'schen Fürsten vorgenommen ward. Die Notiz der Saga ist zu lakonisch und unbestimmt gehalten, um Sicheres darauf zu bauen.

Als König Waldemar nun auch die Tempelschätze in Empfang ge= nommen, verließ die Expedition am folgenden Morgen die Rügen'schen

---

*) Saxo p. 845: „Vespere portu solventes se ad proximam continenti insulam appulerunt." — Giesebrecht, Wend. Gesch. III, 179 f. will der Knytlinga=Saga zu Liebe Jasmund unter der fraglichen Insel verstanden wissen. Aber da Saxo den Namen Jasmunds sehr wohl kennt, hätte er denselben, wenn er es gemeint hätte, gewiß genannt und sich nicht so unbestimmt ausgedrückt. Es wäre übrigens nicht einmal richtig; will man insulam, was an sich möglich ist, auch von Halbinseln verstehen, so waren die Halbinseln Zubar oder Mönchgut die nächsten, nicht aber Jasmund.

Küsten, und kehrte ruhm- und beutebeladen nach Dänemark zurück. Nach der Rückkehr war es die erste Sorge Absalons, anstatt der auf Rügen provisorisch zurückgebliebenen königlichen Kapellane und Schreiber andere tüchtige Geistliche hinüberzusenden, und damit sie nicht gleich dem neubekehrten Volk zur Last fielen, ward ihr erster Unterhalt von Dänischer Seite bestritten, was bei der reichen Beute, die man von Rügen mitgenommen, und bei dem schweren Tribut, den man später von dort zu beziehen hatte, kein so großes Opfer war. Später sollten übrigens die Einkünfte und Güter der heidnischen Tempel zum Unterhalt der Kirchen und Geistlichen verwendet werden. Dabei hatte sich indeß der Bischof von Rothschild auch nicht ganz vergessen; das alte Verzeichniß der bischöflichen Einkünfte und Güter auf Rügen, welches einen Bestandtheil der sogenannten Rothschild'schen Matrikel bildet, läßt durch einen Rückschluß erkennen, daß ein beträchtlicher Antheil der heidnischen Tempeleinkünfte für den Bischof von Rothschild vorbehalten blieb.

So war also Rügen für Dänemark erobert und für das Christenthum gewonnen. Werfen wir jetzt zum Schluß unserer Darstellung noch in kurzer Perspective einen Blick auf die Veränderungen, welche für unsere Insel durch jene Katastrophe bedingt waren.

Zunächst und vor Allem war es der Sturz des Heidenthums an diesem seinem letzten Zufluchtsort in den Wendenländern, und die Bekehrung des hartnäckigen Inselvolks zum Christenthum. Man darf natürlich nicht annehmen, daß der heidnische Aberglaube mit einem Mal ausgerottet, daß Sitten und Denkweise der Rügianer wie mit einem Zauberschlage umgestaltet wurden. Aber das Fundament der Umgestaltung war gelegt, und der Weiterbau ward auf Rügen nicht, wie in den andern Wendenländern, in Holstein, Meklenburg, Pommern, durch heftige Reactionen des alten heidnischen Geistes gestört. Rügen hatte sich am längsten im Heidenthum erhalten und sich am hartnäckigsten gegen die Aufnahme des Christenthums gesträubt; aber als dieselbe einmal erfolgt war, ging das Volk mit überraschender Leichtigkeit und Stetigkeit auf der neuen Bahn vorwärts: von den blutigen Erhebungen des Heidenthums, wie wir sie anderwärts gefunden haben, ist hier keine Spur. Einen großen Antheil an dieser festen und stetigen Entwicklung des Christenthums auf unserer Insel hat ohne Zweifel die in jeder Beziehung hervorragende Persönlichkeit des Fürsten Jaromar, der schon wenige Jahre nach der Eroberung Rügens seinem ältern Bruder Tetzlaw in der Regierung des kleinen Landes folgte. Die klare Einsicht und die Entschiedenheit des Willens, welche wir überall bei diesem Fürsten wahrnehmen, bewährt sich auch in der Art, wie er das junge Christenthum förderte. Er hatte ohne Zweifel erkannt, daß die Zeit des Heidenthums um war, und nun führte er diese Erkenntniß mit der ganzen Energie seines Charakters durch. Schon als Helmold seine Chronik schloß (um 1172), hatte er durch seine Festigkeit im Glauben und seine Beharrlichkeit in Ausbreitung des Evangeliums sich den Ruf eines zweiten Paulus erworben, der „das Apostelamt verwaltend, das rohe und in thierischer Wildheit wüthende Volk theils durch emsiges Predigen, theils aber auch durch Drohungen von der angebornen Rohheit zu der ein neues Leben bringenden Religion bekehrte" *). — Jaromar war jung zur Herrschaft gekommen und eine lange fast halbhundertjährige Regierung (ungefähr von 1170—1218) kam seiner neuen Schöpfung zu Statten. Schon im Anfang seiner Regierung, als Helmold schrieb, gab es zwölf Kirchen auf Rügen, und gegen das Ende war die Zahl derselben wahrscheinlich noch größer. Jaromar war zugleich der Stifter der ältesten Klöster des Landes, des Nonnenklosters zu Gora, später Bergen (1193) und des Mönchsklosters zu Hilda, später Eldena auf dem Vor-Pommerschen Festlande, welches damals zu Rügen gehörte. Beide Klöster wurden reich dotirt und mit gutem Grund. Die Klöster hier zu Lande, unter einer rohen, noch halb heidnischen Bevölkerung, waren in jener Zeit noch nicht was sie später wurden, Lotterbetten der Dummheit und Faulheit, sondern sie waren in Wahrheit Pflanzstätten der Cultur. Die Bewohner der Klöster thaten damals mehr als blos essen und trinken, singen und beten: sie waren nicht allein neben den eigentlichen Geistlichen die Träger und Pfleger aller höheren geistigen Bildung unter einem unwissenden barbarischen Volk, sondern sie erscheinen auch als die thätigen Förderer materiellen Fortschritts auf den Gebieten des Ackerbaus und der Gewerbe. Wo ihnen bewohnte und bereits angebaute Gegenden durch fürstliche und private Schenkung zugetheilt wurden, da erhöhten sie alsbald durch Verbesserungen den Ertrag, und wie viel öde unbebaute Strecken haben sie dazu der Cultur erst gewonnen! Wo die eigene Thätigkeit nicht ausreichte, da zogen sie oft von fernher fremde Ansiedler ins Land, die gelockt durch die Befreiung der Klosterunterthanen von allen Lasten, haufenweis herbeiströmten, und größere Kenntnisse und mildere Sitten ins Land brachten. Das von den Klöstern gegebene Beispiel ward dann von Fürsten und Edlen im eigenen Interesse für ihre Besitzungen nachgeahmt, und so wirkte das Christenthum im weitesten Sinne civilisatorisch und umgestaltend.

Neben dem Christenthum bildete einen Hauptfactor in der Umgestaltung Rügen'scher Verhältnisse der Einfluß Deutscher Nationalität und Deutscher Bildungsweise; anfangs allerdings noch mit einem starken

---

*) Helmold Lib. II. cap. 12.

Beisatz Dänischer Elemente. Die ersten Geistlichen waren, wie es scheint, Dänen, doch mag auch Bischof Berno von Schwerin einige Deutsche hergesandt haben; für die Klöster zu Bergen und Elbena wurden die Nonnen und Mönche zu Anfang aus Dänemark rekrutirt; in den Stiftungsprivilegien des letztern Klosters wird ausdrücklich auf die Ansiedlung von Dänen, neben der von Deutschen und Wenden, Bedacht genommen. Allein bald überwog das Deutsche Element; Deutsche Namen erscheinen in der nächsten Umgebung des Fürsten, als Münzmeister, als Verwalter fürstlicher Güter, als Lehnsleute. Der große Strom Deutscher Einwanderung, der bereits das östliche Holstein, Meklenburg und Brandenburg in seinen Kreis gezogen hatte, verbreitete sich nunmehr unaufhaltsam über Pommern und Rügen; das leichter organisirte Wendische Naturell konnte mit der zähen Deutschen Ausdauer und dem emsigen Deutschen Fleiß nicht concurriren, wie wir es noch heutzutage ähnlich in Westpreußen und im Posen'schen sehen können. Fürsten, adlige Lehnsleute und Klöster zogen im eigenen Interesse vorzugsweise Deutsche Ansiedler ins Land. Namentlich waren es dann im folgenden Jahrhundert die Städte, welche mit ihrer Deutschen Verfassung und ihrem vorzugsweise Deutschen Bürgerthum als die Hauptträger des Deutschen Elements erscheinen, und unter ihnen ragt durch seinen Einfluß auf die Insel Rügen namentlich die Stadt Stralsund hervor, welche ihre erste Anlage wahrscheinlich gleichfalls noch dem unternehmenden und weitblickenden Geiste des Fürsten Jaromar verdankt. Von hier aus verbreitete sich durch die tausend Adern des Handels und Verkehrs, getragen und gefördert durch die an Zahl und Ausdehnung rasch zunehmenden Deutschen Ansiedlungen, Deutsches Wesen, Deutsche Sprache und Sitte in schnell steigender Progression über unsere Insel, welche lange Jahrhunderte hindurch das Hauptquartier des Wendenthums an der Ostsee gewesen war. In zwei Jahrhunderten nach der Eroberung war durch Verdrängung oder Assimilirung des Wendenthums der Germanisirungsproceß soweit vollendet, daß selbst die Wendische Sprache ausgestorben war. Unsere alten Chronisten berichten es als eine Merkwürdigkeit, daß um 1404 die letzte alte Frau, welche noch Wendisch verstand, auf Jasmund starb.

Diese vollständige Germanisirung Rügens erfolgte neben, oder wenn man will, trotz einer politischen und kirchlichen Abhängigkeit von Dänemark, welche die Folge der Eroberung war und Jahrhunderte lang andauerte. Zunächst freilich wurde König Waldemar noch gezwungen, Beute und Tribut mit Heinrich dem Löwen zu theilen. Als nach dem einseitig im Dänischen Interesse geschlossenen Unterwerfungsvertrag von 1168 der König sich weigerte, den wohlbegründeten Reclamationen des Herzogs gerecht zu werden, wandte dieser das wirksamste Mittel an, um zum Zweck zu gelangen: er ließ seine Wendischen Vasallen gegen die Dänischen Küsten los. Der Schade, den dieselben dort trotz aller Wachsamkeit Absalons durch ihre Piratenzüge anrichteten, war ungeheuer; man kann sich eine Vorstellung davon machen, wenn man erfährt, daß in der Stadt Meklenburg an einem einzigen Markttage nicht weniger als 700 Dänische Gefangene als Sklaven feil geboten wurden. Nach ein paar Jahren der Fehde hielt der König von Dänemark es für das Beste, sich mit seinem gefährlichen Gegner zu vergleichen. Auf einer Zusammenkunft an der Eider am Johannistage (wahrscheinlich 1171) kam der Friedensvertrag zu Stande, der die Rügen'sche Angelegenheit gemäß den Stipulationen der Convention von 1166 dahin regelte, daß Alles getheilt ward: Beute, Geißeln, Tribut, und die Rügianer nunmehr zweien Herrn zinspflichtig wurden. Herzogliche und königliche Bevollmächtigte hatten den Tribut gemeinschaftlich zu erheben. Auch in kirchlicher Beziehung fand eine Theilung Statt: die halbe Insel Rügen ward zum Sprengel des Bischofs von Schwerin geschlagen, die andere Hälfte verblieb dem Bischof von Rothschild. Wo die Grenze ging, läßt sich nicht mehr nachweisen, aber das Factum steht nach einer noch vorhandenen Bulle Alexanders II. vom Jahr 1177 unleugbar fest*). Die Römische Curie, welche bald nach der Eroberung die Insel Rügen auf Anhalten König Waldemars dem Rothschild'schen Sprengel zugetheilt hatte, hatte die vorsichtige Clausel hinzugefügt, daß es ohne Präjudiz für die etwa schon bestehenden Ansprüche anderer Kirchen geschehe, und solche Ansprüche waren nun offenbar nachher vom Bischof von Schwerin nachgewiesen und vom Pabste anerkannt.

Das solchergestalt zwischen Deutschland und Dänemark getheilte Regiment fiel indeß schon nach einem Jahrzehnt Dänemark allein zu. Der Sturz Heinrichs des Löwen und die Zertrümmerung seiner Macht (1181) befreite den König von Dänemark von einem gefährlichen Nebenbuhler und gab die Wendenländer an der Deutschen Ostseeküste seinen Eroberungsgelüsten schutzlos preis. Die ausschließliche Oberherrschaft über Rügen war die erste Frucht, welche bei dem Streit des Kaisers mit seinem mächtigsten Vasallen dem König von Dänemark in den Schooß fiel. Fürst Jaromar von Rügen, der die politischen Verhältnisse mit eben so durchdringendem Blick zu würdigen verstand, als die religiösen und kirch-

---

*) Das „ipsam Ruiam insulam dimidiam" kann nichts Anderes heißen, als die halbe Insel Rügen selbst. — Darunter den späteren sogenannten festländischen Antheil von Rügen, d. h. das nordwestliche Neu-Vor-Pommern zu verstehen, welches auch später noch zum Schweriner Sprengel gehörte, ist sprachlich und sachlich gleich unthunlich.

lichen, erblickte unter den bestehenden Verhältnissen nur Heil für sein kleines Land im engsten Anschluß an Dänemark. Eben so fest und entschieden, als er auf der einmal betretenen neuen religiösen Bahn vorwärts ging, eben so sicher handhabte er auch unter schwierigen Verhältnissen das politische Steuer seines kleinen Inselstaats. Als der Kaiser Friedrich Barbarossa bei seiner Lübecker Zusammenkunft mit König Waldemar im Jahr 1181 den im Gefolge des Letztern befindlichen Fürsten von Rügen mit dem Königstitel zu locken versuchte, verfehlte er bei demselben vollkommen seinen Zweck; der scharfblickende Jaromar sah ohne Zweifel besser, als seine Vettern von Pommern, was er von der Unterstützung kaiserlicher Macht zu erwarten hatte, und blieb unwandelbar seinem dem König von Dänemark geleisteten Lehnseid treu. Und König Waldemar verstand es, den Fürsten von Rügen noch enger an sein Interesse zu fesseln. Bei den bald nach der Eroberung Rügens beginnenden Kriegszügen gegen Pommern erhielt der Rügen'sche Vasall für die Dienste, welche er dabei leistete, einen reichlichen Lohn. Die festländischen Districte, welche Pommern verlor, erhielt Jaromar von dem Sieger als Lehen; im letzten Jahrzehnt des zwölften Jahrhunderts erstreckt sich seine Herrschaft bereits bis ins Wolgastische, und nur der südliche und südöstliche Winkel des heutigen Neu-Vor-Pommern verblieb den Herzogen von Pommern. Erst ein halbes Jahrhundert später gelingt es Pommern, wenigstens einen Theil seines Verlustes von Rügen wiederzugewinnen: seit der Mitte des dreizehnten Jahrhunderts erscheint dann der Ryckfluß bei Greifswald als die Grenze, so daß nördlich desselben die Herrschaft der Fürsten von Rügen begann.

Mit der Eroberung Rügens hatte Dänemark den festen Punkt gewonnen, um seine alten, auf die Unterwerfung der ganzen Wendischen Ostseeküste gerichteten Plane zu verwirklichen. Einen Augenblick zwar schien es, als ob der Deutsche Kaiser, nachdem er den mächtigen Herzog von Sachsen niedergeworfen, nunmehr selbst gewillt sei, die Rolle desselben an der Ostseeküste weiter zu führen. Als er bei der Vollstreckung der Acht gegen Heinrich im Jahr 1181 vor Lübeck stand, wo auch der Dänenkönig mit ihm zusammentraf, nahm er die Pommernfürsten als Herzoge in den unmittelbaren Lehnsverband des Deutschen Reiches auf, und man hätte sonach erwarten mögen, daß er ihnen als nunmehr dem Deutschen Reiche Angehörigen, allen Schutz und Schirm hätte zu Theil werden lassen, wozu er als Oberhaupt des Reiches berufen und verpflichtet war. Aber die Hohenstaufen hatten kein Interesse für den rauhen unwirthlichen Norden mit seinem halbbarbarischen Volk; ihr Sinn stand nach dem Süden, jenseits der Alpen. Hierher suchten sie den Schwerpunkt Deutschlands zu verlegen, während sie die Ostseeküste keiner Aufmerksamkeit werth hielten. Ihnen fehlte der geniale Scharfblick eines Peter des Großen, welcher alle Gedanken an die lockenden und leichten Eroberungen im Süden am Schwarzen Meer von sich warf, um im rauhen Norden, am Strande der Newa, auf einem Gebiet, welches einem mächtigen Gegner erst abgerungen werden mußte, die Fundamente Russischer Macht und Größe zu legen. Als im Jahr 1182 König Knud VI. in Dänemark seinem Vater Waldemar auf dem Thron folgte, wußte er bereits sehr gut, was er dem Deutschen Kaiser gegenüber wagen konnte, und verweigerte mit Entschiedenheit die Lehnshuldigung, welche seine beiden Vorgänger geleistet hatten. Der Kaiser hetzte nun den Pommerschen Herzog Bogislaw — Kasimar war inzwischen gestorben — gegen Dänemark auf, aber als es zum Schlagen kommen sollte, ließ er ihn im Stich. An demselben Pfingstfest 1184, wo Kaiser Friedrich Barbarossa in Mainz die Blüthe der Ritterschaft versammelt hatte, um zu turniren und zu bankettiren, mit einem Aufwand und einem Glanz, wie ihn Europa lange nicht gesehen, stand der Herzog von Pommern allein im entscheidenden Kampf gegen Dänemark und Rügen, und ward in einer Seeschlacht im Greifswalder Bodden bis zur Vernichtung geschlagen, kaum der Gefangenschaft entrinnend. Der Kaiser schmollte, aber that nichts. Und ein Jahr später — 1185 — während der Kaiser wieder ganz vertieft in seine Italienischen Pläne, durch die Verlobung seines Sohnes mit der Normannischen Erbtochter für sein Haus die Aussicht auf die Krone von Neapel und Sicilien gewann, eine für Deutschland wie für die Dynastie der Hohenstaufen gleich verderbenschwangere Erwerbung, in dem nämlichen Jahr beugte im fernen Norden der Herzog von Pommern, verlassen von Kaiser und Reich, mürbe gemacht durch eine Reihe unglücklicher Kämpfe und systematischer, über sein Land verhängter Verheerungen, sein Knie vor dem König von Dänemark und leistete ihm als Lehnsherrn den Huldigungseid!

Nachdem so Waldemar I. Rügen, und Knud VI. Pommern sich unterworfen hatte, erreichte die Dänische Macht unter dem Bruder und Nachfolger desselben, Waldemar II. (seit 1202), ihren glänzendsten Höhepunkt. Während in Deutschland und Italien Hohenstaufen und Welfen um die Kaiserkrone stritten, gewann Waldemar II., wegen seines anfänglichen Waffenglückes der Sieger zubenannt, zu dem bereits eroberten Pommern und Rügen noch Holstein mit Hamburg und Lübeck und Meklenburg mit Ratzeburg, und hatte somit ein Recht, zu dem Titel eines Königs der Dänen noch den stolzen Beisatz eines Königs der Slaven und Herrn von Nordalbingien hinzuzufügen. Der vielgerühmte Hohenstaufenkaiser Friedrich II., der Enkel Barbarossa's, war, um die Freundschaft des Dänenkönigs gegen den Welfischen Gegner Otto zu erkaufen, leichtsinnig oder pflichtvergessen genug, in feierlicher Urkunde (1214) alle jenseit der Elbe und Elbe gelegenen Reichslande und damit die ganze dem Deutschen Reich gehörige Ostseeküste an Waldemar II. abzutreten. Erst der kühne Griff eines Deutschen Reichsfürsten, des von Waldemar schwer gekränkten Grafen Heinrich von Schwerin, machte die kaiserliche Pflichtvergessenheit wieder wett, und rettete für Deutschland so wichtige Gebiete. Waldemar, nebst seinem Sohn von dem Grafen von Schwerin auf der Jagd überfallen und aufgehoben, ward nach Deutschland in Gewahrsam geführt (1223). Der Preis für seine und seines Thronfolgers Freiheit war der Verzicht auf alles Reichsgebiet zwischen Elbe und Eider, auf Meklenburg und Pommern; nur Rügen ward ihm gelassen (1225). Und als er dann zur Freiheit gelangt, den beschworenen Vertrag mit dem Schwert wieder zerhauen wollte, erlag auf dem Schlachtfelde von Bornhöwed in Holstein das zu früh gepriesene Siegerglück des Dänenkönigs der Wucht Deutscher Waffen (1227).

Das Verhältniß der Abhängigkeit, in welchem Rügen fortan bei Dänemark verblieb, war indeß ein sehr loses und leichtes. Es hatte keine Aehnlichkeit mit der auf Unterdrückung der Deutschen Nationalität gerichteten Gewaltherrschaft, wie sie in unsern Tagen von Dänemark über Schleswig und Holstein geübt wird; also keine Ueberschwemmung mit Dänischen Beamten, keine finanzielle Ausbeutung, kein Sprachzwang, keine Verhöhnung alles Dessen, was einem Volk das Heiligste ist. Nichts von alledem. Dazu waren die Könige von Dänemark damals noch zu klug; denn sie würden, hätten sie ihre Oberherrschaft in dieser Weise üben wollen, Rügen nicht lange behalten haben. Es war vielmehr nicht mehr und nicht weniger, als ein Lehnsverhältniß, in welchem die Fürsten von Rügen zu den Königen von Dänemark standen. Kam in Dänemark ein neuer König auf den Thron, folgte auf Rügen ein neuer Fürst in der Regierung, so ward der Act der Belehnung von Neuem wiederholt. Bei feierlichen Gelegenheiten erschienen die Fürsten von Rügen auf den Dänischen Hoftagen, und wenn sie aufgeboten und nicht durch eigene Fehden verhindert wurden, leisteten sie dem Lehnsherrn mit Heer und Flotte Beistand in seinen Kriegen. Im Uebrigen waren sie souverain, regierten ohne alle Dänische Einmischung in ihrem Lande, führten ihre eigenen Fehden und griffen sogar mitunter, wie es bald nach der Mitte des dreizehnten Jahrhunderts von Jaromar II. geschah, sehr energisch in die Dänischen Händel selbst ein. Nur so erklärt es sich auch, daß Rügen während der Dänischen Oberherrschaft in Sprache und Sitten ein vollständig Deutsches Land ward.

Als Rügen dann nach dem Aussterben des einheimischen Fürstenstammes (1325) an die Herzoge von Pommern kam, besaßen es dieselben zu Anfang gleichfalls noch als ein Lehn der Dänischen Krone. Aber das Verhältniß lockerte sich immer mehr, und als es endlich ein Jahrhundert später unter König Erich (von Pommern), welcher zufolge der Calmarischen Union die drei Nordischen Reiche unter seinem Scepter vereinigt hatte, ganz gelöst ward, war es bereits längst schon eine leere Form gewesen. — Die kirchliche Abhängigkeit von dem Bischof von Rothschild überdauerte die politische noch eine geraume Zeit, formell ward sie selbst durch die Reformation nicht ganz beseitigt; erst im Friedensschluß von Kopenhagen 1659 leistete Dänemark auch formell zu Gunsten Schwedens darauf Verzicht.

So ist denn die Insel Rügen im Laufe der Zeiten vollständig ein Glied des großen Deutschen Reichskörpers geworden; auch unter Schwedischer Oberherrschaft hörte sie nicht auf, ein solches zu sein. Und gegenwärtig, nachdem das Jahr 1815 sie an die Krone Preußens gebracht, zählt Rügen mit unter den schönsten landschaftlichen Kleinoden Deutschlands durch die Fruchtbarkeit seines Bodens, die Gunst seiner maritimen Lage und eine kräftige markige Bevölkerung, die den zähen ausdauernden Fleiß des Deutschen Stammes mit dem kühnen unternehmenden Seemannsgeist der alten Wendischen Race vereinigt.

Anhang.

1. Sanct Veit von Korvei und die Insel Rügen.

Zu Seite 3.

Zu dem ältesten Sagenkreise der Insel Rügen gehört die Sage von der frühen Bekehrung und dem nachmaligen Abfall ihrer Bewohner zum Heidenthum, vom Dienst Sanct Veits zum abgöttischen Cultus des Swantewit. Hätte das Ganze eine historische Grundlage, so würde es uns in die Zeiten der Karolinger hinaufführen. Aber wir werden sehen, daß die Sage ohne historisches Fundament und aus andern Elementen entstanden ist.

Die Nachrichten, welche hier in Betracht kommen, sind die folgenden.

Zunächst eine Schenkungsurkunde des Kaisers Lothar vom Jahr 844, in welcher derselbe zum Dank dafür, daß der heilige Veit (Sanctus Vitus) ihm auf sein Anrufen einen Sieg über die Rügianer und ihren Fürsten Gestimul verliehen, dem Kloster Korvei die ganze Insel mit ihren Bewohnern zum ewigen Eigenthum verleiht. Der heilige Veit oder Bit war nämlich der Schutzpatron des Klosters Korvei. — Diese Urkunde ward zuerst um 1325, als das Rügen'sche Fürstengeschlecht ausgestorben war, vom Abt des Klosters Korvei producirt, um ein Eigenthumsrecht auf die Insel dadurch zu begründen. Ein Original davon existirt nicht, sondern nur ein Transsumpt im Provinzial-Archiv zu Münster, nach welchem es im Codex Pomeraniae Diplomaticus, herausgegeben von Kosegarten, Hasselbach und von Medem. 1843. Bd. I. p. 11 f. abgedruckt ist, nachdem es 1693 zuerst vom Jesuiten Schaten in den Paderborn'schen Annalen, und dann — doch nach einer selbstständigen Abschrift — von Schöttgen 1721 in seinem Alten und Neuen Pommerlande durch den Druck veröffentlicht war. — Nach der ziemlich einstimmigen Ansicht der neueren historischen Kritik aber ist das Actenstück aus äußern wie aus innern Gründen für unächt erklärt *).

---

*) Vergl. Kosegarten, Codex Pomer. Dipl I. p. 11 ff.

Abgesehen indeß von dieser unächten Schenkungsurkunde hat man die Thatsache der Schenkung selbst sowie die zu jener Zeit erfolgte Bekehrung der Insel durch Korvei'sche Mönche festzuhalten gesucht *) auf Grundlage einer Reihe anderer historischer Zeugnisse, deren wichtigste die folgenden sind.

Etwa um das Jahr 1070 bemerkte der Korvei'sche Abt Saracho in seinem Verzeichniß der Güter des Klosters: die Slaven der Insel Rügen gehörten zum Erbtheil des heiligen Vitus, seien aber wegen der Habsucht und Insolenz der Kloster-Beamten wieder abgefallen.

Als ferner im J. 1114 der Sachsenherzog Lothar im Bunde mit dem Markgrafen Heinrich von Stade einen Zug gegen das innere Slavien unternimmt, befragt er die Bewohner eines Cirzipanischen Districts im heutigen Neu-Vorpommern, deren drei Städte dem Markgrafen von Stade ein Hülfscorps von dreihundert Reitern hatten stellen müssen, durch einen Dolmetscher, wem sie tributpflichtig seien. Dieselben antworten darauf, wie die Korvei'schen Annalen berichten, sie hätten dem Sanct Vitus zu Korvei jährlich einen Tribut von einem Fuchsbalg oder 26 Silberpfennige Bardewiker Münze für die Hakenhufe zu entrichten. (— intulerunt, civitati Corbeiae, Sancto Vito quodam inibi patrocinante ac dominante, annuatim se debere aut vulpinam pellem, aut bis terdena nomismata Bardenwiccensis monetae simillima vel propria de uniuscujusque soli sui unci cultura, quem nostrates aratrum vocitant.) — Für diese Nachricht beruft sich der Korvei'sche Annalist auf die Erzählung zweier Theilnehmer der Expedition.

Dann beschreibt im J. 1149 der Korvei'sche Abt Wibald in einem Brief an den Bischof von Hildesheim einen Feldzug, den er 1147 mit einem Heer Heinrichs des Löwen gegen die diesseits der Oder angesessenen Wenden, die Leuticier, mitgemacht, wobei man aber nur bis Demmin gelangte; er habe, indem er sich diesem Zuge angeschlossen, die Absicht gehabt, für sein Kloster eine gewisse Gegend wiederzugewinnen, die von den Deutschen die Ruianische, von den Slaven die Ranische genannt, dem Kloster Korvei ehemals vom Kaiser Lothar zum Geschenk gemacht sei.

Im J. 1154 bestätigt darauf Pabst Adrian IV. (nicht Urban IV., wie Kosegarten a. a. O. p. 14 durch ein Versehen hat) dem Kloster Korvei seine Ehrenrechte und Besitzungen, darunter auch die Insel Rügen.

Folgt der Zeit nach Helmold, der Verfasser der bekannten Slaven-Chronik, um 1172. Es kommen hier zwei Stellen in Betracht, eine zu Anfang, eine am Schluß seines Werkes. In der ersten, Buch I. cap. 6 führt er als

---

*) So Barthold in seiner Geschichte von Rügen und Pommern, und Andere.

Erklärung der Thatsache, daß das Christenthum unter den Slaven früher so wenig Fortschritte gemacht habe, die unglaubliche Sinnesbärtigkeit des Volks an; diese und nicht etwa die Trägheit der christlichen Glaubensboten, die vielmehr unbedenklich Gut und Leben eingesetzt hätten, trage die Schuld. Eine alte Sage (veterum antiqua relatio) berichte, daß zu den Zeiten Ludwigs des Zweiten (erhielt bekanntlich Deutschland durch den Vertrag von Verdun 843) fromme Mönche von Korvei ausgezogen, die nach dem Seelenheil der Slaven dürstend, Gefahr und Tod nicht achtend, viele Länder derselben durchwandert und endlich auch zu den Ranen oder Rügianern, am Saum des Meeres, gekommen seien. Hier, am eigentlichen Heerd des Irrthums und recht im Hauptquartier des Götzendienstes, hätten sie durch die gläubige Predigt des Wortes die ganze Insel gewonnen (omnem illam insulam lucrati sunt) und ein Bethaus dort gegründet zu Ehren unseres Herrn Jesu Christ und zum Gedächtniß von Sanct Vitus, dem Schutzpatron von Korvei. Später aber seien unter göttlicher Zulassung die Rügianer wieder vom Glauben abgefallen, hätten Priester und Christusverehrer vertrieben, und die wahre Religion in Aberglauben verkehrt. Denn Sanct Vitus, den die Christen nur als Märtyrer und Knecht Christi verehrten, beteten sie, das Geschöpf dem Schöpfer voranstellend, selbst als Gott an. Aber es sei allein der Name des Sanct Vitus, dessen sie sich rühmten. Ihm hätten sie einen Tempel und ein Götzenbild zu prachtvollem Cultus geweiht, und ihm den Vorrang vor allen andern Göttern gegeben. — An der zweiten Stelle Buch II. cap. 12. spricht er bei Gelegenheit der Belagerung Arkona's gleichfalls von der Verhärtung der Rügianer im Heidenthum und fährt fort: Eine schwache Sage (tenuis fama) erwähne, Ludwig, der Sohn Kaiser Karls (also Ludwig I. der Fromme, der 840 starb), habe einst das Land der Rügianer dem Sanct Vitus zu Korvei geschenkt, und zwar als Gründer des Klosters (eo quod ipse fundator exstiterit coenobii illius). Vom Kloster seien Prediger ausgezogen, hätten die Rügianer zum Glauben bekehrt, dem Sanct Vitus ein Bethaus errichtet — und nun wird im weiteren Verfolg die Darstellung der ersten Stelle wiederholt.

Endlich Saxo Grammaticus, der bekannte Geschichtschreiber Dänemarks, welcher einige Jahrzehnte nach Helmold schrieb. Im 14. Buch (nach der Ausgabe von Müller und Velschow I. p. 828) bei Gelegenheit der Belagerung Arkona's motivirt der König Waldemar seine Hoffnung, daß Sanct Vitus zu einer raschen Einnahme der Veste verhelfen werde, durch die folgende Erzählung: Die Rügianer seien einstmals vom Kaiser Karl (gemeint ist selbstverständlich Karl der Große) erobert und auf seinen Befehl hätten sie den Korvei'schen Sanct Vitus mit Tribut verehrt. Nach dem Tode ihres Besiegers aber hätten sie, die Freiheit wieder zu erlangen begierig, den religiösen Dienst in Aberglauben verkehrt, indem sie bei sich zu Hause ein Götzenbild errichteten, welches sie mit dem Wort Sanct Vitus benannt hätten; auf dieses hätten sie, mit Hintansetzung Korvei's, die Abgabe übertragen, indem sie behauptet, sie hätten genug an dem einheimischen Sanct Vitus und gebrauchten keinen auswärtigen. — Ob Saxo diese Erzählung dem König Waldemar in den Mund legt, wie es nach der ersten und neuesten Ausgabe der Fall ist, oder, wie die Stephanische liest, einem Ungenannten, Quidam, ob ferner Saxo diese Stelle erst später zum Text hinzugefügt habe, wie der neueste Herausgeber Velschow meint, ist für die Sache selbst gleichgültig. Worauf es ankommt, ist, daß die Erzählung in dieser Form cursirte.

Wirft man nun einen Blick auf die hier aufgeführten Nachrichten, so ergiebt sich der unbefangenen Prüfung eine solche Fülle von Unwahrscheinlichkeiten und Widersprüchen, daß dem ganzen Thatbestand einer kaiserlichen Schenkung der Insel Rügen an Sanct Veit von Korvei, nebst der Bekehrung und dem Wiederabfall ihrer Bewohner vollständig der Boden unter den Füßen fortgezogen wird.

Zunächst gewahrt man, daß zwischen dem angeblichen Factum der kaiserlichen Schenkung nebst der Bekehrung Rügens und der ersten unbestimmten Nachricht davon durch den Abt Saracho nicht weniger als 230 Jahre liegen; jene müßte um 840 erfolgt sein, um 1070 aber weiß Saracho zuerst etwas von dem angeblichen frühern Christenthum der Rügianer. — Bedenkt man nun, daß im Kloster Korvei selbst die bekannten Kloster-Annalen geschrieben wurden, deren erste Anfänge in dieselbe Zeit oder kurz nachher fallen, in der die angebliche Schenkung und Christianisirung Rügens durch Korvei'sche Mönche geschehen sein soll, erwägt man, daß ein für das Kloster so denkwürdiges Ereigniß, welches sich kurz zuvor ereignet hätte, gewiß erwähnt wäre, gewahrt man ferner, daß die ganze so reichhaltige historische und religiöse Literatur der nächsten Jahrhunderte von der Sache noch gar nichts weiß, so gewinnt die historische Glaubwürdigkeit der ganzen Geschichte schon hierdurch eine äußerst verdächtige Physiognomie.

Und nun, wenn man die Nachrichten selbst ins Auge faßt, welche Widersprüche, notorische Unrichtigkeiten und auf der Hand liegende Unwahrscheinlichkeiten! Nicht weniger als vier Herrscher werden genannt, unter denen die Geschichte passirt sein soll: Karl der Große von Saxo, Ludwig I. der Fromme in der zweiten Stelle bei Helmold, Kaiser Lothar beim Abt Wibald, und Ludwig II. der Deutsche in der ersten Stelle Helmolds. Was den nähern Hergang anbetrifft, so läßt Saxo die Schenkung der Insel und Bekehrung der Einwohner in Folge einer Eroberung durch Kaiser Karl geschehen sein, die zweite Stelle Helmolds hat keine Eroberung, sondern nur eine Schenkung durch Ludwig den Frommen, an die sich dann die Bekehrung der Insel anschließt, die erste Stelle Helmolds weiß von keiner Schenkung, sondern nur von einer durch Korvei'sche Heidenmissionäre erfolgten Bekehrung der Insel unter Ludwig II. Saracho und die päbstliche Bestätigungsbulle von 1154, die sich natürlich auf Korvei'sche Angaben stützte, enthalten nur die allgemeine Nachricht, daß Rügen einmal Sanct Vitus gehört habe. Die Ursache des Abfalls findet Saracho in der Härte und Habsucht der Klosterbeamten, Helmold in der heidnischen Herzenshärtigkeit der Rügianer, Saxo endlich in ihrer Freiheitsliebe, verbunden mit der ökonomischen Reflexion, daß sie ihr Geld besser einem einheimischen Sanct Vitus als einem fremden zuwendeten. Dabei dann bei Helmold wie bei Saxo die gleiche Gewißheit, daß Sanct Vitus (Swantowitus) von Arkona und Sanct Vitus von Korvei ursprünglich dieselbe Person seien, nur daß der Erstere später durch die Rügianer per nefas zu göttlichem Range befördert sei.

Karl den Großen streicht nun zunächst die Kritik von der Liste, weil das Kloster Korvei zu seiner Zeit noch nicht existirte und die Gebeine des heil. Veit noch in guter Ruhe in Sct. Denys ruhten — das Kloster ward erst 822 gegründet, 836 erfolgte die Uebersiedelung der Gebeine Sct. Veits. — Ludwig I. und Lothar müßten die Insel Rügen verschenkt haben, ohne sie besessen zu haben, und die Rügianer sich haben verschenken lassen, ohne durch Waffengewalt dazu genöthigt zu sein, was angesichts der spätern Geschichte völlig unglaublich ist. Man hat freilich, weil eine Eroberung Rügens nicht nachweislich ist, angeknüpft an einen in das Jahr 844 gesetzten Krieg der Deutschen gegen die Wenden, der von einigen Annalen dem Kaiser Lothar beigelegt wird, doch mit Unrecht, denn Kaiser Lothar hatte bereits im J. 843 zu Verdun Deutschland an Ludwig II. abgetreten, hatte hier also nichts mehr zu commandiren. Man ist daher bei dem letztern stehen geblieben; er besiegte 844 die Obotriten und tödtete ihren König Gostomiuzl oder Gestimuil, wonach die andern Fürsten der Wenden ihm Treue gelobten — freilich, wie ausdrücklich hinzugesetzt wird, sobald er den Rücken gewendet, brachen sie sofort das eben erst abgelegte Gelöbniß der Treue. Obwohl nun hier die Insel Rügen gar nicht genannt wird, weder in den Annalen, die den Lothar, noch in denen, die den Ludwig nennen, so hat man hier doch eine passende Stelle für die angebliche Erwerbung und Bekehrung Rügens zu finden geglaubt. Die Rügianer, eingeschüchtert durch Ludwigs Sieg, hätten sich zum Christenthum bekehrt, und seien dann später wieder abgefallen. Allein an sich ist es schon sehr unwahrscheinlich, daß die Rügainer, die sich später als das tapferste und heidnisch-hartnäckigste Volk der Wenden zeigen, damals, ohne selbst die Schärfe des Schwertes gefühlt zu haben, sich aus reiner Angst zum Christenthum sollen belehrt haben. Auch ist zu beachten, daß diejenige Version der Nachricht, welche an Ludwig II. anknüpft — die erste Stelle bei Helmold — von einer Schenkung und einem etwa vorausgegangenen Kriege, in Folge dessen dann die Bekehrung geschehen sein sollte, gar nichts hat; die Sache wird vielmehr so dargestellt, als ob die Missionsreise der Korvei'schen Mönche wie aus eigenem inneren Antrieb unternommen sei; Rügen wird nur neben andern Slavischen Ländern genannt, die sie durchzogen, und die Bekehrung der ganzen Insel wird lediglich als das Resultat ihrer glaubenseifrigen Predigt hingestellt. — Folgt man dieser Version, so entgeht man allerdings der Schwierigkeit der Annahme einer Schenkung ohne Eroberung der Insel, allein man verfällt dann nur in eine andere nicht minder große. Will man nämlich die Bekehrung der Rügianer, wie es hier geschieht, auf dem Wege der Ueberzeugung durch die Predigt erfolgt sein lassen — und Helmold hebt ausdrücklich hervor, daß die Missionäre die ganze Insel gewonnen hätten — so wird wieder der gleich nachher erfolgende Abfall unbegreiflich. War es wirklich gelungen, den Rügianern die Ueberzeugung von der Wahrheit des Christenthums beizubringen, so wären sie nicht alsbald wieder abtrünnig geworden.

Zu allen den Schwierigkeiten und Verlegenheiten kommt nun schließlich, daß die Schenkungs- und Bekehrungsgeschichte aufs Engste mit einem offenbaren Mißverständniß verflochten ist, mit der Voraussetzung nämlich der Einerleiheit von Swantewit und Sanct Vit. Diese Identificirung, an welcher unser ehrlicher einheimischer Forscher Albert von Schwarz in seiner Diplom. Geschichte der Pommersch-Rüg. Städte. 1755. p. 624 ff. noch gläubig festhält, ist von den Neuern allgemein als ein Mißverständniß verworfen. Man hätte aber so consequent sein sollen anzuerkennen, daß mit dieser Verwerfung, namentlich wenn man auch die Aechtheit der Schenkungsurkunde leugnet, eigentlich die ganze Sache abgethan ist.

Jenes Mißverständniß giebt uns nämlich den Schlüssel zu der Entstehung der ganzen Schenkungs- und Bekehrungsgeschichte, was jetzt noch kurz zu entwickeln ist, da die historische Kritik nicht blos den Ungrund falscher Nachrichten darzuthun, sondern wo möglich auch ihre Entstehungsart nachzuweisen hat.

Die erste genauere Kunde über Wendische Verhältnisse bekam man in Deutschland im 11. Jahrhundert, als die Regierung des christlichen Obotritenfürsten Gottschalk einen näheren Verkehr zwischen Deutschland und den nördlichen Wendenvölkern möglich gemacht hatte. Da kam nun auch die Nachricht von der Verehrung des Swantewit durch die heidnischen Rügianer nach Deutschland, und ein sehr leicht erklärliches Mißverständniß machte daraus in der Deutschen Auffassung den Sanct Vit. Swantewit oder Swant'wit — der Vocal der zweiten Silbe, mochte er o, e oder y sein, ward im Wendischen jedenfalls sehr kurz ausgesprochen, ebenso wie das o, e oder i in Borowit, auch Borewit und Borwit, ferner in Jaromar, Jarimar, der daher auch Jarmer, Germar geschrieben wird — Swant'wit lautete fast gleich dem Niedersächsischen Sanct Vit; lateinisch Svantovitus, wie Saxo, oder Zuantevithus wie Helmold schreibt, gleich Sanctus Vitus. Es war aber nicht blos eine Laut=Aehnlichkeit im Spiel: das Wendische Swante oder Swant bedeutete genau dasselbe, was das Sanct (Sanctus) besagte, nämlich heilig, sodaß Sanct Vit wirklich die getreue Uebersetzung von Swant'wit war*). Da nun ferner den christlichen Deutschen in Niedersachsen nur der Sanct Vitus von Korvei bekannt war, so dachten sie bei dem Namen auch sofort an diesen.

Waren nun der Rügianische Swantewit und der Deutsch=christliche Sanct Vit von Korvei dieselben Persönlichkeiten, so mußte die Kunde, daß derselbe auf Rügen mit abgöttischem Cultus verehrt werde, von selbst zu Erklärungsversuchen auffordern, wie dies gekommen. Da aber die ungeschichtliche theologische Auffassungsweise der Zeit im gesammten Heidenthum lediglich einen Abfall von einer ursprünglichen wahren Religion erblickte, so lag es nahe, diese Vorstellung auch hier anzuwenden. Wenn jetzt (im 11. Jahrhundert, wo man die Kunde erhielt) Sanct Vit auf Rügen abgöttisch verehrt wurde, so konnte sich diese Abgötterei nur aus der wahren christlichen Verehrung durch einen Abfall vom Christenthum entwickelt haben. Nach der Denkweise der Zeit war dies ein völlig berechtigter Schluß.

Von besonderem Interesse mußte die Sache für das Kloster Korvei sein; denn war sein Schutzpatron Sanct Vitus einstmals auf Rügen verehrt, so lag ja der weitere Schluß nahe, daß diese Verehrung durch Mönche des Klosters dorthin gebracht sei, von denen man ja wußte, daß sie von Alters her aus den Heidenmissionen ein Geschäft gemacht hatten. Hatten

---

*) Das Swant kommt bekanntlich in vielen Slavischen Personen- und Ortsnamen als erste Silbe vor: so Swantebor, Swantipoll, Swantow auf Rügen, in alter Zeit Swantegora, d. h. Heiligenberg. In der Feldmark des Gutes Schwarbe, wo der Verfasser geboren ist, führt eine Stelle noch jetzt den Namen Swent; wahrscheinlich stand dort in alter heidnischer Zeit ein Heiligthum des Swantewit, deren es nach Saxo's Zeugniß mehrere, wenn auch neben dem Arkona'schen nur untergeordneten Ranges, auf der Insel Rügen gab.

aber Korvei'sche Mönche die Insel zuerst zum Christenthum belehrt, so ergaben sich für das Kloster auch sofort daraus gewisse Besitz-Ansprüche, die ein gewissenhafter Vorsteher des Klosters nicht fallen lassen konnte. In der That ist es nun ein Abt von Korvei, Saracho, der uns um 1070 die erste unbestimmte schriftliche Notiz giebt, daß die Insel Rügen einst zum Erbtheil des Sanct Vitus gehört habe. Den Abfall erklärt er veranlaßt durch die Insolenz und Habsucht der dort angestellten Klosterbeamten; dies lag nahe, denn eine sehr gewöhnliche Ursache des Abfalls neubekehrter Heidenvölker war zu jener Zeit die Härte, mit der man in Beitreibung der kirchlichen Abgaben verfuhr.

Die Annahme einer frühern Christianisirung jener Wendischen Gegenden schien nun eine auffallende Bestätigung zu finden durch den Kriegszug des Sachsen-Herzogs Lothar im Jahr 1114. Die Bewohner einer Wendischen Gegend zwischen Rügen und der Peene — also in dem heutigen Neu-Vorpommern — sollen auf die Erkundigung des Herzogs, wem sie tributpflichtig seien, geantwortet haben: dem Sanct Vitus von Korvei — eine Antwort, die ihnen dann die Gnade des Siegers erwarb. — Der Hergang war begreiflicher Weise der: ein Dolmetscher des Herzogs fragt sie, wem sie bis dahin tributpflichtig gewesen seien. Sie antworten: dem Swantewit*); der Dolmetscher übersetzt wörtlich getreu: dem Sanct Vit, und da der Herzog und seine Sachsen nur von dem Sanct Vit ihres Klosters Korvei wußten, so bezogen sie natürlich auf diesen auch die Antwort der Wenden, und die Korvei'schen Annalen registriren sie aufs Gewissenhafteste.

Nachdem nun die Sache solchergestalt durch die Wenden selbst ihre Bestätigung empfangen hatte, wie man meinte, lag es nahe, daß man den Versuch machte, der angeblichen Thatsache der Bekehrung Rügens auch in der Geschichte der Vergangenheit ihren bestimmten Platz anzuweisen.

Am nächsten mußte es — wenigstens für das durch keine chronologischen Skrupel gestörte Volksbewußtsein — liegen, an den großen Kaiser zu denken, dessen Ruhm von den Säulen des Herkules bis nach Bagdad erschollen war. Karl der Große hatte so viele große Thaten verrichtet, er hatte speciell wie man wußte ja auch die Wendischen Völker gebändigt, warum sollte er nicht auch die Rügianer besiegt und zum Dienst des heil. Vitus gezwungen haben? — Diese Form der Sage, die wir bei Saxo an-

---

*) Die Rügianer erhoben von den ihnen untergebenen Völkern auch für den Tempel des Swantewit einen Tribut: Gentes quas armis subegerint, fano suo censuales faciunt. Helmold I. 36.

treffen, ist offenbar die volksthümlichste, und war jedenfalls zu seiner Zeit im Norden verbreitet.

Da kam nun freilich die Chronologie und sagte: So geht das Ding nicht; Karl der Große starb 814, das Kloster Korvei wurde erst um 822 von seinem Nachfolger gegründet. — Man ging daher auf diesen zurück: er, der so liebevoll besorgt für sein Kloster Korvei war, daß er ihm vierzehn Jahr nach der Gründung auch das unschätzbare Kleinod der Gebeine des heil. Veit verschaffte — er wird es auch gewesen sein, der dem Kloster und seinem Sanct Vitus die Insel Rügen zum Präsent machte. Dies ist die Fassung, welche Helmold in seiner zweiten Stelle mittheilt.

Nun kam aber der Störenfried der Zweifel wieder und sagte: der fromme Ludwig hat keinen Kriegszug in diese Gegenden gemacht, wie hat er sie denn verschenken können? — Namentlich mußte es dem Kloster Korvei selbst daran liegen, einen sichern historischen Anhalt für seine Ansprüche aufzufinden. Man suchte und man fand. Die Korvei'schen Kloster-Annalen enthalten zum Jahr 844 die Notiz von einem glücklichen Kriege des Kaisers Lothar gegen die Wenden und ihren König Gestimul. Diese Notiz ist nach dem Herausgeber erst von einer Hand aus dem 12. Jahrhundert hinzugefügt, und mit einigen Veränderungen aus den Hersfelder Annalen entnommen. Der Korvei'sche Abt Wibald, der diese Notiz entweder schon in den Korvei'schen Annalen oder in den Hersfelder vorfand*), glaubte hier den richtigen Ort für die Erwerbung Rügens gefunden zu haben; da es einmal feststand, daß Rügen dem Sanct Vitus einmal gehört habe, so war es wahrscheinlich in Folge jenes glücklichen Krieges durch Kaiser Lothar an das Kloster gekommen. Wibald, dessen Eifer für sein Kloster ihn sogar als Theilnehmer des Kreuzzuges von 1147 bis vor Demmin geführt hatte, ist der Erste, der die kaiserliche Schenkung durch Lothar erwähnt.

Der Pabst konnte dann 1154 kein Bedenken tragen, dem Kloster den Besitz der Insel Rügen nach seiner Angabe zu bestätigen; war doch Rügen damals noch heidnisches Land und somit vom christlichen und noch mehr vom päbstlichen Standpunkt herrenloses Gut.

Nun kam aber die historische Kritik nochmals und that die unbequeme Frage: Wie konnte Kaiser Lothar 844 Rügen besiegt und verschenkt haben, da er bereits 843 Deutschland und die Wendenländer an Ludwig den Deutschen abgetreten, mithin hier keine Feldzüge mehr zu commandiren

---

*) Vielleicht hat er sie selbst erst aus den Hersfelder Annalen übertragen oder übertragen lassen.

und keine Inseln zu verschenken hatte? — Grund genug, um auch Kaiser Lothar wieder fallen zu lassen, und noch einen Schritt weiter bis auf Ludwig II. herab zu gehen, und da es auch bei diesem mit einer Schenkung der Insel seine Schwierigkeiten haben mußte, weil er dieselbe nicht erobert hatte, so sah man von der Schenkungsgeschichte ganz ab und ließ nur unter seiner Regierung die Rügianer auf dem gewöhnlichen Missions= wege durch Korvei'sche Mönche zum Christenthum bekehrt sein. — Diese Form der Sage ist es dann, die wir bei Helmold an der ersten Stelle finden.

Das Kloster Korvei hielt natürlich an derjenigen Form der Ueber= lieferung fest, die gestützt auf die Autorität des Abts Wibald und im An= schluß an eine Notiz der eigenen Kloster=Annalen die Schenkung Rügens durch Kaiser Lothar behauptete. Als dann im Jahr 1325 das Rügen'sche Fürstenhaus ausgestorben war, hielt man es an der Zeit, die Ansprüche des Klosters geltend zu machen. Zu diesem Zweck bedurfte man aber beweisender Argumente; namentlich mußte die Beibringung der kaiser= lichen Schenkungsurkunde als erwünscht erscheinen. Eine solche war aber nicht vorhanden; daß sie einmal vorhanden gewesen sei, daran zweifelte man nicht; denn da man an der Schenkung seit Jahrhunderten schon nicht mehr zweifelte, so mußte ja auch eine Schenkungsurkunde vorhanden ge= wesen sein. Sollte man nun die Rechte des Klosters aufgeben, weil die Schenkungsurkunde durch irgend ein zufälliges Mißgeschick, wie man vor= aussetzte, abhanden gekommen war? — Mit nichten, dachte man, und machte, was man nicht hatte: man fertigte die uns gegenwärtig noch er= haltene Schenkungsurkunde an, indem man die im Kloster längst vor= handene Tradition benutzte. Daß die Urkunde trotzdem einige sehr handgreifliche Merkmale der Unächtheit darbot, lag wenigstens nicht an dem guten Willen der Verfasser; die Jahreszahl 844 — übrigens nur eins dieser Merkmale — mochte schon dem ersten Herausgeber, dem Jesuiten Schaten, 1693 so bedenklich erscheinen, daß er sie nicht mit abdruckte.

Daß dies, auf gut Deutsch gesagt, eine Fälschung war, ist gewiß; allein es war eine Fälschung in majorem dei gloriam, und zudem glaubte man ja in Korvei, daß es mit der Sache selbst seine volle Richtigkeit habe. Wie ungenirt man in der Erdichtung von Dingen verfuhr, die nach der Ansicht der Geistlichkeit als zweckdienlich für ihr Interesse erachtet wurden, zeigen noch in demselben Jahrhundert, wo die Schenkungsurkunde zuerst ans Licht trat, ein paar Aufzeichnungen in demselben Kloster.

Um das Jahr 1350 nämlich schrieb man zu Korvei in ein Lehns= register, das Kloster habe den Herzog von Stettin mit Rügen belehnt; und im Jahr 1386 ward dort diese Angabe in einem andern Lehnsregister wiederholt (s. Rosegarten, Cod. Pom. Dipl. p. 14) und doch ist dies unzweifelhaft eine reine Fiction, wenn man nicht annehmen will, daß der Klosterabt zu seinem Privatvergnügen einen Lehnsbrief für den Herzog von Pommern ausgefertigt hat, den dieser weder verlangt, noch angenommen hat — schon aus dem einfachen Grunde nicht, weil er das Fürstenthum Rügen bereits von Dänemark zu Lehen hatte.

Wenn dann zu Ende des dreißigjährigen Krieges der Abt von Korvei den kaiserlichen Feldmarschall von Hatzfeld mit der Insel belehnte, so war dies wieder ein rein unschuldiges Privatvergnügen, und wenn er 1645 die Ansprüche des Klosters bei den Friedensverhandlungen zu Osnabrück wieder anzumelden die Stirn hatte — das Pommersche Fürstenhaus war 1637 ausgestorben — wenn ferner der kaiserliche Gesandte auf Grund dieser Ansprüche verlangte, Brandenburg, der nächste Erbe Pommerns, solle Rügen von Korvei zu Lehn nehmen, so mußte dies Verlangen mit einem spöttischen Achselzucken aufgenommen werden. Uebrigens behielt bekanntlich Schweden damals die Insel und seitdem haben die Aebte von Korvei sich beruhigt.

Nach dieser Ausführung wird man es wohl natürlich finden, wenn wir die Erwartung aussprechen, daß ein späterer Geschichtschreiber von Rügen die angebliche Schenkung und Bekehrung der Insel durch Korvei'sche Mönche aus dem Gebiet der Geschichte in das nebelhafte Reich der Legende verweist; es ist eine Legende, hervorgegangen aus frommem Mißverständniß, fortgesponnen von theologischer Unkritik und ausgebildet im Interesse der Hierarchie, bis zur wissentlichen Fälschung.

Erst nachdem die vorliegende Schrift bereits für den Druck vollendet war, kamen mir die Meklenburgischen Annalen bis zum Jahr 1066, von Dr. Fr. Wigger. Schwerin 1860. zu Gesicht, welche in ihrem 4. Anhange gleichfalls das Thema „Corvey und Rügen" behandeln. Der Verfasser kommt hier im Wesentlichen zu demselben Resultat, zu welchem ich auf Grund der obigen Untersuchung gelangt bin, daß die ganze Sage von der einstmaligen Bekehrung und dem Wiederabfall Rügens, vom St. Veitsdienst und seiner Verkehrung in Swantewitsdienst gar keine historische Grundlage hat, sondern aus einem Mißverständniß hervorgegangen und durch Unkritik und frommen Betrug weiter gesponnen ist. Dr. Wigger ist geneigt, bereits die Erwähnung Rügens in dem Register des Korvei'schen Abtes Saracho für einen spätern Zusatz zu halten. Unmöglich ist dies allerdings nicht; doch läßt es sich, wie oben von mir versucht, auch aus der gerade zu Saracho's Zeit sich verbreitenden näheren Kunde über die Zustände der Wendenländer erklären. Hörte Saracho, daß auf Rügen St. Veit abgöttisch verehrt werde, so konnte er hierin einen Fingerzeig erblicken, daß die Insel einstmals dem Schutzheiligen seines Klosters gehört habe.

2. Wenden oder Wendo-Germanen?

Zu Seite 12.

Die Frage, ob wir die Bevölkerung der Wendischen Ostsee-Länder im zwölften Jahrhundert als eine durchaus Wendische zu denken haben, oder als ein Gemisch von Wendischen und von der früheren Bevölkerung herrührenden Deutschen Elementen, ist von unseren heimischen Geschichtsforschern vielfach erörtert. Die Veranlassung, die Frage in letztern Sinne zu entscheiden, fand man namentlich in der Erscheinung, daß wir vom 12. Jahrhundert an das Wendenthum dem eindringenden Deutschthum gegenüber in raschem Verschwinden begriffen sehen, so daß nach ein paar hundert Jahren von Wendischer Bevölkerung und Sprache in den westlichen Wendenländern, zu denen ja auch Rügen gehört, nicht mehr die Rede ist. Man glaubte diese Erscheinung nur daraus erklären zu können, daß sich unter Wendischer Herrschaft noch ein Grundstamm Deutscher Bevölkerung erhalten habe, an welche dann die Deutsche Einwanderung, die man sich lange nicht so bedeutend zu denken habe, wie sie gewöhnlich dargestellt werde, nur habe anzuknüpfen brauchen, um dem Deutschthum wieder zum Siege zu verhelfen.

Die Frage ist von Kosegarten in dem von ihm, Hasselbach und von Medem herausgegebenen Codex Pomeraniae Diplomaticus in den Anmerkungen zu einer Urkunde des Rügischen Fürsten Witzlaw I. vom Jahr 1221 abermals gründlich und abschließend erörtert. Da indeß das genannte große Urkunden-Werk, in dem sich außer den Urkunden noch eine Fülle des schätzbarsten historischen, antiquarischen und sprachlichen Materials befindet, nur in den Händen weniger Privatpersonen sein dürfte, so glaube ich vielen meiner Leser einen Dienst zu erweisen, wenn ich Kosegartens Bemerkungen hier im Wesentlichen mittheile.

Kosegarten knüpft an einen Hauptsatz des (verstorbenen) Professors Fabricius in dessen Abhandlung „Das frühere Slaventhum der zu Deutschland gehörigen Ostseeländer" in den Meklenburgischen Jahrbüchern Bd. 6. Dieser Satz lautet:

„In den Wendischen Ostseeländern waren nur die Fürsten und der Adel Slaven, die auch einzelne Ansiedelungen Slavischer Leibeigenen gemacht hatten; unter jenen Slavischen Herren wohnte aber in diesen Ländern ein Deutscher, von den Warnern entsprossener, von Alters her daselbst ansässiger, fortwährend Deutsch bleibender Hauptstamm der Bevölkerung, welcher auch die Deutsche Sprache beibehielt. Dieser Deutsche Stamm ward auch später durch die Slavischen Fürsten begünstigt und gleichsam neu belebt. Die spätere Deutsche Bevölkerung der Wendischen Länder ist daher nicht durch ein von Westen her erfolgendes Einwandern Deutscher Ansiedler entstanden."

Diese Ansicht hat auch der Bürgermeister Fabricius in seinen Urkunden zur Geschichte des Fürstenthums Rügen Bd. II. p. 44. 72—74 aufgestellt; er bezeichnet dort die frühere Ansicht, daß nämlich die Deutschen im zwölften und dreizehnten Jahrhundert durch Einwanderung in die Wendischen Länder gekommen, als „die beliebte Phrase von einer neuen planmäßigen Bevölkerung des veröbeten Slaviens durch Deutsche". — Aehnlich äußert sich Giesebrecht in seinen Wendischen Geschichten.

Bei aller Achtung vor den genannten Forschern (fährt nun Kosegarten fort) müssen wir doch dafür halten, daß die von ihnen aufgestellte Behauptung allen Zeugnissen derjenigen Zeitgenossen, welche unsere Wendischen Länder am besten kannten, ingleichen den Zeugnissen unserer Urkunden des 12. und 13. Jahrhunderts, völlig widerspricht, und daß dagegen die Einwanderung des Deutschen Sächsischen Stammes, die daher auch ihre Sächsische, d. i. Plattdeutsche Sprache, mitbrachten, keine leere Phrase ist. Der Gegenstand eignet sich natürlich zu ausführlichen Nachweisungen. Hier aber können wir nur kurz Folgendes bemerken.

1. Die Geschichtschreiber des zwölften Jahrhunderts, welche aus eigner Anwesenheit die Beschaffenheit der Wendischen Länder in Erfahrung gebracht hatten, kennen in diesen Ländern nur Slavisches Volk und Slavische Sprache. Ihre Zeugnisse darüber sind vollkommen deutlich, entschieden und einstimmig. **Die Deutschen Begleiter des Bischofs Otto von Bamberg** durchreiseten Pommern in den Jahren 1124 und 1128. Sie verkehrten überall nicht nur mit den Vornehmen, sondern auch mit dem Haufen des gemeinen Volks. Höchsterfreut würden sie gewesen sein, wenn sie unter der barbara Pomeranorum gens — dem barbarischen Pommernvolk — über deren Fremdartigkeit und Wildheit sie so oft klagen, irgendwo Deutsche Landsleute gefunden oder den tröstlichen Klang Deutscher Sprache vernommen hätten. Aber auch nicht die leiseste Spur

hievon zeigt sich in ihren Berichten. Nichts als Slavisches Volk und Slavische Sprache finden sie vor. Herzog Boleslaw III. von Polen, welcher viele Jahre in Pommern gekriegt hatte, schreibt dem Bischof Otto, indem er ihn zur Reise nach Pommern auffordert, er werde ihm Reise=Gefährten und Dolmetscher der Sprache mitgeben (socios itineris et linguae interpretes). Ludewig, Scriptor. rer. bamberg. p. 653. Als Otto von Polen nach Pommern aufbricht, werden sowohl der Slavischen als der Deutschen Sprache kundige Begleiter (tam slavicae quam teutonicae linguae gnari satellites) mit ihm gesandt. p. 655. Als Otto zu Pyritz das Pommersche Volk anredet, spricht er durch einen Dolmetscher zu ihm: de loco editiori populum cupientem ore alloquitur interpretis. p. 659. Zu Stettin redet Otto Knaben auf der Straße an, und zwar lingua barbara, d. i. in Slavischer Sprache, p. 713, denn Otto war derselben nicht ganz unkundig, da er sich schon früher in Polen aufgehalten. Unter lingua barbara ist hier sicher nicht Deutsche, sondern Slavische Sprache zu verstehen, da es immer das Slavische Wesen ist, welches diese Deutschen Reisenden als rohe Barbarei (cruda barbaries) bezeichnen. In Gützkow redet Otto zum Volk wieder durch den Dolmetscher: episcopus cum de fide religionis eos per interpretem alloqueretur. p. 699. Wo die Begleiter Otto's in Pommern auf Leute trafen, welche andern als Slavischen Geschlechts waren, da unterlassen sie nicht, es zu bemerken; z. B. daß sie zu Gützkow gefangene Dänen vorgefunden. p. 701. Sie würden es nicht verschwiegen haben, wenn ihnen zu Ohren gekommen wäre, daß in Pommern auch deutschredende Leute wohnten; unmöglich hätten sie hierüber schweigen können, wenn, wie der Prof. Fabricius sich ausdrückt, der Hauptstamm der Bevölkerung Pommerns, unter welcher sie sich täglich bewegten, Deutsch gewesen wäre und Deutsch geredet hätte. — Der Kleriker Helmold, welcher unter den Slaven in Wagrien oder Holstein lebte, und um anno 1170 seine Chronik schrieb, kennt in den Wendischen Ländern keine andere eingeborene Bevölkerung, als Slavische und Slavische Sprache. An die Slavische Grenze wird ein Kundschafter gesandt, welcher Slavisch versteht (gnarus slavicae linguae) lib. I. cp. 25. Der Obotritische Fürst Gottschalk predigt seinem Volk in Slavischer Sprache: ea scilicet, quae ab presbyteris mystice dicta, cupiens slavicis verbis reddere planiora cp. 20. Der Priester Bruno predigt in Wagrien Slavisch: administravit verbum Dei, habens sermones conscriptos verbis slavicis. — Von Deutsch redenden Warnern im Obotritenlande ist bei ihm gar keine Spur. Der Däne Saxo Grammaticus, Zeitgenosse des Helmold, welcher über das zwischen den Dänen und den Wenden damals Vorgehende sehr wohl unterrichtet war, kennt nichts als Slaven und Slavische Sprache im Wendenlande. Er sagt, Gottschalk sei mit den Pommern sehr vertraut gewesen, wegen der Kenntniß ihrer Sprache, ob linguae eorum peritiam. Ed. Müller p. 836, und habe dem Dänischen Bischof Absalon als Dolmetscher bei den Slaven (interpres apud slavos) gedient, p. 865, und Nicolaus Falstricus sei, weil er die Sprache des Slavischen Volks verstand (quod slavicae gentis linguam calleret) als Kundschafter zu Jaromar geschickt worden. p. 973. Diese einstimmigen Zeugnisse von Leuten, die unter den Bewohnern der Wendischen Lande gelebt hatten, zu bezweifeln, ist kein Grund vorhanden.

2. Dagegen bezeugen uns in Urkunden und Chroniken die Zeitgenossen im 12. und 13. Jahrhundert ganz deutlich das Wandern Niederländischer und Sächsischer Ansiedler nach Osten an die Elbe und in die Wendischen Länder. Der Erzbischof Hartwig von Bremen erwähnt ao. 1149 die bei Stade an der Elbe angesiedelten Holländer; er verleihet nämlich dem Johannes und Simon ein Stück Marschland und dabei: justitiam quam affectabant, scilicet qualem Hollandensis populus circa Stadium habere consuevit, d. h. das bei den Holländern in Stade gebräuchliche Recht. Lappenberg, Hamb. Urkunden-Buch Bd. I. p. 177. Im Jahr 1154 sagt der Bischof von Meißen in einer Urkunde, daß er das verödete Dorf Kühren bei Wurzen mit aus Flandern gekommenen Männern besetzt habe. Schöttgen, Geschichte des Markgrafen Conrad des Großen, p. 323. Im Jahr 1170 verschenkt Markgraf Otto I. von Brandenburg fünfzig Schillinge „von unsern Einkünften, die uns die von Holländern abstammenden Ansiedler (Hollandigenae) am Ufer der Elbe herkömmlich zu zahlen haben." Küster, opuscula collect. hist. march. tom. 16. p. 106. — Helmold sagt lib. I. cp. 88 vom Brandenburgischen Markgrafen Adalbert: „Als schließlich die Slaven zu fehlen anfingen (deficientibus sensim), sandte er nach Utrecht und in die Rheingegenden, ferner zu denen, die vom Ungestüm des Meeres zu leiden hatten, nämlich den Holländern, Seeländern und Flandrern, und ließ von ihnen eine sehr große Anzahl (populum magnum nimis) kommen und ließ sie in den Städten und Ortschaften der Slaven sich niederlassen. Und es ward durch den Einzug der Ankömmlinge das Brandenburgische wie das Havelberger Bisthum sehr gestärkt, weil die Kirchen vervielfältigt wurden und die Zehnten einen ungeheuren Zuwachs empfingen." — Ferner sagt Helmold lib. I. cp. 91: „Dann ließ Heinrich, Graf von Ratzeburg, im Lande der Polaber, eine Menge Volks (multitudinem populorum) aus Westphalen kommen, damit sie das Land der Polaber anbauten." — Derselbe sagt lib. II. cp. 14: „Denn das ganze Land der Slaven, zwischen

Eider, Ostsee und Elbe, in weiten Strecken bis Schwerin vormals fast wüste und seiner Unsicherheit wegen gefürchtet, ist nun mit Gottes Hülfe gleichsam zu einer einzigen Sachsen-Colonie gemacht worden (redacta est velut in unam Saxonum coloniam)." — Bischof Brunward von Schwerin sagt in einer Urkunde von anno 1219: „Da unser Sprengel vieler Orten wegen der Barbarei der Slaven uncultivirt war, und die Fürsten unseres Landes nicht nur Krieger und Ackerbauer, sondern auch Mönche heranzogen, den neuen Weinberg der Christenheit zu bebauen 2c." Lisch, Mckl. Urk. Bd. 3. p. 63. — Daß solche Deutsche Ansiedler (teutonici hospites) sich selbst in Polen einfanden, ist aus einer Urkunde des Herzogs Wladislaw von Kalisch von ao. 1212 ersichtlich; der Herzog schenkt dem Preußischen Bischof ein Dorf mit der Berechtigung, darin Deutsche oder andere Ansiedler aufzunehmen. Voigt, Cod. dipl. Pruss. Bd. I. p. 9. — Berücksichtigen wir solche Zeugnisse der Zeitgenossen, so können wir nicht in Zweifel darüber bleiben, welche Leute unter den Deutschen Colonisten (colonis teutonicis), welche in den Pommerschen Urkunden erscheinen, zu verstehen sind. Bugenhagen, führt Pomeran. p. 145 in Bezug auf die Stiftung des Klosters Bukow in Hinterpommern, welche ao. 1252 durch Swantepolk II. geschah, Folgendes an: „Folgendes, was wir im Kloster Bukow aufgezeichnet finden, ist der Erwähnung werth: Nachdem das Kloster eingerichtet und bestätigt war, fürchteten die Pommern, daß auf diese Veranlassung die Deutschen (Theutonici sive Theutones) ins Land kämen, und vertrieben die Mönche des Klosters. Sie wurden indeß mit Unterstützung der Fürsten nach zwei Monaten wieder ins Kloster zurückgeführt. — Bemerke hier Leser (fügt Bugenhagen hinzu) den Unterschied zwischen denen, die an dieser Stelle Deutsche, und denen, die Pommern genannt werden, worauf wir schon oben hingewiesen haben." — Es ward nämlich das Kloster Bukow durch das Kloster Dargun angelegt (Dreger Nr. 188) und von der Ankunft der Dargun'schen Mönche erwartete man das Nachfolgen der Deutschen Ansiedler. Die Klöster zogen gern ihre Landsleute nach sich. Daher wird den Klöstern Dargun und Hilda, welche zuerst mit Dänischen Mönchen besetzt wurden, auch die Berufung Dänischer Colonisten (coloni dani) verstattet. Siehe die Nrn. 36. 88. in der Rosegartenschen Urkundensammlung.

3. Alle Ortsnamen in unsern ältesten Pommerschen und Rügischen Urkunden sind Slavisch. Wir verweisen nur auf unsre Nrn. 16. 24. 29. 35. 36. 71. Nicht blos die ganz speciellen Dorfnamen, wie szobedarg, domagneva, dobimuisle, dolgolize, vincedargo, sondern auch solche Ortsbenennungen, welche allgemeinerer Art sind, und noch mehr den Charakter eines nomen appellativum behalten, wie glambike loug,

Tiefmoor, dalge loug, langmoor, serucoloug, Breitmoor, wili damb, große Eiche, trigorke, Dreihügel (wir könnten noch Goor, Berg, Bor, Wald und andere hinzufügen), sind so deutlich Slavisch, daß gar kein Zweifel dabei stattfinden kann. Wie wäre es möglich, daß ein in unsern Ländern von Alters her sitzender und Deutsch redender Hauptstamm der Bevölkerung alle seine Felder, Bäche, Hügel, Dörfer Slavisch genannt hätte? Der Prof. Fabricius a. a. O. S. 29 will sich dies daraus erklären: „daß die Slavischen Herren ihren Dörfern Slavische Namen gaben, welche, obgleich die darin wohnenden Bauern Deutsche waren, allein in officiellen Gebrauch kamen." Für eine solche doppelte gleichzeitige Benennung unserer Oerter, deren eine angeblich officiell, die andere nicht officiell gewesen, giebt es nicht den mindesten Beweis. Deutsche Ortsnamen erscheinen in unsern Urkunden erst sehr allmälig, in dem Maaße, wie Deutsche Ansiedler sich einfanden und festsetzten. Im Jahr 1173 wird in unserer Nr. 33 auf dem Gebiet des Klosters Kolbaz zuerst eine villa theutonicorum erwähnt, aber ohne weitern Namen. Diese villa war vermuthlich erst vor Kurzem entstanden, und hatte noch nicht einmal einen bestimmten oder anerkannten Deutschen Namen. Erst im Jahr 1242 finden wir in einer Kolbazischen Urkunde dafür die nähere Bestimmung: villa theutunicorum quae chrogh dicitur. Ebenso erscheinen andre Deutsche Ausdrücke in unsern Urkunden auch nur sehr allmälig, wie z. B. von ao. 1215—1240 vosgroven, Fuchsgruben, wormgrawe, Wurmgraben, punt, Pfund, stenbedde, Steinbette, boke, Bach, borchwerk, Burgwerk, werder, Insel. Diese Deutschen Worte wurden von den Deutschen Klerikern, welche unsre Urkunden schrieben, um so lieber gebraucht, als sie zu ihrer Muttersprache, lingua patria, gehörten. Diese seit dem dreizehnten Jahrhundert in Pommern sich zeigende Deutsche Sprache ist die Niedersächsische, wie sie in den lateinischen Bremischen, Braunschweigischen, Osnabrückischen Urkunden jener Zeit gleichfalls in einzelnen Worten und in den Eigennamen erscheint, bis nach und nach auch ganze Schriften in dieser Sprache üblich werden.

4. Die von Prof. Fabricius für seine Ansicht als Beweise aufgestellten Sätze erweisen nicht, was sie erweisen sollen. Er hat sich in seinen Betrachtungen zu sehr auf das Fürstenthum Rügen beschränkt (wo übrigens die Ansicht von einem Deutschen Grundstamm der Bevölkerung im 12. Jahrhundert eben so unerweislich ist, als für die angrenzenden Wendischen Länder). In historischen Forschungen ist es rathsam, auch links und rechts zu sehen. Er sagt:

a. „Die Wendischen Fürsten würden sich nicht dazu entschlossen haben, ihre Wendische Bevölkerung durch herbeigerufene Deutsche An=

siedler zu unterdrücken." p. 2. — Wodurch jene Fürsten zur Herbeirufung der Deutschen Ansiedler genöthigt waren, ist oben nachgewiesen worden. (Die Stelle p. 314, auf welche Kosegarten hier Bezug nimmt, führt unter Bezugnahme auf die betreffenden Stellen der Urkunden den Satz aus, daß die Wendischen Fürsten, indem sie Deutsche Ansiedler ins Land zogen, nur einem Gebot der Nothwendigkeit folgten. „Es blieb ihnen hierin keine Wahl. Wollten die Wendischen Fürsten ihre Staaten erhalten und zur Selbstvertheidigung fähig machen, so mußten sie Deutsche Bevölkerung, Deutschen Ackerbau und Deutsche Bürgerschaft zu Hülfe rufen, da ihre Slavische Bevölkerung zu schwach geworden war. Diese war an sich zum einträglicheren Anbau des Landes nicht geneigt, und überdies in vielen Gegenden durch die Kriege sehr vermindert; Einöden (solitudines) und wüste Oerter (loci vasti) erscheinen häufig in den Urkunden.")

b. „Die Wenden würden eine solche Unterdrückung durch die Deutschen Ansiedler nicht ruhig geduldet haben." p. 2. Die Wenden kämpften gegen den Andrang der Deutschen noch im zwölften Jahrhundert mit Anstrengung und Tapferkeit. Aber seitdem war ihre Kraft durch die verheerendsten Kriege gebrochen, und sie vermochten daher im dreizehnten Jahrhundert nicht mehr die eindringenden Deutschen abzuhalten. In Pommern namentlich hatten Polen und Dänen abwechselnd gewüthet, und bei den Obotritischen und Wilzischen Nachbarn waren seit dem dreizehnten Jahrhundert die Deutschen schon im Uebergewicht.

c. „Es sei schwer zu glauben, daß Deutsche Ansiedler in einem so kurzen Zeitraume das Uebergewicht über die Wendische Bevölkerung hätten erlangen können." p. 14. — Der Zeitraum, innerhalb dessen dies geschah, war auch nicht so kurz. In Pommern finden wir die Wenden noch das ganze dreizehnte Jahrhundert hindurch (auf Rügen soll die Wendische Sprache erst zu Anfang des 15. Jahrhunderts ganz ausgestorben sein) und im östlichen Pommern sind sie niemals ganz ausgegangen. Uebrigens erzählt uns ja Helmold, wie rasch eine solche Veränderung unter seinen Augen in seinem Lande geschah. Die Stelle lib. II. cp. 14 s. oben.

d. „Die Sächsischen Länder hätten nicht Menschen genug gehabt, um so viele Ansiedler herzugeben." p. 14. — Die Ansiedler sind auch sicher nicht zu Hunderttausenden gekommen. Wenn jährlich nur ein Deutsches Dorf oder ein paar in Pommern angelegt wurden, und diese Ansiedlung ein halbes Jahrhundert fortgesetzt ward, so vermehrten sich diese Ansiedler bald beträchtlich. Dazu kam, daß die Städte, wie Stralsund, Greifswald, Anclam, Demin, Stettin im dreizehnten Jahrhundert ihre Bevölkerung ganz aus Deutschen bildeten, wodurch denn das Uebergewicht des Deutschen Wesens im Lande sehr befördert ward.

e. „In Pommern seien die Deutschen Hufenmaaße neben den Slavischen Hufen üblich gewesen." p. 17. — Allerdings war dies der Fall, aber nur seitdem Deutsche Ansiedler ins Land kamen. (Kosegarten verweist hier auf die p. 312 des Cod. dipl. gegebene Ausführung über die verschiedenen Hufenmaaße.)

f. „Man finde im Fürstenthum Rügen zwar Dörfer, die das Beiwort Wendisch im Namen führten, wie Wendisch-Baggendorf, aber keine, welche das Beiwort Deutsch hätten. Folglich hätten die Wendischen Dörfer nur die Ausnahme gebildet." p. 28. — Aber es finden sich allerdings auch Dörfer mit dem Beiwort dudesch, wie dudeschen Wargentin, Lisch, Hahnsche Urkunden Bd. I. S. 81, und dudeschen Gotzekow, oben Cod. dipl. S. 290. Doch in unsern ältesten Urkunden kommen solche Unterscheidungen in den Namen gar nicht vor. Erst die Deutschen Ansiedler waren es, welche diese Benennungen einführten, als die Wenden häufig in Nebendörfer verlegt wurden; die Deutschen unterschieden aber natürlich am häufigsten nur von ihrem Hauptdorfe das neu entstandene Wendische Nebendorf durch einen Beisatz im Namen. Uebrigens aber bemerkt Fabricius selbst, daß in den Dorfnamen an die Stelle des Wendisch und Deutsch gewöhnlicher die Unterscheidungen Klein und Groß traten, und diese finden sich beide in gleicher Anzahl vor.

g. „Unter den Namen von Anhöhen, Vorgebirgen, Gewässern fänden sich im Fürstenthum Rügen viele Deutsche; selbst Pommersche und Rügen'sche Fürsten führten Deutsche Namen." p. 30. 31. — Diese Behauptung ist ungegründet; was der Verfasser darüber beibringt, beruht auf Mißverständnissen. Er führt Rügen'sche Benennungen, wie wittmund, Wittow, pért, Pferd, höwet, Vorgebirge, hürn, Landspitze, bug, Biegung, bodden, Binnenwasser, als in ältester Zeit vorkommende auf. Von solchen Deutschen Benennungen findet sich in unsern ältesten Urkunden nicht die mindeste Spur. Wittow heißt in alten Urkunden nie anders, als: wythuy, wytowy, wyttova, Fabricius, Rüg. Urk. Bd. II. p. 88. Der Name Wittmund ist blos in der spätern Schiffersprache üblich. Der Name der Insel Rügen stammt schwerlich von den Rugiis der Römer. Denn er wird in den Dänischen und Rügischen Urkunden nur roe, roia, ruia, rue, ruic geschrieben und die Einwohner heißen ryenses, roiani, ruiani, ruani, rani. Das Rügische Landvolk nennt die Insel noch jetzt: roien, röjjen, vergl. Cod. dipl. p. 65. In diesem Namen liegt wahrscheinlich eine Slavische Wurzel rui, vielleicht das Polnische roy, Schwarm, roie, ich schwärme. Aber Gelehrte des Mittelalters und späterer Zeiten liebten es, die bei den alten Schriftstellern vorkommenden Namen zu gebrauchen, und diese daher irgendwo unterzubringen. So ward der Norbische Name Orm zu Homerus, der Nordische Axel zu Absalon; die Dänen wurden in Daci verwandelt, und die Insel Roia in Rugia. weil die Römer von Rugiis berichteten (Cod. dipl. p. 192). Die Stadt Wolin ward Julinum und zur Tochter des Julius Cäsar gemacht; der Mönch Andreas in der Vita Ottonis lib. III. cp. 1 sagt: „Julin ist von Julius Cäsar gegründet und benannt." — Tribsees ward von Einigen in tributum Caesaris verwandelt, Crantzius in Vandalia lib. II. cp. 33 und Stetin in Sedinum, weil Ptolemäus von Sidinis erzählt. Der Fürstenname Jaromar, welchen Fabricius wegen der Endung mar für einen Deutschen halten will, ist gleichwie seine hiesigen Verwandten Jaroslaw und Jarognew ebenso gut ein Slavischer, wie die in unsern Urkunden vorkommenden Kazimar, Dobemar, Dobrimar, Nachimar, Gnevomar, Gozemar, Nebemar, Nutsimar, Ratimar, Secimar, Slavomar, Bencemar, Wolimar, Wsemar. Eben diese Endung wird bisweilen in unsern Urkunden auch mer und mir geschrieben, wie Zirzimer, Wolimer, Bincemir, Nebamir, wie im Polnischen und Böhmischen. (Auch statt Jaromar finden wir Jarmer geschrieben.) Der von Nordischen Schriftstellern erwähnte Fürst Burisleifr führt den ächt Slavischen Namen Borislaw. Uebrigens sind die Nordischen Sagas oft bedenkliche Quellen für unsere Pommerschen und Rügischen Namen; denn sie lieben es sehr, die fremden Namen der Nordischen Sprache gemäß zu gestalten. Es ist möglich, daß an der Rügischen Küste, wo die Dänen oft verkehrten, drei oder vier Nordische Ortsbenennungen sich festsetzten, wie das bei Saxo Grammaticus häufig vorkommende Hythis, d. i. Hiddensee, Wollung, d. i. die Gegend bei Schaprode, Jasmund, obwohl auch dies noch im Dunkel liegt, wegen der Neigung der Dänen zu skandinavisiren; siehe Balt. Studien Bd. I. p. 44. 51. 53. 59. 73. 76. Sie finden an der Pommerschen Küste ansund, stenborg (Camin), burstaborg (Stetin) und viel dergleichen, als wenn sie dort in Dänemark gewesen wären.

h. „Die Slavische Sprache, wenn sie in den Wendischen Ländern allgemein gesprochen worden wäre, hätte nicht daraus verschwinden können." p. 32. — Daß einheimische Sprachen verschwinden können, wenn ein fremder Volksstamm im Lande das Uebergewicht erhält, davon haben wir Beispiele in großer Anzahl. Wir erinnern nur an die Britische Sprache, welche durch die Ansiedlung der Sachsen verdrängt ward, und an das Verschwinden der Preußischen Sprache. Ob unter solchen Verhältnissen eine einheimische Sprache sich erhält oder nicht, hängt von der Zahl der Einwanderer und von der Kraft des einheimischen Volksstammes und von mancherlei andern Umständen ab.

i. „Wir hätten gar keine Rügische (auch keine Pommersche) Urkunden in Slavischer Sprache." p. 33. — Dies wird auch kein Geschichtskundiger anders erwarten. Die Polen haben auch keine alte Urkunden in Slavischer Sprache, sondern nur lateinische. Im 12. Jahrhundert, als Pommern noch Slavisch war, schrieb man im ganzen Abendlande, und daher auch in Pommern, nur lateinische Urkunden. Dies dauerte auch noch den größten Theil des 13. Jahrh. fort. Als man seit dem Anfang des 14. Jahrh. in Pommern auch Urkunden in der Landessprache zu schreiben anfing, waren seine Fürsten, Adel, Geistlichkeit und Städte schon Deutsch, und schrieben also solche Urkunden in Deutscher Sprache.

k. „Wenn die Deutsche Sprache erst durch Einwanderer nach Pommern gekommen wäre, so hätte sich hier eine verdorbene Mischlingssprache bilden müssen, da Niedersachsen, Westphalen, Flamänder, Dänen einwanderten." p. 34. — Die meisten Einwanderer in Pommern waren Niedersachsen und Westphalen, daher deren Sprache in Pommern die Oberhand gewann, eben so wie in der Mark, obwohl erweislich hin und wieder Flamänder in der Mark angesiedelt wurden. Was der Verf. an dieser Stelle weiter über Mundarten des Niedersächsischen, und angeblich Paderbornsches Plattdeutsch auf Mönchgut anführt, bedarf sehr der nähern Prüfung.

l. „Das ao. 1530 vom Rügischen Landvogt Matthäus von Normann aufgezeichnete: Wendische Recht und Gebruck im Fürstenthumb Ruigen enthalte Deutsches Recht." p. 36. — Sehr richtig und ganz natürlich. Denn als Matth. von Normann schrieb, war Rügen schon lange ganz Deutsch gewesen. Er nannte das von ihm aufgeschriebene Recht nur deshalb Wendisch, weil es das Recht eines ehemals Wendischen Landes war, wie Lübeck, Wismar, Rostok, Stralsund, Greifswald sich stets die Wendischen Hansestädte nannten, weil sie im ehemals Wendischen Lande lagen, obwohl in ihnen selbst keine Spur Wendischen Wesens war.

m. „Die Urkunden gedächten der Einwanderer so selten und das Land sei auch nicht so verödet gewesen." — Wir verweisen in dieser Beziehung auf das früher Ausgeführte. Cod. dipl. p. 314. 318.

n. „Das in Westphalens monum. inedit. tom. III. p. 619 abgedruckte Verzeichniß Lübeckischer Rathmänner nennt uns als schon im zwölften Jahrhundert erwählte Rathmänner: Cord Strale van Wineta, Arcecumus Scholdonto van Jülin, Beringer Todo ut Pamern ao. 1165 gekeset, Heidenreich Sasgardt van Arcona ute Pamern ao. 1172, und manche Andere: van Usedom, van Anklam, van Bart, ut Bruband, welche denn anscheinend Deutsche seien." p. 46. — Dieser Inhalt des gedachten Verzeichnisses ist, wie die oben hergesetzten Namen hinlänglich zeigen, so bedenklicher Art, daß ihm kein Gewicht eingeräumt werden kann.

So weit Kosegarten. Nur Eines möchte ich schließlich noch hinzufügen. Ich halte nämlich die Frage, ob in Pommern und auf Rügen im 12. Jahrhundert noch ein Deutscher Bevölkerungsgrundstamm mit Deutscher Sprache u. s. w. vorhanden war, für gänzlich unabhängig von der Ansicht über den Namen der Insel Rügen. (Vergl. oben das unter g. Ausgeführte.) Der Name Rügen könnte sehr wohl Deutscher Abkunft sein, ohne daß daraus auch nur das Allergeringste für eine im 12. Jahrhundert noch vorhandene Deutsche Bevölkerung folgte. Die Germanischen Rugier des Tacitus, welche unmittelbar am Ocean (protinus ab oceano) im nordöstlichen Deutschland, das Rugium des Ptolemäus im Norden Deutschlands (in Germania in climate magis septentrionali), die Holmi. Ruger des Jernandes, die von den aus Schonen kommenden Gothen besiegt und vertrieben werden (ad sedes Ulmerugorum, qui tunc oceani ripas insidebant) — führen uns unzweifelhaft in die Gegend der Insel Rügen, und die Annahme, daß dieselbe damals (in den ersten Jahrhunderten nach Christus) den Namen Ruga oder Rugia geführt habe, ist das Wahrscheinlichste. Daß im 12. Jahrhundert dann die Insel Roia, Ruia, die Bewohner Rojaner, Rujaner, Ranen (eigentlich Rjanen) bei den Wenden heißen, erklärt sich sehr leicht, wenn man annimmt, daß die Wenden bei ihrer Einwanderung in diese Gegenden den vorgefundenen Namen der Insel, den übrigens die Germanen auch schon von ihren Vorgängern überkommen haben mochten, ihrem weicheren Sprachtypus angemessen umbildeten. Solche Aufnahme und theilweise Umbildung bereits vorhandener Namen kommt allenthalben vor, wo ein Volk später von einem andern verdrängt wird. Ich erinnere nur an die Griechischen Namen, welche von Arabern und Türken, an die Römischen und Celtischen, welche von Deutschen, an die Britischen, welche von Angelsachsen, an die Maurischen, welche von Spaniern und Portugiesen, an die Indianischen, welche von Engländern und Spaniern in Amerika aufgenommen, resp. umgebildet sind. — So wenig wir aber aus einem noch vorhandenen Indianischen Namen auf eine dort noch vorhandene Indianische Bevölkerung schließen können, eben so wenig aus dem Namen Rügen (wenn er Deutscher Abstammung wäre) auf eine Deutsche Bevölkerung im 12. Jahrhundert.

3. Die Zahl der Bevölkerung Rügens im zwölften Jahrhundert.

Zu Seite 18.

Fabricius, Urkunden des Fürstenthums Rügen I. p. 102 kommt in Betreff der Bevölkerung Rügens offenbar zu einem zu hohen Resultat, wenn er für Arkona eine eben so zahlreiche Besatzung als für Karenz annimmt, d. h. 6000 Bewaffnete, zusammen für beide also eine waffenfähige Mannschaft von 12,000 Mann. Und da man nicht gut annehmen kann, daß die befestigten Zufluchtsörter auf Jasmund ganz ohne Besatzung gelassen sein werden, so würde Fabricius für ganz Rügen eigentlich zu der Annahme einer noch höhern Anzahl Waffenfähiger, etwa 13,000 oder 14,000 Mann, genöthigt sein. Allein Arkona bedurfte offenbar keiner Besatzung von 6000 Mann; die drei unbewallten Seiten waren hinlänglich durch das hohe, steil abfallende Ufer geschützt; es bedurfte hier höchstens einzelner Wachtposten, um einem waghalsigen Kletterungsversuch, der an sehr vereinzelten Stellen vielleicht möglich war, sofort zu begegnen. Für den einige hundert Schritte langen Wall, der die Westseite der Festung deckte, genügte eine Besatzung von höchstens 1500--2000 Mann vollkommen, und so konnte die Besatzung Arkonas zum guten Theil von Wittow gestellt werden, und den Rest stellte Rügen oder Jasmund. Rechnen wir daher außer den von Saxo angegebenen 6000 Mann in Garz noch etwa 3000 Mann auf Wittow und Jasmund, so erhalten wir die Ziffer von 9000 Bewaffneten für die Insel Rügen — wie mir scheint für jene Zeit schon eine sehr respectable Anzahl. Für die Anzahl von 12,000 Mann könnte freilich eine andere Stelle des Saxo zu sprechen scheinen, Ausg. von Müller und Velschow I. p. 981; dort wird berichtet, daß bei einem Zuge des Dänenkönigs Knud nach Cirzipanien (im J. 1184) ein Hülfscorps von 12,000 Mann aus Rügen sich mit ihm vereinigt habe. Man hat hier gar nicht nöthig, weil man die Zahl für Rügen zu hoch findet, mit den neuesten Herausgebern und Fabricius den Text für unzuverlässig zu erklären und statt 12,000 etwa 2000 zu lesen (duobus millibus statt duodenis millibus). Dergleichen Conjecturen haben, wo die Text-Lesart nicht wirklich schwankt oder sonst die Sache klar auf der Hand liegt, stets etwas sehr Willkürliches. Die Auflösung der hohen Ziffer liegt hier, wofern Saxo sich in der Zahlangabe nicht überhaupt geirrt hat, in dem Folgenden, wo erwähnt wird, daß die Provinz Tribsees damals dem Dänenkönig bereits gehorcht habe. (Autumno domi peracto, duodenis millibus e Rugia contractis, Tribusanam provinciam ditioni suae parentem peragrat. Post haec Circipanensium etc.). Die Provinz Tribsees, d. h. der nordwestliche Theil von Neu-Vor-Pommern, den man hier und da in alter Zeit auch als Festland von Rügen bezeichnet findet, war vom Dänenkönig dem Rügen'schen Fürsten Jaromar zu Lehn gegeben — etwa zehn Jahre später sehen wir urkundlich nachweisbar Jaromar im Besitz dieses von der Krone Dänemark ihm als Lehen gegebenen Districts — und wir dürfen daher annehmen, daß derselbe für das seinem Lehnsherrn zugeführte Hülfscorps damals den Heerbann nicht blos aus der Insel Rügen, sondern auch aus dem ihm verliehenen Theil von Neu-Vor-Pommern aufgeboten haben wird. Dann hat natürlich die Zahl 12,000 nichts Anstößiges mehr.

Alles hängt hier übrigens an den Angaben Saxo's, dessen Zuverlässigkeit oft gerechten Bedenken unterliegt. Wollte man indeß auch etwas Uebertreibung bei ihm annehmen, und statt der 30—35,000 Einwohner, zu deren Annahme uns seine Angaben über die Zahl der Bewaffneten berechtigen würden, nur etwa 25,000 annehmen, so würde selbst diese Zahl immer noch größer sein, als sie z. B. zu Ende des vorigen Jahrhunderts war. Im Jahr 1783 hatte Rügen nur etwas über 21,000 Einwohner. Siehe Gadebusch, Schwed.-Pommersche Staatskunde II. Beilage I. F.

4. Ueber die Zuverläſſigkeit der Knytlinga-Saga in Rügenſch-Pommerſchen Dingen.

Zu Seite 48.

Die beiden Hauptquellen für die Zuſtände und Ereigniſſe, welche nicht lange nach der Mitte des zwölften Jahrhunderts die Unterwerfung und Chriſtianiſirung Rügens und damit das Ende Wendiſcher Macht und Unabhängigkeit an der Oſtſee herbeiführten, ſind bekanntlich die **Slavenchronik Helmolds** und die **Däniſche Geſchichte des Saxo Grammaticus**.

Jener, Prieſter zu Boſau im öſtlichen Holſtein, beendete ſein Werk wahrſcheinlich um 1172. Er kannte die Wendiſchen Verhältniſſe aus eigener Anſchauung, und wenn es auch zunächſt die weſtlichen Holſteinſchen und Meklenburgiſchen Wenden waren, unter denen er lebte, ſo hatten doch die Zuſtände aller Oſtſee-Wenden viel Gemeinſames, und dazu kommt, daß Helmold den Rügianern als dem berühmteſten Wendiſchen Stamme, eine ganz beſondere Aufmerkſamkeit widmet, ſo daß wir manche Notizen über ihre frühere Geſchichte und Zuſtände nur ihm verdanken. Was ſeine Schreibweiſe betrifft — er ſchrieb lateiniſch — ſo nimmt er zwar mitunter den Mund etwas voll, namentlich wo es die Verherrlichung ſeines Helden Heinrichs des Löwen gilt; im Allgemeinen aber iſt ſie, wenigſtens gegen die Saxo's gehalten, durch ihre Einfachheit anſprechend. Er ſchreibt ſeine Geſchichte vom Deutſchen Standpunkt; namentlich die Thätigkeit Heinrichs des Löwen unter den Slaven-Völkern wird mit Vorliebe berückſichtigt; die der Dänen tritt in den Hintergrund; ſo erwähnt Helmold ihre Theilnahme an dem Feldzug von 1160 z. B. gar nicht. Ueberhaupt iſt er auf die Dänen ſchlecht zu ſprechen und wirft ihren Königen in Bauſch und Bogen Faulheit und Neigung zum Trunk vor — ein in dieſer Ausdehnung natürlich ungerechter Vorwurf *).

---

*) Leider iſt die von Lappenberg für Pertz Monumenta in Ausſicht ſtehende neue Ausgabe Helmolds noch immer nicht erſchienen, und man muß ſich daher an der alten

Ein oder einige Jahrzehnte nach Helmold schrieb Saxo Grammaticus seine Dänische Geschichte *). Die Form der Darstellungsweise ist sehr unerquicklich; seine Latinität ist den schlechten Mustern eines Valerius Maximus und Martianus Capella nachgeahmt, der Stil daher affectirt und gespreizt. In der Sache sind die Ereignisse natürlich vom Dänischen Standpunkte dargestellt; wie Helmold Heinrich den Löwen, so verherrlicht Saxo als seinen Helden den Bischof Absalon von Rothschild, dessen jüngerer Zeitgenosse, Freund und Begleiter er war, auf dessen Anregung er seine Geschichte schrieb, und dessen Mittheilungen, wo er nicht selbst Augenzeuge war, er folgte. Der Hauptwerth der Geschichte Saxo's steckt in den drei letzten Büchern (14—16), welche die Geschichte seiner Zeit enthalten. Für unsere Rügensch-Pommerschen Verhältnisse zu jener Zeit haben wir trotz der Einseitigkeit und mancher nachweisbaren Unrichtigkeiten — an Saxo eine unschätzbare Quelle, weil er persönlich als Begleiter Absalons Gelegenheit hatte, die Zustände und Ereignisse, die er beschreibt, kennen zu lernen.

Helmolds und namentlich Saxo's Berichte sind es denn auch, die den Darstellungen unserer viel späteren einheimischen Chronisten und Geschichtschreiber zu Grunde liegen.

Zu jenen beiden Hauptquellen gesellte sich in unserem Jahrhundert, vor etwa einem Menschenalter, eine dritte, die Isländische Knytlinga-Saga. Sie erschien Isländisch im XI. Band der Fornmanna Sögur, Kopenhagen 1828, dann im folgenden Jahr ins Dänische übersetzt von Rafn, und 1832 erschienen dann die auf die Kriege Dänemarks mit Rügen und Pommern bezüglichen Stellen in zwei Deutschen Uebersetzungen, die eine — unvollständigere — aus dem Dänischen von Kombst in den Baltischen Studien Jahrg. I., die andere — bessere und vollständigere — aus dem Isländischen von Mohnike in der Zeitschrift für historische Theologie, und kurz darauf in besonderem Abdruck, im Anhang zu Mohnike's Uebersetzung von Estrups Schrift über Absalon von Rothschild.

von Bangert, Lübeck 1659, veranstalteten Ausgabe vorläufig genügen lassen. — Die Laurent'sche Uebersetzung der Helmold'schen Chronik (in Die Geschichtschreiber der Deutschen Vorzeit XII. Jahrhundert 7. Band) ist übrigens bereits nach dem Lappenberg'schen Text angefertigt. — In dem von Lappenberg geschriebenen Vorwort findet man auch das Nähere in historischer Beziehung über Helmold.

*) Der Eine der beiden neuesten Herausgeber, Velschow, nimmt als die Zeit der Abfassung die Jahre von 1181 bis 1208 an; im zweiten 1858 erschienenen Bande der Ausgabe des Saxo, welcher die Prolegomena und längern Noten enthält. p. L. — Der erste, den Text des Saxo enthaltende Band ist 1839 erschienen. — Von den alten Ausgaben Saxo's sind die erste, Paris 1514, und die Stephanische, Kopenhagen 1644, die bedeutendsten.

Die Knytlinga-Saga ist ein Zweig der im Mittelalter so reichhaltigen Isländischen Sagenliteratur, welche eine unserer Hauptquellen für die ältere Geschichte der Nordischen Reiche bildet. Sie ist, obwohl ihre Geschichtserzählung nur eben so weit, wie die Saxo's reicht, d. h. etwa bis 1187, doch ein halbes Jahrhundert später als dessen Geschichte verfaßt, etwa um die Mitte des dreizehnten Jahrhunderts, von einem Isländer, vielleicht Olaf Thordson, der sich längere Zeit am Dänischen Königshofe aufgehalten hatte.

Wie es mit den Entdeckungen neuer Geschichtsquellen gewöhnlich zu gehen pflegt, so erging es auch der Knytlinga-Saga in Betreff ihrer Würdigung als Quelle für unsere Rügensch-Pommersche Geschichte: sie ward überschätzt.

Am meisten geschah dies von Kombst, dem ersten Uebersetzer, und später von Quandt in dem Aufsatz „Waldemars und Knuts Heerzüge im Wendenlande" (Baltische Studien X. Heft 2. p. 137 ff.), wo die Knytlinga-Saga auf eine gänzlich unkritische Weise mit Saxo combinirt wird. Mohnike deutet seine Zweifel mehr an, als daß er sie motivirt, indem er es für eine Unmöglichkeit erklärt, die Saga und Saxo in allen Theilen in Uebereinstimmung zu bringen (in dem kleinen Excurs über die Insel Swold hinter seiner Uebersetzung der Heimskringla. p. 541 ff.). Fabricius in seinen Rügischen Urkunden I. und Barthold in seiner Geschichte von Rügen und Pommern lassen in richtigerer Würdigung der Saga dieselbe meist bei Seite liegen, und halten sich an Saxo, ohne indeß ihr Urtheil über die Saga näher zu motiviren. Das Beste, was über den Werth der Saga als Geschichtsquelle für unsere Angelegenheiten gesagt ist, ist von L. Giesebrecht in seinen Wendischen Geschichten darüber gesagt. (Vergl. Bd. III. p. 118 not. 1. — p. 146 not. 1. — p. 385.) Giesebrecht hebt die unrichtige Stellung und Verwirrung der Ereignisse in der Saga hervor; er bemerkt, daß der Verfasser derselben, weil ihm eine klare Vorstellung von der Lage der Orte abging, richtige Nachrichten unrichtig redigirt habe. Dies geschieht indeß mehr nur beiläufig; auch bleibt sich Giesebrecht nicht ganz consequent, wenn er bei Widersprüchen zwischen Saxo und der Saga Beide auf eine Linie stellt. So p. 118 not. 17 nach Anführung der Differenz, daß der Friede von 1160 nach Saxo bei Walung, nach der Saga auf Hiddensee geschlossen sein soll: „Welche Angabe die richtige, wird sich schwer entscheiden lassen. Beide Zeugen haben aus guten Quellen geschöpft, beide die ihnen zugekommenen Nachrichten nicht überall gut redigirt."

Man muß noch einen Schritt weiter gehen, und es offen aussprechen, daß die Saga, trotz aller Specialitäten, durch deren Anführung sie im ersten Augenblick besticht, als Geschichtsquelle weit unter Saxo steht. Das unzweifelhaft Richtige ist in ihr so mit Falschem durchwoben, an sich wahre Ereignisse sind so oft an einen verkehrten Platz gebracht oder durch Uebertreibungen entstellt, es giebt sich eine solche Unkenntniß über Zeit und Ort zu erkennen, daß die Saga nur mit höchster Vorsicht als Aushülfsquelle neben Saxo und Helmold zu benutzen ist.

Es würde zu weit führen, wollten wir alle Beweise für dies Urtheil aus dem ganzen Verlauf der Darstellung zusammenstellen; um indeß eine Probe davon zu geben, wie die Saga Geschichte macht, wählen wir den Feldzug von 1160, dessen Darstellung in der Saga unseren Forschern ohnehin viel zu schaffen gemacht hat *).

Wir wollen es nicht urgiren, daß sie die Eröffnung des Feldzugs von Dänischer Seite sogleich an der Warnow **) geschehen läßt, während nach Saxo die Dänische Flotte zuerst nach dem Busen von Wismar hinüberging. Bedenklicher ist schon, daß die Saga von der Betheiligung Heinrichs des Löwen ganz schweigt; allein auch dies könnte man durch ein Uebermaaß von Patriotismus entschuldigen, wie ja auch Helmold vom Deutschen Standpunkt die Betheiligung der Dänen verschweigt. Allein nun entwickeln sich in der Saga gerade aus diesem Umstand ein paar Verstöße, die schon ein helles Licht auf ihr Verfahren werfen. Wie wir aus der Uebereinstimmung Saxo's und Helmolds wissen, blieb der Obotritenfürst Niklot in einem kleinen Scharmützel mit einem Reitertrupp der Sachsen. Die Saga dagegen läßt ihn (sie nennt ihn Mjuklat) in einer großen Schlacht gegen die Dänen bei einer Stadt Urk bleiben. Die Dänen nehmen ihm dann den Kopf und stecken ihn auf eine Stange bei der Stadt; nach Saxo wird der Kopf den Dänen von den Sachsen zugesandt. Da Saxo und Helmold hier gegen die Saga zusammenstimmen, kann kein Zweifel sein, auf welcher Seite die Wahrheit ist. Der zweite Verstoß der Saga betrifft eine Reise Absalons mitten durch Feindes Land. Nach Saxo ging Absalon bald nach der ersten Zusammenkunft der beiden Fürsten in der Gegend von Wismar mit einem Auftrag seines Königs in das Hauptquartier Heinrichs des Löwen. Allerdings ging der nur in geringer Begleitung unternommene Zug durch Feindes Land, da die Heere sich schon getrennt hatten; allein wir haben uns die Entfernung nach Saxo's Darstellung gewiß nicht allzu groß vorzustellen. — Was macht nun die Saga daraus? — Einen ganz abentheuerlichen Zug Absalons von der Warnow nach Braunschweig zu Heinrich! Der Verfasser, der in seinen Quellen einen gefahrvollen Zug Absalons zu Heinrich vorfinden mochte, läßt den tapfern Bischof, da er

---

*) Knytlinga-Saga Cap. 119. 120.
**) Gubagersaa in der Saga, Gubacra bei Saxo.

von Heinrichs Betheiligung am Kriege nichts weiß, direct durch Feindes
Land nach Braunschweig reiten, was ihm als Residenz des Herzogs wahr=
scheinlich bekannt war. Und so wenig Ahnung hat er von den Entfer=
nungen, daß er auf der Rückreise, nachdem die Gesandtschaft am Morgen
Braunschweig verlassen hat, dieselbe alsbald an der Stelle vorüberkommen
läßt, wo Niklot gefallen ist!

Von der Warnow läßt dann die Saga (Cap. 120 zu Anfang) den
Dänenkönig „gen Osten längs der Küste von Windland" nach Svolder
segeln, wo die Wenden mit einer Flotte liegen, aber keinen Angriff ab=
warten. Eine Kriegslist der Dänen, die Wenden durch Verbrennen von
Dörfern auf dem Lande — als welches hier Valung bezeichnet wird —
in einen Hinterhalt zu locken, scheitert, weil die zum Brennen ausgesandte
Abtheilung nicht wartet, bis die andern Dänen Zeit gehabt haben, sich zu
verbergen. Als die Dänen sich dann der Ruhe hingeben wollen, werden
sie durch eine anspornende Anrede des Erzbischofs Astel (Estil bei Saxo)
von Lund aufs Neue in Bewegung gebracht, und segeln weiter. — Alles
dies sind bis jetzt im Wesentlichen dieselben Vorgänge, die sich nach Saxo's
Darstellung noch an der Warnow=Mündung begeben haben; die Saga
dagegen läßt sie bei Svolder und Valung passiren.

Im weitern Verlauf rudern die Dänen über einen Fluß, „der daselbst
war", gehen mit ihren Pferden aus Land und verbrennen die ganze Land=
schaft, die oberhalb Sträla liegt. Nachdem sie die Nacht bei Sträla ge=
legen, ziehen sie am Morgen nach Falong, verbrennen den District, und
gehen in der Absicht heimzukehren und den Feldzug zu beendigen, nach
Masnes.

Hier erscheinen dann die Rügianer auf der Bühne, und damit be=
ginnt in der Saga der letzte Act des Feldzugs. „Die folgende Nacht
kamen die Rängjen (so nennt die Saga die Rügianer) zu ihnen bei Mas=
nes; sie bewohnen die Herrschaft in Windland, welche Re heißt (Re der
Isländische, Rö der alte Dänische Name der Insel), was eine große Herr=
schaft und ein großes Reich ist." — Der Chef der Rügianischen Gesandt=
schaft ist Domaburr, natürlich kein Anderer als unser alter Bekannter
Dombor. Er trägt auf einen Vergleich an, lehnt aber die Forderung Ab=
salons, Geißeln zu stellen, ungefähr mit denselben Argumenten ab, wie bei
Saxo. Eine Hinweisung auf die Vergangenheit, wo die Dänen die Be=
siegten gewesen; Dänemark wüste, Rügen blühend; wie sollte Rügen sich
also zu erniedrigenden Bedingungen verstehen — das ist hier wie bei Saxo
die Quintessenz der Rede Dombors. Die Unterhandlung zerschlägt sich,
nun zieht Waldemar nach Rügen, legt sich in den Hafen Schaprode, mar=
schirt von dort auf Arkona, trifft unterwegs mit einem „unermeßlichen"

Heer der Rügianer zusammen und tödtet dreimalhunderttausend davon, die Uebrigen fliehen. Die Dänen ziehen dann nach Hiddensee, wo die Rügianer zu ihnen schicken, sich allen Dänischen Bedingungen unterwerfen und vier Geißeln stellen. Darauf ist dann der Feldzug aus und der siegreiche König Waldemar kehrt in sein Reich zurück.

Faßt man in dieser Darstellung zunächst das Geographische ins Auge, so ergiebt sich, wenn man die angegebenen Oertlichkeiten in ihrer am meisten beglaubigten Lage und Bedeutung nimmt, eine ganz sonderbare Route für die Dänen, seit sie die Warnow=Mündung verlassen.

Zuerst also nach Swold, welches nach der Ansicht der meisten neueren Forscher die Greifswalder Oe ist, die wahrscheinlich in älterer Zeit mit der Insel Ruden verbunden war. In der That erlaubt die Darstellung der berühmten Seeschlacht zwischen den Nordischen Königen in der Saga Olaf Tryggwäsons, wie Mohnike nachgewiesen hat, bei der Insel Swold nur an eine in der Nähe der Odermündung liegende Insel zu denken*), und der Portus Swaldensis des Saxo, wo sich die Pommersche Flotte zu einem Zug gegen Dänemark sammelt (Saxo p. 874, 875), würde sich zu dieser Ortsbestimmung sehr gut passen, auch wenn er nicht auf der Greifs= walder Oe, sondern in der Greifswalder Bucht bei dem heutigen Wiek zu suchen wäre. Von Swold, der südöstlich von Rügen liegenden Oe, soll dann eine Landsteigung auf Balung gemacht sein, welches die nordwestliche, gegen Hiddensee vorspringende Ecke des eigentlichen Rügens ist. Von hier soll die Flotte dann wieder rückwärts nach der Insel Strela gesegelt sein, bekanntlich der heutige Dänholm, an dem sie bei der Fahrt von der Oe nach Balung schon vorbeigekommen war. Dann soll sie abermals nach Balung gehen (vorausgesetzt, daß Falong und Balung einerlei sind), von dort dann, im Begriff heimzukehren, nach der Insel Masnet, dem gewöhn= lichen Sammel= und Auflösungsplatz der Dänischen Flotte bei Seeland, dann von dort abermals nach Rügen, in den Hafen von Schaprode, wo man eben erst gewesen sein mußte, da man von Balung kam, dann, nach der großen Schlacht, nach Hiddensee, und nun endlich erst zu Hause. Also ein ganz planloses Hin und Her, Vor= und Rückwärts.

Um nun die Uebelstände einer solchen Irrfahrt zu vermeiden, hat man die Localitäten theils an andere als die gewöhnlich angenommenen Stellen versetzt, theils durch Verdoppelung zu helfen gesucht.

Um (das erste) Balung in die Nähe von Swold zu bekommen, hat Mohnike angenommen, daß außer dem bekannten District bei Schaprode

---
*) C. Giesebrecht, Wend. Gesch. I. p. 246, ist freilich anderer Ansicht und sucht das Svöldr der großen Seeschlacht im Sund.

(der dann das zweite Balung oder Falong bedeuten soll) auch der in der Nähe der Greifswalder Oe gelegene Theil des Pommerschen Festlandes bei Wolgast den Namen Balung oder Wollung geführt habe. Eine völlig unmotivirte Conjectur: die bezeichnete Gegend heißt schon bei Saxo Ostrozna, in der Saga Boztrosa, in der Stiftungsurkunde des Berger Klosters Ostrusna, das heutige Wusterhusen. — Kombst hat umgekehrt versucht, Swold auf die Westseite von Rügen in die Nähe des bekannten Balung zu bringen: er will unter Swold die jetzt sogenannte Neue Au zwischen Vorhöwd und der Insel Zingst, Balung also das Land schräg gegenüber verstanden wissen. Quandt geht noch weiter westlich nach der Warnow zu, um die Saga mit Saxo in Uebereinstimmung zu bringen, versetzt Swold nach Ahrenshoop oder Wustrow auf der schmalen Landenge, welche die Halbinsel Dars mit Meklenburg verbindet, und (das erste) Balung soll dann die Gegend bei Ribnitz an der Meklenburgischen Grenze sein, während (das zweite) Balung oder Falong als das bekannte auf Rügen genommen wird. — Allein Beiden steht entgegen, daß Swold nach der Saga Olaf Tryggwäsons in der Gegend der Odermündung gesucht werden muß, und Quandt noch speciell, daß von einem Balung in der Gegend von Ribnitz die Geschichte sonst absolut nichts weiß. — Auch Masnet oder Masnes hat man der Saga zu Liebe verdoppelt (Kombst, Fabricius?). Um die Dänen nicht zwecklos von Rügen nach Dänemark, wo das bekannte Masnet bei Wordingborg liegt, und von Dänemark wieder zurück nach Rügen gehn zu lassen, hat man eine sonst unbekannte Insel Masnes an Rügens Westküste angenommen — auch eine völlig in der Luft schwebende Conjectur.

Kurz, alle diese Aushülfen sind Kinder der Verlegenheit, und haben zur Grundlage die Voraussetzung, daß der Verfasser der Saga entweder selbst eine richtige geographische Vorstellung von der Lage der von ihm genannten Oertlichkeiten gehabt, oder daß er genaue und richtige Quellen richtig verarbeitet habe.

Das Gegentheil liegt aber auf der Hand: die Saga macht sich in dieser Beziehung der augenfälligsten geographischen sowohl als historischen Verstöße schuldig.

Zunächst haben wir hier die sonderbare Stellung von Dombors Gesandtschaft ins Auge zu fassen. Bei Saxo hat sie einen ganz angemessenen und innerlich wahrscheinlichen Verlauf. Die Rügianer, im vorangehenden Herbst (1159) zum ersten Mal nach längerer Zeit von den Dänen heimgesucht und geschlagen, senden im Frühjahr, als sie von einer neuen gegen sie gerüsteten Expedition hören, den Dombor zur Unterhandlung nach Dänemark. Anfangs zu weitgehenden Concessionen bereit, spannt er später straffere Saiten auf, als er Uneinigkeit unter den Feinden bemerkt, und die Unterhandlung zerschlägt sich schließlich an seiner Forderung, daß auch die Dänen den Rügianern Geißeln stellen. Dann folgt nun der Feldzug von 1160, zuerst in Meklenburg, dann mit einer Verheerung der Küsten Rügens schließend. Darauf kommt Dombor bei Walung zum zweiten Mal zu den Dänen, diesmal Frieden um jeden Preis fordernd und erhaltend. — Die Saga dagegen, die von einem Herbstfeldzug 1159 nichts hat, läßt den Dombor erst nach Masnet gehen, als der Feldzug von 1160 zum großen Theil bereits siegreich für die Dänen verlaufen, nachdem Meklenburg, Swold, Strela, Walung heimgesucht sind. Da kommt Dombor zu den Dänen und hält ihnen wie aus der Pistole geschossen eine Rede über Dänemarks Ohnmacht und Rügens Blüthe. Dann überziehen die Dänen die Rügianer und schlagen sie in jener famosen Schlacht, wo 300,000 Rügianer bleiben. Dann Friede zu Hiddensee, wobei Dombor aber nicht genannt wird.

Daß die Gesandtschaft des Dombor beim Verfasser der Saga eine völlig verfehlte Stellung hat, wird fast allseitig zugestanden. Doch hat man dabei einen Umstand übersehen, der dem Verfasser nach der einen Seite zur Entschuldigung gereicht, freilich nicht, ohne ihn nach der andern desto stärker zu compromittiren. Nach seiner Ansicht beginnen nämlich die Berührungen Waldemars mit den Rügianern wirklich erst mit der Gesandtschaft Dombors nach Masnet, und dieselbe bildet in seiner Darstellung thatsächlich die Einleitung zu dem Kriege gegen die Rügianer. Daß die Rügianer hier nach der Ansicht des Verfassers zum ersten Mal König Waldemar gegenüber auf der politischen Bühne erscheinen, geht aus der ganzen Ausdrucksweise hervor. Nicht nur wird der Name der Bewohner und ihrer Insel (Rängjar und Re) hier zuerst genannt, sondern es werden auch solche näheren Bestimmungen hinzugefügt, daß man sieht, wie nach der Vorstellung des Verfassers hier die erste Berührung zwischen seinem Helden und dem berühmten oder berüchtigten Heidenvolk Statt findet. „Die folgende Nacht kamen die Rängjen zu ihnen bei Masnet; sie bewohnen die Herrschaft in Windland, die Re heißt, was eine große Herrschaft und ein großes Reich ist;" — so hätte hier der Verfasser die Rügianer unmöglich introduciren können, wäre er sich bewußt gewesen, daß sich seine Erzählung soeben erst auf dem Boden Rügens bewegt hatte. Denn will man auch Swold und Strela, obwohl in unmittelbarer Nähe Rügens gelegen, nicht als hierher gehörig gelten lassen, so kann die Landschaft Balung oder Falong, wo der Verfasser kurz zuvor die Dänen landen und plündern läßt, doch nur auf Rügen gesucht werden, und selbst wenn man Balung und Falong für zwei verschiedene Gegenden erklärt, so hat man doch das Eine

(Falong) immer als die bekannte Rügen'sche Landschaft bei Schaprode und Trent gelten lassen. Wenn nun der Verfasser, obwohl sich seine Erzählung bereits auf Rügen bewegt hat, bei dem Bericht von der Gesandtschaft Dombors sich über Rügen und seine Bewohner so äußert, als spräche er hier zum ersten Mal davon, so kann dies nur aus der Unklarheit seiner topographischen Vorstellungen erklärt werden: er wußte nicht, daß Valung oder Falong auf Rügen lag. Er scheint es für eine Gegend gehalten zu haben, die allerdings in Rügens Nachbarschaft, aber nicht auf Rügen selbst lag. Dies stimmt auch zu dem Anfang des 121. Capitels, wo ein Zug Waldemars zu den Rügianern in eine unmittelbare Verbindung gebracht wird mit einer Landung bei Strela (bei einem Opferherde Böku, wahrscheinlich Bukow bei Stralsund auf dem Pommerschen Festland) und einer zweiten Landung „auf der andern Seite von Valung".

Wie wenig übrigens bei dem Verfasser der Saga auf richtige Vorstellungen über Rügen und seine Lage zu rechnen ist, dafür liegen zwei eklatante Beispiele vor.

Einmal die dreimalhunderttausend Rügianer, welche nach seinem Bericht in einer einzigen Schlacht mit den Dänen bleiben. Mit dieser unbequemen Ziffer sind unsere Verarbeiter der Saga zum Theil höchst willkürlich umgesprungen. Kombst, der dem Dänischen Uebersetzer Rafn folgt, und Mohnike klammern die „hundert" ein und lesen „drei(hundert)tausend", und Barthold (Gesch. von Rügen und Pommern II. p. 160 not. 1) berichtet uns, wahrscheinlich auf Grund dieser Klammer, nach der Knytlinga-Saga seien in der Schlacht 3000, nach einer andern Lesart 30,000 gefallen. Wo er die Lesart 30,000 gefunden hat, mögen die Götter wissen. Aber auch eine Lesart 3000 giebt es nicht, was Barthold selbst hätte finden können, wenn er sich die Mühe genommen hätte, den Isländischen Urtext zu vergleichen. Die Klammer der Uebersetzer ist eine rein willkürliche und lediglich subjective Conjectur, ohne allen objectiven Anhalt. Der Isländische Text hat dreihunderttausend *), eine Variante existirt überall nicht, weder 3000, noch 30,000. Der Verfasser der Saga läßt demnach unleugbar dreimalhunderttausend Rügianer bleiben und das stimmt auch zu den Bezeichnungen Rügens als eines großen Reiches und seines Heeres als eines unermeßlichen. — Daß die dreimalhunderttausend gefallenen Rügianer eine absolute Unmöglichkeit sind, da die gesammte Bevölkerung der Insel sich zu jener Zeit etwa nur auf den zehnten Theil jener Zahl belief, ist eine Sache für sich; hier kommt sie nur in Betracht als Beitrag zu den Vorstellungen und der Geschichtschreibung des Verfassers der Saga.

---

*) — en af Ræingum fellu 300 [þúsunda etc. cap. 120. Kopenhag. Ausg. v. 1828 p. 378.

Ein zweiter nicht minder starker Verstoß gegen Geschichte und Geographie begegnet uns zu Anfang des 123. Capitels. Im vorangehenden Capitel ist die Eroberung Rügens und die Bekehrung der Insel zum Christenthum erzählt. Dann heißt es nun Cap. 123 zu Anfang: „Während König Waldemar lebte, wurden elf Kirchen auf Rügen erbaut und Bischof Absalon weihete sie. Jetzt *) ist ein Bischofsstuhl daselbst in der Stadt, die Usna heißt, und in diesem Bisthum sind hundert und dreißig Kirchen." Usna, bei älteren Schriftstellern und in Urkunden auch Osna, Uznoim, Huznoim, ist die Stadt Usedom auf der gleichnamigen Insel am Ausfluß der Oder. Der Verfasser der Saga verlegt hier das Pommersche Bisthum, dessen Bischofssitz übrigens nicht in Usedom, sondern anfangs bekanntlich in Wollin und später in Cammin war, mit nicht weniger als 130 Kirchspielen nach der Insel Rügen, deren Kirchspielzahl sich im 13. Jahrhundert, als die Knytlinga-Saga verfaßt ward, gewiß nicht höher belief als einige und zwanzig, welche zudem nie einen eignen Bischofssitz gehabt hat, sondern wie bekannt, lange Jahrhunderte zum Sprengel der Bischöfe von Rothschild gehörte, was ein der Verhältnisse nur halbwegs kundiger Verfasser hätte wissen müssen. — Dieser Verstoß ist so schreiend, daß Kombst, ohne übrigens ein Wort davon zu sagen, die ganze Stelle in seiner Uebersetzung ausläßt, allerdings der kürzeste Proceß, sich einer unangenehmen Thatsache zu entledigen. Mohnike schlüpft mit der Anmerkung, daß hier eine Verwechslung mit dem Pommerschen Bisthum vorliege, darüber weg.

Wo nun derartige Verstöße gegen die historische und geographische Wahrheit vorkommen, wie wir sie im Vorangehenden beim Verfasser der Saga aufgezeigt haben, da kann nur eine vollständig kritiklose Geschichtschreibung daran denken, ein solches Werk allen Ernstes als Quelle zu benutzen um auf seine Angaben detaillirte geographische Constructionen und historische Combinationen zu bauen, oder einen Geschichtschreiber wie Saxo danach zu corrigiren! Denn welche Fehler man dem letztgenannten Autor auch vorwerfen mag — derartige Verstöße, wenigstens wo er die Geschichte seiner Zeit schreibt, begeht er nicht.

Bei der Benutzung der Knytlinga-Saga für unsere heimische Rügisch-Pommersche Geschichte wird man also in jedem Fall mit der größesten Vorsicht zu Werke zu gehen haben. Wo sie von den Berichten Saxo's abweicht, da ist die Präsumtion stets für den Letzteren, und es bedarf für jeden einzelnen Fall eines besonderen Nachweises, daß Saxo hier im Unrecht, die Knytlinga-Saga im Recht ist. Wo aber die Letztere etwas

---

*) d. h. zu der Zeit, als der Verfasser schrieb.

berichtet, was sich bei Saxo nicht findet, und auch sonst durch keine andere glaubwürdige Geschichtsquelle gestützt wird, da haben wir das berichtete Factum stets scharf darauf anzusehen, ob es eine innere oder äußere Unmöglichkeit oder Unwahrscheinlichkeit in sich trägt. Ist dies nicht der Fall, so mag man es zwar aufnehmen, aber auch dann noch stets unter Reserve; denn eine Nachricht ist deshalb nicht schon wahr, weil keine bestimmten Gründe für ihre Unrichtigkeit vorliegen. In solchem Falle ist es der Allgemein-Charakter des Schriftstellers, der mit in die Wagschale fällt. Eine nicht an äußerem oder innerem Widerspruch leidende isolirt stehende Nachricht eines sonst glaubwürdigen Schriftstellers hat einen ganz andern Werth, als eine Nachricht gleichen Charakters bei einem in wesentlichen Dingen unzuverlässigen Autor.

5. Ein Zug nach Analöng. Der Hafen Por. Parez und Gard.

Zu Seite 61.

Die Knytlinga-Saga erwähnt ganz am Ende des 120. Capitels einen Dänischen Zug gegen Rügen, der mit keinem der von Saxo berichteten zusammengebracht werden kann. Bei diesem Zuge soll „Analöng" verbrannt sein. Außerdem wird erzählt, daß bei dieser Gelegenheit Bischof Absalon und die Inselbewohner die Schnellsten gewesen, und bei Hiddensee sieben Tage auf den König gewartet hätten.

Allein gegen diesen Zug spricht einmal das Gedränge, in welches man mit der Zeit geräth. L. Giesebrecht in den Wend. Geschichten setzt ihn in den Herbst 1164. Allein damals, wo der Coalitionsfeldzug eben erst beendigt sein konnte, hatte sich das Verhältniß zwischen Rügen und Dänemark, welches noch soeben das der Allianz war, schwerlich schon zum Kriege gestaltet. Sodann ist verdächtig, daß Saxo, der sonst alle Züge, bei denen sein Held Absalon betheiligt ist, mit großer Genauigkeit berichtet, diesen sollte übergangen haben. Endlich das räthselhafte „Analöng", hinter dem sich aller Wahrscheinlichkeit nach (durch Verwechselung des n und u) nur ein corrumpirtes ualong oder valong (Walung) verbirgt. — Der Verfasser der Saga arbeitete nach verschiedenartigen ihm vorliegenden Notizen und Ueberlieferungen; in einer derselben fand er einen Zug erwähnt, bei dem „Analöng" verbrannt sei, und da er diesen Namen sonst bei den andern Zügen nirgends fand, so machte er einen eigenen Zug daraus. In Wirklichkeit aber war es wahrscheinlich nur eine andere kürzere Relation über den demnächst folgenden Zug von 1165, bei dem Walung verbrannt ward. Auch die größere Schnelligkeit Absalons und seiner Seeländer ist ein Moment, was bei beiden Zügen in gleicher Weise, nur an verschiedenen Orten, vorkommt.

Der Portus Por bei Saxo I. p. 800) ist aller Wahrscheinlichkeit nach die geschützte Rhede bei Vorhöwd, wo man noch jetzt häufig Schiffe vor oder nach dem Auslaufen in die freie See liegen sieht. P und B wird bei Saxo auch sonst vertauscht; so heißt der Pommersch-Rügen'sche Gott Porwit bei ihm Perewit. Bor ist Wendisch der Wald, und in der That war Borhöwd noch in späterer Zeit sehr bewaldet. Im folgenden Jahrhundert war hier ein den Rügen'schen Fürsten vorbehaltenes Jagdgehege. Vergleiche die Urkunde Witzlaws I. vom Jahr 1224 in Kosegarten, Codex diplom. Pomeraniae I. p. 357, wo es den Namen Bör führt. Dieser Name scheint sich noch in späteren Jahrhunderten für Borhöwd erhalten zu haben, wenigstens giebt Kantzow (im sechzehnten Jahrhundert) den „Portus Por" des Saxo ohne Weiteres durch „Bör" wieder, Ausgabe von Kosegarten I. p. 158. — Die Anhängesilbe höwd (Haupt, Kopf, dann zur Bezeichnung eines bergigen Vorsprungs in die See) stammt bekanntlich erst aus den Zeiten der Nieder-Deutsch-Sächsischen Colonisation. So das Gören'sche Höwd auf Mönchgut (Promontorium Gorum bei Saxo), Wendisch Gor oder Gora, Berg.

Den Portus Por mit Giesebrecht, Wend. Gesch. III. 150, auf Hiddensee zu suchen, berechtigt gar nichts. Denn diese Ortsbestimmung auf eine Combination Saxo's mit der Knytlinga-Saga zu gründen, welche letztere die Dänen von Wittow nach Hiddensee gehen läßt, ist äußerst mißlich, bei der notorischen Confusion und Unzuverlässigkeit der Saga in geographischen Dingen. Mit demselben Recht würde man z. B. auch herausbringen können, daß Walung und Strela auf Hiddensee lagen; denn nach Saxo erfolgte der Friedensschluß von 1160 an der Küste von Walung, der von 1165 bei Strela, nach der Knytlinga-Saga erfolgten beide auf Hiddensee, welches die Saga überhaupt sehr liebt.

Während Saxo die Dänische Expedition von Por nach dem Zubar (Zyudra) segeln läßt, landet nach der Knytlinga-Saga der König, von Hiddensee kommend, bei Strela, und läßt Absalon nach „Parez" voraus ziehen. Derselbe kommt nach der Landung in die Gegend einer Burg Ward. Ob es nun damals eine später nicht mehr vorhandene Ortschaft Parez auf dem Zubar oder in der Nähe gab, oder ob das Parez der Saga nur ein corrumpirter anderer Name ist, muß dahin gestellt bleiben. Mohnike hat an Preetz in Pommern, eine halbe Meile landeinwärts von Prohn, oder an Parow an der Pommerschen Küste zwischen Prohn und Stralsund denken wollen. Allein dem steht die sonstige Bezeichnung der Oertlichkeit entgegen. Die Saga läßt Absalon nach Parez gelangen, nachdem er bei dem König, der mit dem Gros der Flotte beim Dänholm angelegt hat, vorübergeschifft ist. Da sie von Norden kamen, so kann Parez nur im Süden vom Dänholm gesucht werden. Das Pommersche Preetz und Parow liegen aber beide nördlich vom Dänholm. Eher würde man, wenn man die Namenähnlichkeit maaßgebend sein läßt, an die Ortschaft Pretz auf Rügen denken können, welche in der Ecke gelegen ist, wo die Halbinsel Mönchgut mit dem Hauptkörper von Rügen zusammenhängt. Aber dem steht einmal die weite Entfernung von der Halbinsel Zudar entgegen, die bei Saxo ausdrücklich als Object der Dänischen Expedition genannt wird, und sodann, daß dies Pretz überall nicht zu den ältesten Rügen'schen Ortschaften zu gehören scheint, da es in dem alten Ortschaftsverzeichniß der Rothschilder Matrikel noch nicht vorkommt. Das Preetze, welches unter den Ortschaften der Vogtei Streu vor Vilmnitz genannt wird *), ist nicht das vorhin genannte Pretz, sondern die kleine Ortschaft Fretz, etwas östlich von der Putbusser Badeanstalt. Auch bei Fretz würde die zu weite Entfernung vom Zudar entgegenstehen, wenn man das Parez darauf deuten wollte. Der Lage nach würde am besten Preseke passen, in der Rothschilder Matrikel Prystzeke, südöstlich von Garz am Strande, und kaum eine halbe Meile vom Zudar. Der Name bietet wenigstens eine entfernte Aehnlichkeit und die Saga geht bekanntlich sehr willkürlich mit den Wendischen Namen um; so gut als sie aus dem Triglaw einen Tjarnaglofi macht, könnte sie auch aus Prystzeke ein Parez gemacht haben. Doch kommt der Name Parez bekanntlich auch sonst in ursprünglich Wendischen Gegenden vor, und man mag daher am besten annehmen, daß in alter Zeit auf dem Zudar oder in der Nähe eine Ortschaft Parez existirte, welche zu Anfang des 14. Jahrhunderts nicht mehr existirte, als das Verzeichniß der Rothschilder Matrikel aufgestellt ward.

In gleicher Ungewißheit bleiben wir über die Burg Gard der Saga. Gard ist kein Eigen-, sondern ein Appellativ-Name und bezeichnet im Wendischen Burg, Stadt überhaupt. Der Stamm Gard, Gart geht durch fast alle Europäischen Cultur-Sprachen. Er liegt zu Grunde in dem Griechischen χορτος und dem Lateinischen hortus, in dem Gothischen gards, garda, gairda, in dem Alt-Nordischen gardr, gerdi, gjörd, dem Alt Hochdeutschen karto, gart, dem Neu-Hochdentschen Garten, Gurt, dem Englischen garden, guard, dem Skandinavischen gård, dem garde, garder, guarda u. s. w. der Romanischen Sprachen. In den Slavischen Sprachen kommt es jetzt namentlich noch in Zusammensetzungen vor: Russisch górod, Nord-Slavisch gard, Süd-Slavisch grad, Czechisch hrad. So Sagard (eigentlich Szagard) auf Rügen, Naugard in Pommern, Nowgorod in Rußland, Belgard in Pommern, Belgrad in Serbien, u. s. w. Der Grundbegriff ist der der Einhegung, Einfriedigung und dann des Schutzes. Derselbe kann einfach durch einen Zaun bewirkt werden, dann erhalten wir den

---

*) Dähnert, Pommersche Bibl. IV. p. 53.

Haus-, Hof-, Garten-Platz, oder zusammengesetzter durch Graben, Erdwall oder Steinmauer. Daraus ergiebt sich dann der geschützte Platz, Burg, Stadt; — denn die alten Städte waren alle mehr oder weniger geschützte Plätze.

Wenn uns also die Saga eine Burg Gard nennt, bis in deren Nähe man bei Gelegenheit der Dänischen Expedition gekommen sei, so ist das eine ganz unbestimmte Bezeichnung. Könnte man durch die Laut-Aehnlichkeit veranlaßt sein, an Garz zu denken, so steht dem entgegen, daß der Name Garz erst der spätern Zeit angehört, während der alte Name, den auch die Knytlinga-Saga kennt, Karenz ist. Möglich wäre es allerdings, daß doch die Burg von Karenz, welche ja in der Nähe des Zudar liegt, gemeint sei, nicht freilich vom Verfasser der Saga, der diese Gegenden überhaupt nicht aus eigener Anschauung kannte, sondern von seinem Gewährsmann. Als die Dänische Expedition auf ihrem Streifzuge in die Nähe der Burg von Karenz gelangte, ward ihr dieselbe als Burg (gard) schlechthin bezeichnet, und unter diesem Namen ward sie dann auch in den Mittheilungen erwähnt, welche die Quellen der Saga bildeten. Daß jede bedeutendere Burg in ihrer nächsten Umgebung Burg (gard) schlechthin hieß, kann ebenso wenig auffallen, als wenn die nächsten Umwohner einer Stadt von „der Stadt" schlechthin reden und darunter eben die bestimmte zunächst liegende Stadt verstehen. Jener Ausdrucksweise verdanken die Namen der Ortschaften Puttgarten und Sagard ihre Entstehung; jenes aus po und gard, d. h. unter, an der Burg (nämlich Arkona); dieses aus sza gard, d. h. an, hinter der Burg, welche in alter Zeit bei Sagard existirte.

6. Das Jahr der Eroberung Rügens *).

Zu Seite 70.

Als das Jahr der Eroberung und Bekehrung Rügens ist von der neueren Geschichtschreibung ziemlich einstimmig das Jahr 1168 angenommen, und es würde keine Veranlassung vorliegen, die Frage hier nochmals zu erörtern, wenn nicht der neueste Herausgeber Saxo's, Prof. Velschow, aufs Neue die bereits von Suhm im vorigen Jahrhundert verfochtene Ansicht aufgestellt und vertheidigt hätte, daß nicht 1168, sondern 1169 die richtige Jahreszahl sei.

Wir glauben hier um so mehr verpflichtet zu sein, auf diese Frage einzugehen, als sie wahrscheinlich nach einigen Jahren eine praktische Bedeutung erlangen wird, wenn es sich darum handelt, wann die Insel Rügen das siebenhundertjährige Jubiläum ihres Eintritts in die christlich-abendländische Cultur-Entwicklung zu feiern haben wird.

Als das Resultat unserer Untersuchung, was hier sogleich im Voraus bemerkt sein möge, wird sich herausstellen, daß die hergebrachte Annahme, die des Jahres 1168, die richtige ist, und daß die neuerdings von Velschow für das Jahr 1169 vorgebrachten Gründe durchaus nicht stichhaltig sind.

Die älteren Angaben über das Jahr der Eroberung und Bekehrung Rügens, soweit sie hier in Betracht kommen, schwanken zwischen den Jahren 1167 und 1170.

---

*) Für das Folgende vergleiche man namentlich: Suhm, Hist. af Danmark 1782 u. ff. Bd. VII. — Christiani, Zeitrechnung der Geschichte Waldemars I. in Det kongelige Danske Videnskabers Selskaps Skrifter. Kjöbenhavn 1781. — Pet. Erasm Müller, Kritisk Undersögelse af Saxos Historiae syv sidste Böger. Kjöbnh. 1830. (Die Deutsche Uebersetzung in Mohnike's Uebersetzung von Estrup's Absalon 1832.) — Ferner Velschow in der von ihm und Müller besorgten Ausgabe Saxo's, theils in den kürzeren Noten im ersten Bande, theils namentlich in dem 1858 erschienenen zweiten Bande in den ausführlicheren Noten p. 339 ff.

1. Das Jahr 1167 geben die Annalen des Dänischen Klosters Esrom, bei Langebek Script. Rer. Dan. I. 241.

2. Das Jahr 1168 giebt Helmold in seiner Slaven-Chronik, B. II. cp. 13., und nach ihm fast alle unsere jüngeren Chronisten und Geschichtschreiber seit dem 16. Jahrhundert.

3. Das Jahr 1169 geben der sogenannte Sächsische Chronograph, Chronographus Saxo, zuerst von Leibnitz in den Access. hist. Vol. I., dann von Pertz unter dem Namen der Magdeburger Annalen in den Monum. Germ. Script. XVI. herausgegeben, und auf Grundlage des Chron. Saxo auch die Pegauer und Bosow'schen Annalen, bei Eccard Corp. hist. V. und bei Pertz, Mon. Germ. XVI. Von Nordischen Chroniken hat das Jahr 1169 eine alte Dänische Chronik, benutzt von Lorenz Strahl in seinen Annalen. (N. Danske Magazin V. — Langebek Script. rer. Dan. III.)

4. Das Jahr 1170 geben, mit Ausnahme der Esrom'schen und der eben genannten alten Dänischen, fast alle ältern Dänischen und Isländischen Annalisten und Chronikenschreiber; — zusammengestellt bei Suhm VII. 266 ff. in der Anmerkung, vergl. Fabricius, Rüg. Urkunden I. p. 40 Note 158.

Von diesen vier verschiedenen Jahresangaben fallen indeß die erste und die letzte, 1167 und 1170, sofort als unhaltbar in die Augen.

Das Jahr 1167, was vielleicht auch nur auf einem Schreibfehler in den Esrom'schen Annalen beruht, würde anerkanntermaßen zu früh sein, indem dann für die Ereignisse, welche zwischen dem Jahr 1164 und der Eroberung Rügens Statt gefunden haben, nicht die nöthige Zeit bliebe. Dies Jahr ist daher auch von Niemand zu halten gesucht.

Das Jahr 1170 wird ausgeschlossen durch eine Urkunde des Kaisers Friedrich Barbarossa, in welcher die Grenzen des Schweriner Bisthums festgestellt werden, unter Bezugnahme auf die unter Berno's specieller Theilnahme erfolgte Eroberung und Bekehrung Rügens. Diese Urkunde (mehrfach abgedruckt, am besten im Cod. Dipl. Pom. ed. Kosegarten u. s. w. I. p. 66) ist ausgestellt zu Frankfurt an einem der ersten Tage des Januar 1170; die Eroberung und Bekehrung Rügens mußte also schon vorangegangen, und kann daher nicht erst im Sommer 1170 erfolgt sein. Das Original der Urkunde ist allerdings nicht mehr vorhanden; im Schweriner Archiv befinden sich nur noch Abschriften; allein sie enthält keine Merkmale der Unächtheit, und wird daher auch insgemein als ächt angenommen.

Die Unrichtigkeit der Jahreszahl 1170 für die Eroberung Rügens wird auch noch durch ein anderes altes Zeugniß unwiderruflich dargethan. In dem alten von Thorkelin herausgegebenen Seeländischen Kirchenrecht, welches am 21. Juli 1171 gegeben ist, wird gesagt, daß es drei Jahre (oder Winter, wie der alte Nordische Ausdruck ist) und sechs Wochen seien, seit Rügen zum Christenthum bekehrt sei. Eine andere Lesart hat zwar statt „drei" Jahre „zwei" Jahre; aber welches nun auch die richtige Lesart sei, drei oder zwei, jedenfalls wird das Jahr 1170, welches nur ein Jahr rückwärts lag, dadurch ausgeschlossen. Die Zahl 1170 scheint hauptsächlich in ihrer Eigenschaft als runde Zahl eine solche Verbreitung bei den alten Nordischen Chronikanten erlangt zu haben.

Es bleiben also nur die beiden Jahre 1168 und 1169, zwischen denen die Wahl zu treffen ist. Stellen wir nun hier dem Helmold, welcher die erstere Zahl hat, blos die Autorität der namenlosen Chronikanten gegenüber, welche das Jahr 1169 angeben, so kann die Entscheidung keinen Augenblick zweifelhaft sein. Die drei Deutschen Chroniken lassen sich für diese Zeit alle auf die einzige des Chronographus Saxo zurückführen, der aller Wahrscheinlichkeit nach einen uns nicht weiter bekannten Mönch des Klosters Bergen bei Magdeburg zum Verfasser hat. Man vergleiche: Wattenbach, Deutschlands Geschichtsquellen im Mittelalter. Berlin 1858. p. 381. 382. 413. Wir haben also in Wirklichkeit für das Jahr 1169 eine Deutsche und eine Dänische Chronik, beide von ungenannten Verfassern, beide den compilatorischen ungenauen Charakter der Chroniken jener Zeit an sich tragend. Wie es namentlich mit der Genauigkeit der Dänischen und Isländischen Chronikanten aussieht, können wir daraus entnehmen, daß sie fast alle das notorisch falsche Jahr 1170 angeben. Dagegen gehört Helmolds Geschichtswerk bekanntlich zu den besten seiner Zeit; auf seine Bedeutung in diesem speciellen Fall werden wir später noch ausführlicher zurückkommen.

Ein sehr gewichtiges Zeugniß für die Jahreszahl 1168 würde nun das bereits angeführte alte Seeländische Kirchenrecht bieten, wenn sich dort nicht eine Variante der Lesart fände, welche die Sache zweifelhaft macht. Allerdings haben die meisten Handschriften die Lesart drei Winter, sodaß wir von 1171 an rückwärts gerechnet, das Jahr 1168 erhielten; allein da eine der besten Handschriften statt drei zwei hat, so verliert dies Zeugniß seine sonstige Bedeutung, wenn sich auch die Vermuthung aufdrängt, daß der Abschreiber, welcher die Handschrift mit der Zahl zwei lieferte, gerade durch den Einfluß der alten Dänischen Chronik, welche 1169 hat, sich zu einer Aenderung des vor ihm liegenden Textes veranlaßt sah.

Ein ähnlicher Unstern macht ein anderes altes Zeugniß für die Entscheidung der Frage, ob 1168 oder 1169, unbrauchbar. Es ist die päbstliche Bulle, in welcher Pabst Alexander III. unter Bezugnahme auf die Eroberung und Bekehrung der Insel durch Waldemar dieselbe dem Sprengel des Bischofs von Rothschild beilegt. Die Bulle existirt nicht mehr im Original, sondern nur in einer 1568 genommenen Abschrift, und bei dieser fehlt die Jahreszahl; sie ist aus Benevent vom 4. November datirt, und da nun Pabst Alexander sich um diese Zeit sowohl 1168 als 1169 in Benevent befand, so ist der Zeitpunkt zweifelhaft. Uebrigens würde die Jahreszahl 1169 unter der Bulle den Zeitpunkt der Eroberung Rügens auch noch unentschieden lassen, da dieselbe ebenso gut ein Jahr früher als in demselben Jahre erfolgt sein könnte; ja es muß als wahrscheinlich angenommen werden, daß die Römische Curie, die sich in dergleichen Dingen nicht zu übereilen pflegte, die Entscheidung auf das Gesuch des Königs von Dänemark, welches er nach der Eroberung Rügens nach Rom hatte gelangen lassen, erst nach Verlauf eines Jahres fällte.

Sind nun alle bisher aufgeführten Zeugnisse nicht im Stande, der bestimmten Angabe Helmolds Abbruch zu thun, so gilt dies in gleicher Weise von einer Stelle der Knytlinga-Saga, auf welche sich Suhm für das Jahr 1169 berufen hat. Cap. 121 zu Ende hat die Saga den Friedensschluß mit den Rügianern berichtet, den wir in den Herbst des Jahres 1165 gesetzt haben (s. oben p. 65). Zu Anfang des 122. Cap. erzählt sie dann, König Waldemar habe acht Züge gegen Rügen unternommen, ehe er das Land unterwarf. „Eines Winters — heißt es dann weiter — während der Fasten, zogen Herzog Christoph (der natürliche Sohn Waldemars) und Bischof Absalon nach Swold, und verbrannten das ganze Land bis nach Tribuzis, so daß es viele Jahre nachher wüste lag. Sie lagen damals zwanzig Tage lang still im Flusse Swolder wegen widrigen Windes; darauf bekamen sie günstigen Wind und zogen heim. Nach diesem Zuge war es Friede drei Jahre lang, bis die Rügianer wieder den Vertrag brachen, den sie gemacht hatten." — Dann folgt die Erzählung des Zuges, auf welchem Rügen schließlich erobert ward. — Der Zug um die Fastenzeit gegen Tribsees, den auch Saxo p. 806 ausführlich berichtet, hat im Frühjahr 1166 Statt gefunden (s. oben p. 65). Werden nun die drei Jahre, während welcher es Friede gewesen sein soll, von diesem Zuge gegen die Pommern an gerechnet, so erhalten wir als das Jahr der Eroberung Rügens 1169, und nicht 1168. Pet. Erasm. Müller, der Eine der beiden neuesten Herausgeber Saxo's, hat in den „Kritischen Untersuchungen u. s. w." (s. oben die Anm.) die Stelle anders gedeutet; er sagt, die drei Jahre müssen nicht gerechnet werden von dem Jahre, da der Zug nach Pommern geschah, — denn bei diesem ward ja kein Friede mit den Rügiern geschlossen, sondern von dem vorhergehenden Jahre 1165, in welchem der Friede mit den Rügiern geschlossen ward, und so würden wir gerade auf das Jahr 1168 geführt *). Velschow, Saxo II. p. 343 oben, meint, daß die Stelle der Saga diesen Sinn gewiß nicht haben könne, übersieht aber dabei vollständig, daß er sie bei seiner Zeitrechnung genau ebenso interpretiren muß, wenn er das Jahr 1169 erhalten will. Er setzt nämlich den Rügen'schen Friedensschluß in das Jahr 1166 und den Zug nach Pommern 1167; bezieht er nun die drei Jahre auf den letztern, so erhält er für die Eroberung Rügens nicht das Jahr 1169, sondern 1170; will er 1169 erhalten, so muß er es ebenso machen, wie Müller will, und die drei Jahre auf den Zeitpunkt des Rügen'schen Friedensschlusses beziehen. — Zu leugnen ist nun allerdings nicht, daß diese Auslegung der Stelle der Saga etwas Gezwungenes hat; auf der andern Seite kann man ihr auch eine gewisse Berechtigung nicht absprechen. Der Ausdruck der Stelle selbst ist nämlich unklar: es spielen dort offenbar zwei Gedanken ineinander: einmal, es vergingen drei Jahre in Frieden seit dem letzten Rügen'schen Friedensschluß, und sodann, es vergingen drei Jahre seit dem letzten Zuge Waldemars, der gegen Pommern gerichtet war. Diese Unklarheit des Ausdrucks ist beim Verfasser der Saga nur ein Ausfluß der Unklarheit der Anschauung über Rügens geographische und sonstige Verhältnisse. Wir haben früher in dem Excurs über die Knytlinga-Saga eklatante Beispiele darüber beigebracht, und auch hier giebt sich die alte Confusion deutlich in der Angabe zu erkennen, daß Waldemar bis zur Unterwerfung Rügens acht Züge dagegen unternommen habe, eine Zahl, die man nur erhält, wenn man alle Wendenzüge Waldemars, auch die nur gegen Pommern gerichteten, wie die Saga sie berichtet, zusammenrechnet. Der Verfasser der Saga fand nun wahrscheinlich in einer seiner Quellen die an sich ganz richtige Notiz, daß es drei Jahre gedauert habe, bis die Rügier den zuletzt geschlossenen Frieden wieder brachen; diese drei Jahre verbindet er nun aber in seiner Darstellung mit dem oben erzählten Zuge gegen Pommern, und so entsteht jener unklare Mischmasch von Vorstellung und Ausdruck.

Wäre nun aber auch die Stelle der Saga ganz klar und nicht im geringsten unverständlich, dahin lautend, daß von dem letzten Pommernzuge bis zur Eroberung Rügens drei Jahre vergangen seien, so würden wir darin doch noch keinen Beweis für die Richtigkeit der Annahme des Jahres 1169 haben. Die Zeitangaben der Saga sind nämlich, auch wo sie ganz positiv und speciell sind, ebenso unzuverlässig, als ihre geographisch-

---

*) Müller scheint indeß später seine Ansicht geändert zu haben; die Anmerkungen zum Text des Saxo, soweit sie von ihm herrühren (p. 820) folgen einer Chronologie, welche auf das Jahr 1169 hinführen würde.

statistischen Nachrichten. Ein schlagendes Beispiel davon findet sich zu Anfang des 127. Capitels. Im 126. Capitel hat nämlich die Saga berichtet, wie Pabst Alexander dem zum Erzbischof von Lund erwählten Bischof Absalon das Pallium sendet und der Bischof dann um die Fastenzeit geweiht wird. Im Frühling dieses Jahres findet darauf ein Wendenzug statt, bei dem die Pommernherzoge in kurzer Frist zum Frieden genöthigt werden. Dann heißt es weiter Cap. 127 zu Anfang: „Hierauf verstrichen fünf Winter, daß zu keinem Seezug entboten ward." Die Wenden hätten aber während dieser Zeit so viele neue Vertheidigungswerke angelegt, daß Walbemar es für nöthig gehalten hätte, sie abermals mit Krieg zu überziehen. Während aber die Flotte sich in Grönasund sammelt, wird der König krank und stirbt am 5. Mai. — Hier sind nun die Jahreszahlen anderweitig bekannt. Das Jahr, in welchem Absalon um die Fastenzeit zum Erzbischof geweiht ward, war frühestens das Jahr 1178 (so Estrup, im Leben Absalons), wahrscheinlich aber das Jahr 1179 (so die neuesten Herausgeber Saxo's I. 925. II. 356). König Walbemar starb im Mai 1182; — es können also zwischen dem Wendenzuge, der in dem Frühling nach der Weihe Absalons unternommen ward, und Walbemars Tode nur höchstens vier, wahrscheinlich aber nur drei Jahre verflossen sein. Die Zahl fünf, welche die Saga giebt, ist jedenfalls unrichtig. Wir machen überhaupt bei der Saga die Erfahrung, die man bei dem Studium älterer und neuerer Geschichtswerke sehr häufig macht, daß detaillirte Angaben über Einzelnheiten, sehr positiv lautende Notizen über Zeit, Ort und nähere Umstände noch durchaus kein Beweis für die Richtigkeit und Zuverlässigkeit sind.

Die verschiedenen Zeugnisse über das Jahr der Eroberung Rügens, welche wir bis jetzt haben die Revue passiren lassen, haben mit Ausnahme desjenigen Helmolds so wenig Bedeutung, daß Velschow, der neueste Vertheidiger des Jahres 1169, auch gar kein Gewicht darauf legt, und sie nur beiläufig anführt. Zur Hauptstütze seiner Ansicht macht er vielmehr den Saxo. Saxo hat nun allerdings zunächst gar keine Jahreszahl, sondern er erzählt Eines an das Andere reihend fort, indem er bald unbestimmt durch ein „darnach, indessen, zu der Zeit" anknüpft, bald hinzufügt, ob es in demselben oder im nächsten Jahr, ob es zur Frühjahrs-, Sommers-, Herbst- oder Winterszeit gewesen. Durch Combination kommt indeß Velschow zu dem Resultat, daß Saxo's Erzählung mit Nothwendigkeit auf das Jahr 1169 für die Eroberung Rügens hinführe; die Erzählung sei so aus einem Guß, daß nichts herausgeworfen, nichts geändert werden könne, und geirrt könne Saxo bei seiner Reihenfolge auch nicht haben *).

---

*) Saxo II. p. 342: „Ordo igitur rerum a Saxone narratarum nos cogit, ut stu-

Sehen wir jetzt, wie es mit der Wahrheit dieser sehr peremtorisch vorgetragenen Behauptung steht.

Der feste Punkt, von dem die Chronologie dieser Jahre auszugehen hat, ist das Jahr 1164; Alle stimmen darin überein, daß es das Jahr des großen Coalitions-Feldzuges gegen die Wenden, der Schlacht bei Verchen, der Einnahme von Demmin und der nachfolgenden Ereignisse ist. Dies Jahr ist als das Todesjahr des Grafen von Holstein, der bei Verchen fiel, außer allem Zweifel.

An den Bericht von den Ereignissen dieses Jahres knüpft nun Saxo p. 800 die von uns in das Jahr 1165 gesetzten Rügen'schen Feldzüge, einen Frühjahrsfeldzug und einen Herbstfeldzug, durch ein einfaches „Darnach" (Postmodum) an. Da Saxo in dieser Zeit im Allgemeinen immer von Jahr zu Jahr fortschreitet, so würde man am Natürlichsten das „Darnach" hier auf das nächste Jahr, also 1165, beziehen. An die Herbstexpedition schließt sich ein Bericht über die Wahl Knuds, des Sohnes Waldemars, zum König von Dänemark. Dann folgen die Ereignisse, welche wir in das Jahr 1166 gesetzt haben, zunächst der Fastenfeldzug gegen Tribsees, angeknüpft an das Vorige durch die Bestimmung, als das Frühjahr herannaht, (Vere appetente); dann im Sommer (aestate) ein Zug gegen Wolgast, der aber durch die Nachricht von der Verschwörung des Prinzen Buris unterbrochen wird; im Anschluß an die letztere ein Einfall der Norweger, dann die Zusammenkunft mit Heinrich dem Löwen beim Fluß Krempe, der von Dänemark aus angestiftete Wenden-Aufstand, Versöhnung Waldemars und Heinrichs an der Eider, und als Folge derselben Zug des Einen gegen Demmin, des Andern gegen Wolgast. — Allerdings ist dies eine etwas gedrängte Reihe von Ereignissen für ein Jahr; allein unmöglich ist sie nicht, und darüber, daß sie in ein Jahr zu setzen sind, auch kein Streit; die Differenz besteht nur darin, daß wir, der ältern Chronologie folgend, sie in das Jahr 1166 setzen, während die Herausgeber Saxo's 1167 dafür annehmen.

Dann folgt Saxo p. 817 der Norwegische Feldzug im Beginn des Frühlings (veris principio) und bis in den Hochsommer dauernd, daher er nicht, wie Christiani will, mit der Eroberung Rügens in ein Jahr gesetzt werden kann. Wir erhalten vielmehr so für den Norwegischen Feldzug das Jahr 1167, und dann für den gegen Rügen, dessen unmittelbare

---

tuimus, Rugiam anno 1169 expugnatam esse. In hoc ordine nihil mutare licet." — p. 343: „In narratione Saxonis Rugiae expugnatio ad continuam pertinet factorum seriem, unde nihil expelli potest, nisi turbatur ordo; nec apparet, quomodo in ordine constituendo errare potuerit."

Veranlassung die Abwesenheit Waldemars in Norwegen gebildet hatte, das folgende Jahr 1168, wo zu Ende des Winters (finita hiemo) die Expedition gegen Rügen gerüstet und im Frühling ausgeführt ward. p. 821.

So scheint der allgemeine chronologische Umriß der Darstellung bei Saxo, wenn man ihn seit 1164 verfolgt, naturgemäß zu dem Jahr 1168, als dem der Eroberung Rügens, hinzuführen.

Zwei Punkte sind es nun hauptsächlich, auf welche die neuesten Herausgeber Saxo's ihre Chronologie begründen, welche das Jahr 1169 erfordert.

Zuerst ist es die vermeintliche Nothwendigkeit, die Rügen'schen Züge, die wir in das Jahr 1165 setzen, ein Jahr weiter hinabzurücken, damit in das Jahr 1165 ein früherer Zug Waldemars gegen Norwegen eingeschoben werden kann. Das „Darnach" (Postmodum) Saxo's soll also von den Ereignissen des Jahres 1164 nicht zum nächsten Jahr, sondern erst zum zweitfolgenden Jahr 1166 hinüberführen. An sich kann allerdings das Postmodum ebenso gut einen Zeitraum von zwei, als von einem Jahr umfassen; allein da Saxo hier immer von Jahr zu Jahr fortschreitet, muß eine solche Abweichung denn doch hinlänglich motivirt werden. Aus Saxo selbst kann dies hier nicht geschehen, denn Saxo erzählt den ersten Zug Waldemars gegen Norwegen auch, aber vor den Ereignissen des Jahres 1164 (p. 793—795) und die letzteren knüpft er dann durch ein „Nachher" (Postea) an p. 795. Die Herausgeber meinen indeß in Betreff dieses Norwegischen Zuges der Autorität Snorre Sturlesons folgen zu müssen, oder vielmehr der von den Herausgebern der Nordischen Königsagen auf den Angaben Snorre's aufgebauten Chronologie, wonach dieser Norwegische Zug ins Jahr 1165 fällt*). Wir nehmen hier vorläufig Act davon, daß hier Snorre Recht, Saxo Unrecht haben soll. Früher, im ersten Theil des Saxo, machten die Herausgeber den Versuch, Saxo durch eine gezwungene Interpretation mit Snorre in Einklang zu bringen **); das „Nachher" sollte soviel sein als „indessen" und dies wieder soviel als „Vorher." Dies schlechte Taschenspielerkunststück scheint indeß den zweiten Herausgeber Velschow so wenig befriedigt zu haben, daß er im zweiten Theil p. 341 in den ausführlichen Anmerkungen eingesteht, nach der Ansicht Saxo's seien die Ereignisse des Jahres 1164 erst auf die

---

*) Norske Kongesagaer III. 442.
**) Saxo I. p. 795: „Postea] Hanc temporis notam minus accurate noster pro *interea* hic posuit .... Nunc itaque regreditur narratio ad finem anni 1163 vel initium anni 1164."

Norwegische Expedition gefolgt, was aus dem postea hervorgehe; daß Snorre Recht hat und Saxo sich irrt, wird auch hier behauptet.

Was wird aber bei diesem Eingeständniß aus der so emphatisch vorgetragenen Behauptung, daß in der Darstellung Saxo's Alles so eng zusammenhänge, daß Nichts umgestellt oder herausgenommen oder hineingefügt werden könne, ein Irrthum der Anordnung auch ganz undenkbar sei? Diese Behauptung ist mit jenem Eingeständniß in ihrem Fundament umgeworfen.

Es ist hier nicht der Ort, näher darauf einzugehen, wer Recht hat, Saxo oder der etwa ein Menschenalter später schreibende Snorre. Hier möge nur bemerkt werden, daß Müller, der ältere Herausgeber Saxo's, in dem Aufsatz „Kritische Untersuchungen" (Mohn. p. 183) Saxo Recht gab, und den Norwegischen Zug in das Jahr 1164 vor den Wendenkrieg setzte. Giebt man übrigens auch Saxo Unrecht und setzt den Zug nach Norwegen in das Jahr 1165, so hat man doch nicht nöthig, die Züge gegen Rügen erst in das folgende Jahr zu setzen. Der Frühjahrszug war weiter nichts, als eine Razzia, auf der einige Küstenstrecken Rügens verwüstet wurden; das Ganze konnte mit Hin- und Rückfahrt bequem in Zeit von einer Woche abgemacht sein, und da der zweite Zug nach Saxo erst in die Erntezeit fiel, also in den Spät-Sommer, so bleiben, wenn man den Frühjahrszug etwa in April oder Mai setzt, für den Zug nach Norwegen immer noch 2—3 Monate, also hinlänglich genug Zeit.

Wie man nun auch den Widerspruch zwischen Saxo und Snorre auflöse: nur Zweierlei ist möglich. Entweder Saxo hat Recht, dann aber fällt jede Veranlassung fort, die Rügen'schen Züge aus dem Jahr 1165 in das Jahr 1166 hinabzurücken. Oder aber er hat Unrecht, und dann fällt die Behauptung von dem unabänderlichen Zusammenhang, in dem Alles bei Saxo stehen soll, über den Haufen.

Der zweite Hauptpunkt, auf den sich die Herausgeber Saxo's für das Jahr 1169 als das der Eroberung Rügens stützen, ist der von Saxo berichtete Umstand, daß Heinrich der Löwe, bei der mit Waldemar nach unserer Rechnung im Jahr 1166 gehaltenen Zusammenkunft an der Eider, wo sich Beide versöhnten und einen Zug gegen die Wenden verabredeten, seine jüngere Tochter mit Knud, dem Sohn Waldemars, verlobt habe, nachdem die ältere, mit der er schon früher (1164) verlobt gewesen, kurz zuvor gestorben sei. Saxo p. 795. 816. Die zuletzt mit Knud verlobte jüngere Tochter Heinrichs war nun, wie wir anderweitig wissen, vorher mit dem Herzog Friedrich von Rothenburg, dem Vetter des Kaisers, verheirathet; ihr Gemahl starb aber bald nach der Verheirathung in der großen Pest, welche im August 1167 des Kaisers Heer in Rom vernichtete. Da nun das neue Verlöbniß erst nach dem Tode des ersten Mannes erfolgen konnte, so glaubt man darin einen Beweis zu haben, daß die Ereignisse, welche Saxo in diesem Jahre berichtet, erst in das Jahr 1167 gesetzt werden können. Und da wir für den zweiten Norwegischen Zug Waldemars das folgende Jahr ansetzen müssen, so bliebe für die Eroberung Rügens nur das zweitfolgende 1169.

Alles hängt hier an der Richtigkeit der Angaben Saxo's, und damit sieht es schlecht genug aus.

Zuvörderst verwickeln sie, rein für sich betrachtet, in die größesten Unwahrscheinlichkeiten und Widersprüche. Die älteste Tochter soll bei dem Verlöbniß im Frühjahr 1164, vor dem Coalitionsfeldzuge, noch in den Windeln gelegen haben. Dagegen wäre nun an sich nichts einzuwenden, da Prinz Knud auch erst ein Jahr alt war. Aber die Schwierigkeit ist die. Heinrich der Löwe trennte sich 1162 von seiner ersten Frau Clementia, Tochter des Herzogs von Zähringen. Lag nun die älteste Tochter, die er von derselben hatte, 1164 noch in den Windeln, so kann sie erst kurz vor der Trennung geboren sein; wann soll dann aber die jüngere, mit der Prinz Knud später verlobt ward, geboren sein? Und dazu soll diese jüngere, die frühestens 1162 geboren war, im Jahr 1167 schon Wittwe gewesen sein? Man hat hier die Sache so zu lösen gesucht, daß sie als Wittwe nur im uneigentlichen Sinne bezeichnet sei, indem sie nach der Sitte der Zeit schon in frühen Lebensalter mit dem Herzog von Rothenburg verlobt gewesen sei. Allein dem widerspricht einmal die Ausdrucksweise bei Helmold, wonach bereits eine wirkliche Verheirathung Statt gehabt haben muß *); ferner ein paar urkundliche Schenkungsacte aus den Jahren 1168 und 1170, wo die Tochter Heinrichs als zustimmend aufgeführt wird, also schon dispositionsfähig sein mußte; endlich der Umstand, daß Heinrich sich von seiner ersten Frau, unter dem Vorwand zu naher Verwandtschaft, aus dem Grunde hatte scheiden lassen, weil er keine männlichen Nachkommen mehr von ihr erwartete. Hatte sie aber erst kurz vorher noch Töchter geboren, so war ja Aussicht, daß das nächste Kind ein Knabe sein konnte. Einen Sinn hatte jene Scheidung nur, wenn man annimmt, daß die Herzogin Clementia, mit der Heinrich etwa seit 1147 verheirathet war, schon längere Zeit vor 1162 keine Kinder mehr geboren hatte, so daß dadurch Heinrichs Furcht, er werde keine männliche Nachkommenschaft mehr von ihr erhalten,

---

*) Lib. II. ep. 10: Vom Fürsten von Rothenburg heißt es: „qui duxerat unicam filiam Henrici"; von Heinrich: „Habuit autem ex ea (Clementia) filiam, quam filio Conradi regis dedit in matrimonium." Die Tochter selbst heißt Cap. 14 „vidua Fretherici, Principis de Radenburg."

motivirt erscheinen konnte. — Alle diese Schwierigkeiten, in welche die Angaben Saxo's verwickeln, sind so groß, daß Velschow sich kurz und gut entschließt, den Knoten zu durchhauen und die Lesart zu ändern, so daß an der Stelle, wo das erste Verlöbniß berichtet wird, das „in den Windeln liegend", sich nicht auf die Tochter Heinrichs, sondern auf den Prinzen Knud bezieht *). — Das ist denn freilich ein sehr leichter Ausweg, wenn es sich darum handelt, das Eingeständniß zu vermeiden, daß ein Lieblingsschriftsteller sich geirrt hat.

Dazu kommt nun, daß, hält man die Angaben Saxo's über die Verlöbnisse aufrecht, die andern von ihm im Zusammenhang mit dem letzten Verlöbniß berichteten Ereignisse chronologisch in eine völlig schiefe und unmögliche Stellung gerathen. Soll nämlich das letzte Verlöbniß 1167 nach dem Tode des Herzogs von Rothenburg Statt gefunden haben, so muß die vorangegangene Zusammenkunft Waldemars mit Heinrich beim Fluß Krempe, wo der Letztere die Beschwerden gegen Waldemar bis zum Bruch urgirte, so muß ferner der nachfolgende Wendenzug Heinrichs gegen Demmin in dasselbe Jahr 1167 gesetzt werden. Dies thut Velschow auch, bemerkt aber gar nicht, daß dies Jahr für diese Ereignisse gar nicht paßt. Es war nämlich dies gerade das Jahr, wo die Fehde der andern Sächsischen Fürsten gegen Heinrich am heftigsten wüthete. Soll man nun annehmen, daß Heinrich, der sonst ein so guter Diplomat war, daß er dem König Waldemar gegenüber stets einlenkte, wenn er auch nur von einem Wenden-Aufstand bedroht war, nun, wo er den heftigen, für ihn wirklich gefährlichen Anfall der Sächsischen Fürsten im eigenen Lande abzuhalten hatte, sich Waldemar gegenüber aufs hohe Pferd gesetzt und ohne Noth einen Bruch provocirt hätte? — Soll man ferner annehmen, daß Heinrich dann, nach der Versöhnung mit Waldemar, während die Flamme im eigenen Hause noch lichterloh brannte und er hier noch alle Hände voll zu thun hatte, Zeit und Lust hatte, einen Zug gegen die fernen Wenden nach Demmin hin zu unternehmen? — Das Alles ist bis zur Unglaublichkeit unwahrscheinlich, und ist allein schon geeignet, das Jahr 1167 für jene Ereignisse als unstatthaft zu verwerfen. — Angeführt möge hier nebenbei noch werden, daß der Einfall der Norweger, den Saxo in dasselbe Jahr mit dem zweiten Verlöbniß des Prinzen Knud bringt, den Velschow demgemäß 1167 setzt, nach Snorre im Jahr 1165 gleich nach dem ersten Norwegischen Zuge Waldemars Statt gefunden hat. Während früher Snorre

---

*) Die Stelle lautet bei Saxo I. p. 795: „— filiam ejus, ex conjuge postmodum repudiata susceptam, adhuc incunabulis utentem, filio Canuto, primum aetatis annum agenti, sponsam adscivit." Statt utentem will Velschow lesen utenti. — cf. p. 816 sq.

gegen Saxo Recht haben sollte, als es sich um die Zeitbestimmung des ersten Norwegischen Zuges Waldemars handelte, so soll nun Saxo gegen Snorre Recht haben; natürlich, sonst käme ja die Belschow'sche Chronologie nicht heraus.

Zu dem Allen kommt nun, daß nach dem Zeugniß Helmolds die fragliche Verlobung der verwittweten Tochter Heinrichs des Löwen mit dem Kronprinzen von Dänemark bei einer ganz andern Gelegenheit, um mehrere Jahre später, nämlich eine geraume Zeit nach der Eroberung Rügens Statt gefunden hat, und zwar auch bei Gelegenheit einer Zusammenkunft Heinrichs und Waldemars an der Eider, welche spätestens in das Jahr 1171 gesetzt werden kann, weil sie noch vor der 1172 begonnenen Wallfahrt Heinrichs nach Jerusalem Statt gehabt haben muß *). Die Verlobung war das Siegel auf die bei dieser Zusammenkunft bewirkte Aussöhnung beider Fürsten. Das vorangegangene Zerwürfniß hatte nämlich seine Veranlassung gerade in der Eroberung Rügens. Bei der Zusammenkunft des Herzogs mit dem König im Herbst 1166, als die Allianz gegen die Wenden wieder erneuert ward, war ein Zusammenwirken beider gegen die noch unabhängigen Wenden mit der Stipulation ausgemacht, daß beide Theile an der Eroberung zu gleichen Theilen Antheil haben sollten **). Auf Grund dieses Vertrags hatte dann Heinrich der Löwe seine großen Wendischen Vasallen, die Fürsten von Mecklenburg und Pommern, aufgeboten, Waldemar bei der Unternehmung gegen Rügen zu unterstützen, und die Eroberung der Insel war dann wesentlich unter Mitwirkung dieser Alliirten erfolgt. Trotzdem hatte der Dänenkönig die Anmaßung gehabt, Alles, Geißeln, Beute, Tribut und Ober-Lehnsherrschaft für sich zu nehmen. Da er sich weigerte, dem vertragsmäßigen Verlangen Heinrichs auf Theilung nachzukommen, eröffnete der Herzog die Feindseligkeiten gegen Dänemark, indem er seinen Slavischen Vasallen die Parole gab, die Raubzüge gegen die Dänischen Küsten wieder zu beginnen. Der ungeheure Schade, den sie anrichteten, zwang Waldemar nach ein paar Jahren, sich mit Heinrich wieder auszusöhnen, und dies geschah auf der Zusammenkunft beider an der Eider, spätestens Johannis 1171. Waldemar mußte sich dazu verstehen, seinem mächtigen Gegner die Hälfte der Beute, der Geißeln und des Tributs zuzugestehn. Das Siegel dieser Aussöhnung war dann die Verlobung der Tochter des Herzogs, welche auf den Wunsch des Königs von Dänemark erfolgte.

Hier bei Helmold ist Alles einfach, ohne Unwahrscheinlichkeit und Widersprüche. Sollten wir nun dieser Darstellung die zum Theil noto-

---

*) Helmold, Lib. II. cp. 14.
**) Helmold II. cp. 6.

risch irrigen, außerdem in Unwahrscheinlichkeiten und Widersprüche aller Art verwickelnden Angaben Saxo's vorziehen? — Für eine gesunde Kritik kann es nicht zweifelhaft sein, wessen Angabe die richtige ist.

Wie Saxo dazu gekommen ist, die Verlobung an einer verkehrten Stelle anzuführen, kann man dahingestellt sein lassen. Es kann ein bloßer Irrthum von seiner Seite sein; er wußte, daß sie bei einer Zusammenkunft beider Fürsten an der Eider Statt gefunden hatte, und da deren mehrere gehalten waren, berichtete er sie bei Gelegenheit einer früheren. Derartige Irrthümer in der Stellung der Begebenheiten kommen auch sonst bei Saxo vor. Beschuldigen ihn die Herausgeber doch sogar, einen so wichtigen Zug Waldemars, wie den gegen Stettin, der nach seiner Darstellung in das Jahr 1170 zu setzen wäre (p. 866), ganz falsch gestellt und in einen ganz unrichtigen Zusammenhang gebracht zu haben, indem er nach Velschows Chronologie erst 1176 oder 1177 Statt gefunden haben soll.

Es kann freilich auch bei der verkehrten Stellung der Verlobung des Dänischen Kronprinzen durch Saxo Absicht mit im Spiel gewesen sein. Erzählte er sie nämlich bei der Zusammenkunft an der Eider, wo sie hin gehörte, so kam sie in den Zusammenhang von Ereignissen, die durchaus nicht ehrenvoll für das Dänische Königthum waren, und die Saxo demgemäß als guter Dänischer Patriot vorgezogen hat, mit Stillschweigen zu übergehen. Saxo hat uns Nichts von dem früheren Theilungsvertrage gesagt, Nichts davon, daß die Pommerfürsten auf Heinrichs des Löwen Geheiß nach Rügen kamen, von den Meklenburgern schweigt er ganz, er schweigt ganz über Berno's Verdienste um die Bekehrung Rügens; er sagt uns dann Nichts über die Entstehung und den Verlauf der Differenzen zwischen Heinrich und Waldemar nach der Eroberung Rügens, nur beiläufig erfahren wir, daß Dänemark wieder sehr von Piraterie zu leiden hatte, aber nicht, auf wessen Veranlassung; ebenso beiläufig erfahren wir, daß Heinrich dem Dänischen König feindlich gegenüberstand, aber nicht weshalb; endlich erzählt uns Saxo, daß Beide Frieden gemacht (p. 887), aber von den Friedensstipulationen kein Wort. Alles dies, und damit die Anerkennung jedes Deutschen Anrechtes auf Rügen, hat der Dänische Patriotismus Saxo's todt schweigen zu müssen geglaubt. Dagegen läßt er sich sehr pikirt über den Hochmuth Heinrichs bei jener Gelegenheit aus, der dem König als Gleicher dem Gleichen gegenübertrat, und sich weigerte, demselben weiter als bis auf die Hälfte der Eiderbrücke, wo die Zusammenkunft Statt fand, entgegen zu kommen, worauf ihm Waldemar denn auch hierin den Willen that*). Berichtete nun Saxo in diesem Zusammen-

---

*) Auch Velschow kann als ächter Däne nicht umhin, sich noch jetzt nach 700 Jah-

hange die Verlobung der Tochter Heinrichs mit dem Sohn Waldemars, so könnte dies nicht füglich als eine dem Deutschen Herzoge, der sich ja so insolent betrug, erwiesene Gunst dargestellt werden, sondern eher umgekehrt, wie denn auch Helmold ausdrücklich den König Waldemar sich um die reiche Erbin — sie war damals einziges Kind des mächtigen Herzogs — bewerben läßt. Um diese fatale Auffassung zu vermeiden, berichtet Saxo das Verlöbniß um mehrere Jahre früher, bei einer Gelegenheit, wo Heinrich, durch einen Wenden-Aufstand bedroht, sich um Waldemars Freundschaft bewarb, hat dabei aber außer Acht gelassen, daß der erste Mann der Tochter Heinrichs damals noch nicht todt war.

Wie indeß dem auch sei, mag man hier einen unabsichtlichen Irrthum oder eine absichtliche Umstellung bei Saxo annehmen, die Angaben Saxo's über das Verlöbniß müssen in jedem Fall als irrig aufgegeben werden, und damit fällt der zweite Hauptgrund, auf den sich die Behauptung stützt, daß nur das Jahr 1169 als das der Eroberung Rügens angenommen werden könne.

Erweist sich nun so die ganze Argumentation für das Jahr 1169 als unhaltbar, so bleibt die bestimmte Angabe Helmolds für das Jahr 1168 dagegen in ungeminderter Bedeutung stehen. Er sagt im 2. Buch, nachdem er im 12. Capitel die Eroberung Rügens und Manches auf Religion und Sitten der Bewohner Bezügliches berichtet hat, zu Anfang des 13. Capitels ausdrücklich: „Im Jahr der Fleischwerdung des Worts 1168 wurde das Werk der neuen Pflanzung im Lande der Rügianer begonnen, und man erbauete Kirchen u. s. w." — Hier haben wir das ausdrücklichste, positivste Zeugniß. Bedenkt man nun, daß Helmolds Geschichte zum Hauptzweck hat, die Ausbreitung des Christenthums unter den Wendenvölkern darzustellen, bedenkt man ferner, daß die Rügianer ihm als das mächtigste und am hartnäckigsten auf das Heidenthum versessene Wendenvolk galten, daß daher ihre schließliche Bekehrung von ganz besonderer Bedeutung für ihn war, als Abschluß des ganzen Bekehrungswerks, erwägt man endlich, daß Helmold die obigen Worte nur etwa vier Jahre nach der Eroberung Rügens schrieb, daß von einem Irrthum in der Jahreszahl also nicht füglich die Rede sein konnte, so muß man in der That gespannt sein, wie der neueste Vertheidiger des Jahres 1169 das ebenso positive als gewichtige Zeugniß Helmolds beseitigt. Da treffen wir nun freilich nur

---

ten darüber zu ärgern, daß der Deutsche Herzog einem Dänischen König nicht den pflichtschuldigen Respect erwies. II. p. 351: „Henricus superbia et fastu supplere voluit, quod ei dignitate deerat, ideoquo saepe non debito respectu(!) cum rege versatus est. Saxo interdum duci hanc insolentiam exprobrat, in primis p. 887 in colloquio a. 1171."

auf die triviale Bemerkung, wenn die Zahl 1168 kein Schreibfehler sei (!), so möge man bedenken, wie leicht auch in unsern Tagen Jemand bei der Darstellung von Ereignissen, die einige Jahre rückwärts liegen, sich um ein Jahr irren könne, wie viel mehr ein Schriftsteller, der nur selten eine Jahreszahl anführe *). Diese Beseitigung eines Zeugnisses, wie dasjenige Helmolds ist, ist gelinde gesagt, sehr leichtfertig; es ist ungefähr, als wenn man einen Historiker der Gegenwart sich in dem Jahr 1848, dem Jahr der Französischen Februarrevolution, irren lassen wollte; denn dieselbe Bedeutung, oder eine noch größere, hatte die Eroberung und Bekehrung Rügens für Helmold.

Nach alle dem kann das Schlußurtheil unserer Untersuchung nur dahin gefällt werden, daß das Jahr 1168 für die Eroberung und Bekehrung Rügens das Einzige ist, welches Anspruch auf historische Geltung machen kann; das Jahr 1169 kann man nur erhalten, wenn man die Grundsätze einer gesunden historischen Kritik völlig auf den Kopf zu stellen bereit ist. Saxo's ganze Darstellung paßt vollkommen gut zu dem Jahr 1168 bis auf eine einzige isolirte Angabe, die aber einen notorischen Irrthum in sich schließt und mit einer absichtlichen Verschweigung der Wahrheit in so genauem Zusammenhang steht, daß es völlig unzulässig ist, sie zum Fundament einer chronologischen Berechnung zu machen.

---

*) II. p. 343: „Helmoldus quidem hoc paucis modo annis post ipsum factum patratum scripsisse videtur, sed etiamsi probatum esset, illum revera scripsisse MCLXVIII, neque librarii cujusdam errori hunc numerum deberi, velimus observes, quam facile quis, qui nostris diebus tempus rei aliquot annis ante gestae definire vult, in errorem unius anni incidere possit, nedum ubi de scriptore sermo sit, qui rarissime annorum numerum addat."

Berichtigungen.

Seite 75 Zeile 2 von unten statt „aequave" lies „aequare".
„ 76 „ 13 v. unten statt „der feindlichen Mauer" lies „derselben".
„ 106 „ 1 v. oben statt „Rügainer" lies „Rügianer".
„ 123 „ 14 v. oben statt „Holm. Ruger" lies „Holm-Ruger".
Ebendaselbst statt „Jernandes" lies „Jornandes".

Auf der Karte des alten Rügen sind die Namen Karenz und Garz versetzt; Garz muß oben, Karenz unten — gegen den See hin — stehen.

In unserem Verlage sind ferner erschienen und durch alle Buchhandlungen zu beziehen:

Droysen, J. G., das Leben des Feldmarschalls Grafen York von Wartenburg. Pracht-Ausgabe in 3 Bänden. Mit York's Bildniß. gr. 8. 90 Bogen. Elegant gebdn. Thlr. 8.

— — Wohlfeile Ausgabe in 2 Bänden. kl. 8. 67 Bogen. Geh. Thlr. 2. Elegant gebdn. Thlr. 2. 10 Ngr.

— — Geschichte der Preußischen Politik.
    I. Theil: Die Gründung. gr. 8. VIII u. 650 Seiten. Geh. Thlr. 3. 15 Ngr.
    II. Theil: Die territoriale Zeit. 1. Abthlg. gr. 8. VI u. 520 Seiten. Geh. Thlr. 2. 20 Ngr.
    III. Theil: Die territoriale Zeit. 2. Abthlg. gr. 8. IV u. 643 Seiten. Geh. Thlr. 3. 15 Ngr.

Friccius, Carl, Geschichte der Befestigungen und Belagerungen Danzigs. Mit besonderer Rücksicht auf die Ostpreußische Landwehr, welche in den Jahren 1813—14 vor Danzig stand. Mit einem Plan von Danzig und dessen Umgegend. gr. 8. 336 Seiten. Geh. Thlr. 2.

— — Geschichte der Blokade Cüstrins in den Jahren 1813 und 1814. Mit besonderer Rücksicht auf die Preußische Landwehr. Mit einem Plane der Umgegend Cüstrins. gr. 8. 46 Seiten. Geh. 10 Ngr.

Ranke, L., Neun Bücher preußischer Geschichte. 3 Bde. gr. 8. 1480 Seiten. Geh. Thlr. 6.

Schmidt, A., Elsaß und Lothringen. Nachweis wie diese Provinzen dem deutschen Reiche verloren gingen. 8. 84 Seiten. Geh. 16 Ngr.

Bilder, redende. Ein Traum. Hoch 4. Mit zahlreichen Holzschnitten. In allegorischem Umschlag. Cart. Thlr. 1. 10 Ngr.

Fischer, J. M. (Gymnasial-Professor), Musikalische Rundschau über die letzten drei Jahrhunderte. kl. 8. VII u. 192 Seiten. Geh. 20 Ngr.

Marggraff, H., Schiller's und Körner's Freundschaftsbund. Zugleich als Einleitung zur zweiten wohlfeilen Ausgabe von Schillers Briefwechsel mit Körner. kl. 8. 84 Seiten. Geh. 15 Ngr.

Mosenthal, S. H., Düweke. Drama in fünf Aufzügen. Min.-Ausg. 140 Seiten. Geh. Thlr. 1.

Schefer's, Leopold, Laienbrevier. Mit einer biographischen Skizze: Leop. Schefers Leben und Werke von W. v. Lüdemann. 12. (Taschen-)Ausgabe. 434 Seiten. In farbigem Umschlag cart. Thlr. 1. 20 Ngr.

— — Elegant gebdn. mit reicher Deckelvergoldung und Goldschnitt. Thlr. 2.

Schiller's Briefwechsel mit Körner. Von 1784 bis zum Tode Schillers. Zweite, wohlfeile Ausgabe. 4 Bde. 100 Bogen. Geh. Thlr. 2. In engl. Leinwand gebdn. Thlr. 3.

Schwerin, Franziska Gräfin, Der Stunden Gottesgruß. Eine Apotheose des Lebens. Den deutschen Müttern geweiht. Min.-Ausg. 156 Seiten. Eleg. gebdn. mit reicher Deckelvergoldung und Goldschnitt. Thlr. 1. 15 Ngr.

Stolte, Ferd., Faust. Dramatisch-didaktisches Gedicht in zwei Theilen. 2. Aufl. I. Theil. gr. 8. XXVI u. 249 Seiten. Geh. Thlr. 2.

Telschow, W., Gedichte. fl. 8. VII u. 148 Seiten. Geh. 15 Ngr.

Die Verlagshandlung **Veit & Comp.** in Leipzig.

Leipzig, Druck von Giesecke & Devrient.

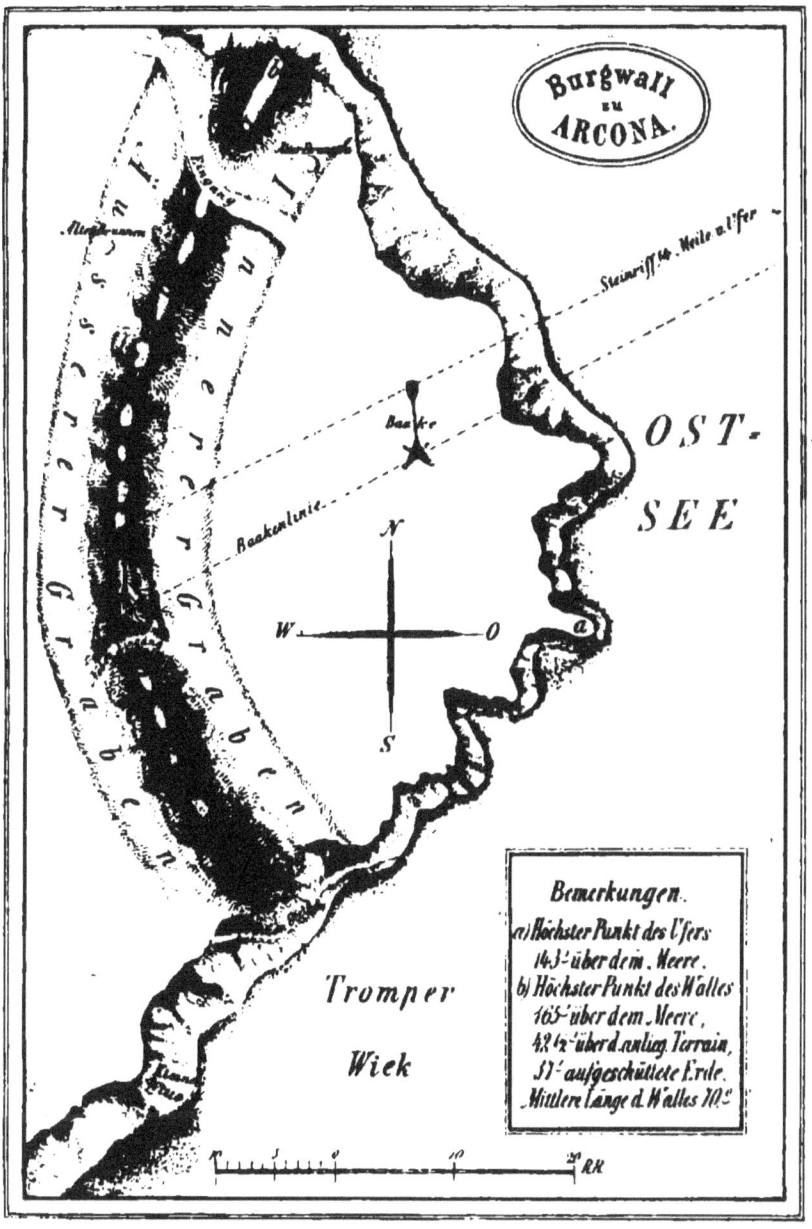

www.ingramcontent.com/pod-product-compliance
Lightning Source LLC
Chambersburg PA
CBHW022118160426
43197CB00009B/1074